中华人民共和国粮食安全保障法理解与适用

李蕊 王园鑫 张彩彩 ◎著

ZHONGHUA RENMIN GONGHEGUO
LIANGSHI ANQUAN BAOZHANGFA
LIJIE YU SHIYONG

中国法制出版社
CHINA LEGAL PUBLISHING HOUSE

前　言

仓廪实，天下安。当下，粮食安全与能源安全、金融安全并称为三大经济安全，确保国家粮食安全始终是治国理政的头等大事。保障粮食安全必须立足法治。2023年12月29日，第十四届全国人民代表大会常务委员会第七次会议通过了《中华人民共和国粮食安全保障法》，这是我国第一部全面系统地规定粮食安全保障工作的专门法律。该法以粮食安全战略为引领，贯彻新粮食安全观，从纾解我国粮食安全保障面临的主要矛盾和问题出发，明确界定耕地保护以及粮食生产、储备、流通、加工、应急、节约等环节的重点任务，将全方位夯实粮食安全根基过程中必须遵循的核心原则、主要制度及机制等系统梳理并予以规范确认，全面回答了粮食安全"谁来保障""如何保障"等关键问题。作为我国粮食安全保障领域的龙头法，《中华人民共和国粮食安全保障法》的颁行将极大地推动我国粮食安全法治保障体系的完备，提升粮食安全治理能力和治理水平。

自2018年第十三届全国人民代表大会常务委员会将《中华人民共和国粮食安全保障法》列入立法规划第一类项目并启动法律起草工作以来，中国政法大学地方财政金融与农村法治研究中心一直跟踪关注该法的起草工作。值该法颁布并即将施行之际，受中国法制出版社王熹编辑邀请，本中心特组织编写了本书，以期方便广大读者更好地学法、守法、用法。

在结构上，本书一般按照"条文主旨""条文释义""适用指南""关联规范""案例评析"的顺序对具体法律条文予以分析，力图多维度、全方位解析阐释法律条文。具体而言：(1)"条文主旨"部分旨在提炼法律条文的核心目的。通过理解条文的主旨，可以更好地把握立法者的初衷，从而正确理解和应用该法律条文，同时也为后续的各部分的展开奠定坚实的知识基础。(2)"条文释义"部分是对法律条文的内涵、外延、背景知识以及相关法律术语等进行阐释说明，旨在帮助读者更加深入地理解法律条文。(3)"适用指南"部分安排了运用法律条文的具体操作步骤、标准条件及限制等内容，以便帮助读者在具体情形下进行正确的判断和决策，确保法律的有效实施。(4)"关联规范"部分列举了与被释义的法律条文相关的其他法律、法规等，旨在提供更为全面和体系化的法律规范框架指引，帮助读者更加系统深入地理解该法律条文。(5)"案例评析"部分主要基于近年发布的典型案例进行整理汇编，提炼争议焦点和裁判要旨，并进行案例评析。将其有针对性地置于相关条款之下，以案释法。

值此书出版之际，衷心感谢中国法制出版社的大力支持和编辑王熹老师的辛勤付出！受时间、水平等因素的限制，本书难免挂一漏万，如有错漏谬误，敬请读者不吝赐教！

目 录
Contents

第一章 总　　则

第 一 条　【立法目的】 …………………………………………… 1
第 二 条　【粮食安全工作的原则及其目标】 …………………… 4
第 三 条　【粮食安全责任制】 …………………………………… 9
第 四 条　【粮食宏观调控和国际粮食安全合作】 ……………… 12
第 五 条　【粮食安全保障相关规划】 …………………………… 17
第 六 条　【粮食安全保障投入】 ………………………………… 20
第 七 条　【加强粮食安全科技创新能力和信息化建设】 ……… 26
第 八 条　【粮食安全宣传教育】 ………………………………… 29
第 九 条　【国家奖励】 …………………………………………… 32

第二章　耕地保护

第 十 条　【国土空间用途管制和耕地保护】 …………………… 34
案例评析
　　宋某非法占用农用地案 ……………………………………… 39
第十一条　【占用耕地补偿】 ……………………………………… 40
第十二条　【严格控制耕地转为非耕地】 ………………………… 42
第十三条　【耕地种植用途及管控】 ……………………………… 44
第十四条　【加强高标准农田建设】 ……………………………… 48
第十五条　【提升耕地质量】 ……………………………………… 57
案例评析
　　某村委会诉常某春黑土区荒山治理承包合同纠纷案 …… 62
第十六条　【撂荒地治理】 ………………………………………… 63
第十七条　【盐碱地综合利用】 …………………………………… 66

第三章 粮食生产

第十八条 【加强种业的发展和保护】 …… 69
　案例评析
　　为粮食安全筑牢种业基石 …… 76
第十九条 【建立种子储备制度】 …… 78
第二十条 【农田投入品的供应】 …… 82
　案例评析
　　某县人民检察院督促保护食用农产品质量安全行政公益诉讼案 …… 84
第二十一条 【水资源管理】 …… 85
　案例评析
　　某县人民检察院督促保护水资源行政公益诉讼案 …… 88
第二十二条 【推进农业机械发展】 …… 90
第二十三条 【加强农业技术推广和农业信息化建设】 …… 92
第二十四条 【加强粮食生产防灾减灾救灾能力建设】 …… 96
第二十五条 【加强粮食生产功能区和重要农产品生产保护区建设】 …… 99
第二十六条 【加强粮食生产】 …… 104
第二十七条 【扶持和培育粮食生产者】 …… 110
第二十八条 【提升粮食主产区和产粮大县粮食生产积极性】 …… 116

第四章 粮食储备

第二十九条 【政府粮食储备体系的建立和政府粮食储备总体要求】 …… 120
第三十条 【承储政府粮食储备企业或者其他组织的主体责任及政府粮食储备信息管理机制】 …… 124
　案例评析
　　上海市某粮食储运有限公司政策性粮食关联交易损害国家利益案 …… 131
第三十一条 【政府粮食储备内部管理机制及质量安全检验监测制度】 …… 132

案例评析
  中储粮某直属库有限公司中央储备稻谷轮换以陈顶新，套取粮食价差案 ·················· 136
第三十二条　【社会粮食储备】 ·················· 137
第三十三条　【县级以上人民政府粮食储备基础保障工作】 ·········· 140
第三十四条　【政府粮食储备列入国有资产报告】 ·········· 144

第五章　粮食流通

第三十五条　【加强粮食市场监管与调控】 ·················· 149
案例评析
  山东某食品加工有限公司未及时支付售粮款案 ·················· 153
第三十六条　【粮食流通基础设施的建设和保护】 ·········· 154
第三十七条　【粮食经营台账建立及数据报送】 ·········· 157
第三十八条　【政策性收储】 ·················· 160
第三十九条　【特定情况下的粮食库存量】 ·········· 164
第 四 十 条　【调控粮食市场的措施】 ·········· 170
第四十一条　【粮食风险基金】 ·················· 177

第六章　粮食加工

第四十二条　【保障粮食加工产品有效供给和质量安全】 ······ 180
第四十三条　【粮食加工结构优化】 ·················· 187
第四十四条　【粮食加工布局优化】 ·················· 189
第四十五条　【建立稳定的产销关系】 ·········· 191
第四十六条　【粮食加工支持体系建设】 ·········· 195

第七章　粮食应急

第四十七条　【粮食应急管理体制与应急体系建设】 ·········· 199
第四十八条　【粮食应急预案的制定】 ·········· 204
第四十九条　【粮食市场异常波动报告制度】 ·········· 207
第 五 十 条　【应急处置措施】 ·················· 209
第五十一条　【应急终止】 ·················· 214

第八章　粮食节约

第五十二条　【县级以上人民政府及其有关部门的粮食节约职责】 ······ 216

第五十三条　【粮食生产环节的节粮减损】 …………………… 219
第五十四条　【粮食经营环节的节粮减损】 …………………… 223
第五十五条　【粮食加工环节的节粮减损】 …………………… 225
第五十六条　【粮食食品生产经营者和消费者的节粮减损义务】 …… 227
案例评析
　　某县市场监督管理局查处某餐饮店诱导、误导消费者超量点餐案 ……………………………………………………………… 232
第五十七条　【有关单位和组织的节粮减损责任】 …………… 233

第九章　监督管理

第五十八条　【县级以上人民政府有关部门的监督检查职责与协作配合】 ……………………………………………………… 235
第五十九条　【建立国家粮食安全监测预警体系和禁止编造、散布虚假粮食安全信息】 ……………………………………… 239
第 六 十 条　【加强粮食质量安全监督管理】 ………………… 242
第六十一条　【粮食安全监督检查】 …………………………… 245
第六十二条　【对耕地保护和粮食安全工作责任的考核和监督检查】 ………………………………………………………… 247
第六十三条　【外商投资粮食生产经营的安全审查】 ………… 250
第六十四条　【粮食安全信用体系建设和粮食安全保障工作监督】 …… 252

第十章　法律责任

第六十五条　【负有粮食安全保障工作职责的工作人员的行政责任】 ………………………………………………………… 254
第六十六条　【种植不符合耕地种植用途管控要求作物的处罚】 …… 256
第六十七条　【粮食经营者违反本法规定的处罚】 …………… 258
第六十八条　【破坏政府投资建设的粮食流通基础设施行为的处罚】 ………………………………………………………… 262
第六十九条　【不服从应急任务或者不配合采取应急处置措施的处罚】 ……………………………………………………… 263
第 七 十 条　【故意毁坏粮食作物青苗的处罚】 ……………… 265
第七十一条　【违反其他有关法律、行政法规行为的处理、处罚】 …… 266

案例评析
  宁夏回族自治区银川市西夏区部分农贸市场食用农产品质量
  安全行政公益诉讼案 …………………………………………… 268
  浙江省龙游县某粮食收储有限公司未执行国家粮食质量规定案 …… 270
第七十二条 【违反本法规定行为的民事责任、行政责任和刑事
      责任】………………………………………………… 270

第十一章 附 则

第七十三条 【用语含义以及参照适用】………………………… 272
第七十四条 【施行日期】………………………………………… 273

附 录
  中华人民共和国粮食安全保障法 ……………………………………… 275

第一章 总 则

> **第一条 【立法目的】**① 为了保障粮食有效供给，确保国家粮食安全，提高防范和抵御粮食安全风险能力，维护经济社会稳定和国家安全，根据宪法，制定本法。

【条文主旨】

本条是关于《中华人民共和国粮食安全保障法》立法目的的规定。

【条文释义】

本条规定了《中华人民共和国粮食安全保障法》的立法目的。本法的立法目标是多元的，可以从本条规定中分解出以下几个方面：一是保障粮食有效供给；二是确保国家粮食安全；三是提高防范和抵御粮食安全风险能力；四是维护经济社会稳定和国家安全。这些目标既单独成立，也在整体上形成体系。下面对立法目的进行解析。

一、保障粮食有效供给

确保国家粮食安全和主要农产品有效供给，是发展农业的首要任务。②保障粮食稳定安全供给，必须统筹考虑各方因素，科学把握方式方法，妥善处理以下重要关系：（1）多与少的关系。粮食少了会造成供应紧张、粮价上涨；多了又可能造成粮价下降，进而影响农民种粮积极性。我国是人口大国，粮食安全不能出任何闪失。确保粮食安全的弦要始终绷得紧，宁可多生产、多储备一些，多了的压力和少了的压力不可同日而语。（2）质与量的关系。粮食紧缺的年代，首先要"吃得饱"。随着居民生活水平的

---

① 简要条文主旨为著者所加，下同。
② 习近平：《论"三农"工作》，中央文献出版社2022年版，第51~52页。

提高，对粮食品质的要求也在提高，既要"吃得饱"，更要"吃得好、吃得营养、吃得健康"，确保"舌尖上的安全"。我国应积极适应消费结构升级变化，着力增加绿色优质粮油产品供给，更好满足广大人民群众对美好生活的向往。（3）国内与国外的关系。一个国家只有立足粮食基本自给，才能掌握粮食安全主动权。但为减轻国内资源压力，弥补部分农产品供应缺口，也须适当进口，并鼓励国内粮食产业主体走出国门，利用好国内国外"两个市场、两种资源"。（4）政府与市场的关系。粮食具有商品属性，乃是市场交易的对象。但是由于粮食具有特殊使用价值，使得它不仅是一种财产，更是一种战略物资，有着"粮稳则天下安"的特殊功能。保障粮食有效供给需要协同好政府和市场的关系，充分调动"两个积极性"，在确保安全稳定的同时繁荣发展粮食市场。[1]

二、确保国家粮食安全

粮食安全与能源安全、金融安全并称为当今世界三大经济安全，其关涉人民生活安定与国家安全。进言之，粮食安全是一个具有综合性、复杂性和动态性的体系化概念。根据《中华人民共和国国家安全法》第二十二条的规定，粮食安全应囊括粮食供给安全和粮食质量安全。着眼于粮食产业指标层面，粮食安全既包括粮食数量安全，也包括粮食质量安全和粮食可持续安全。着眼于粮食产业链条层面，粮食安全既包含粮食生产安全，也含蕴粮食流通安全、粮食储备安全、粮食消费安全等。

粮食安全具有公共性、整体性、发展性、开放性的特质。（1）粮食安全属于经济、社会发展所必需的社会公共利益范畴。异于粮食的私人物品属性，粮食安全具有显著的公共物品属性。近于其他公共品，粮食安全亦具备显著的"非竞争性"和"非排他性"。即只要一个国家实现粮食安全，每个人粮食安全的获得不会减少其他人的获得，也即人们所能获得的粮食安全的数量都与其总量相等。[2] 无可置喙，作为特殊使用价值的商品，粮食需求具有缺乏弹性的特质，即一个国家或地区的粮食安全状况对其人民施加的影响几乎等值。换言之，当一国粮源充足，实现粮食安全时，该国的每一个公民都能享受这份安全保障。（2）粮食安全具有不可分割性。粮食安全是整体的，而非局部的、个体的。作为公共产品的粮食安全具有显著的正外部性，在粮食资源缺乏的状态下，尽管人们短时期内占有的物理

---

[1] 李蕊、牛月：《保障粮食安全必须处理好四个关系》，载《农业经济》2022 年第 8 期。

[2] 肖国安：《论粮食的弱质特征、本质属性与安全责任》，载《中国粮食经济》2005 年第 5 期。

性粮食数量、品种会存在差异，但是必须承认，对深陷其中的每个人而言，粮食安全的危机都是如影随形的。（3）粮食安全是发展变化的。众所周知，粮食的供应受自然、经济甚至政治等多重因素掣肘，这就决定了粮食安全必然呈现动态性和发展性。居安亦要思危，着眼于发展的眼光看待粮食安全需要未雨绸缪。（4）粮食安全具有开放性，其不仅关涉当代人的生存和利益，也关涉后代人的生存和发展。着眼于粮食安全的开放性，我们必须走可持续发展的道路，不仅要守住耕地红线，坚持最严格的耕地保护制度，更要培养造就新型职业农民队伍，加快构建新型农业经营体系。

三、提高防范和抵御粮食安全风险能力

提高防范和抵御粮食安全风险能力是指采取一系列措施来增强对粮食安全风险的预防和应对能力，以确保国家在粮食供应方面的安全，保障人民群众的基本生活需要。应当加强对粮食安全风险的预警、监测、评估和应对能力，确保国家或地区能够有效地保障粮食供应，防范和化解可能影响粮食生产、储存、运输和消费的各种风险。具体而言：（1）需要建立完善的风险监测和预警机制。针对气候变化、自然灾害、病虫害等因素对农作物生产影响的监测和预警，及时发现潜在的粮食安全风险。[1]（2）需要加强对粮食供应链的管理和监管，确保粮食流通环节的安全和可靠性。包括对种子、化肥、农药等生产和经营环节的监管，防止假冒伪劣产品流入市场，保障农产品的质量和安全。（3）需要推进农业科技创新，提高农作物品种的适应性和抗逆性，加强农业生产技术培训，提高农民的科技水平和管理能力。（4）建立健全的粮食储备制度也是提高防范和抵御粮食安全风险能力的重要举措。通过建设储备库存、完善调控机制，确保在突发情况下有足够的粮食供应，保障人民群众的基本生活需求。一言以蔽之，提高防范和抵御粮食安全风险能力是一个综合性的任务，需要各级政府、农业部门、科研机构、企事业单位和社会组织等多方合作，采取科学有效的措施，以确保粮食供应的安全和稳定。

四、维护经济社会稳定和国家安全

维护经济社会稳定和国家安全也是制定本法的重要目的之一。一方面，粮食是人民生活的基本物质需求之一，保障粮食安全对于维护社会稳定至关重要。如果粮食供应不足或不稳定，可能导致物价上涨等问题，影响经济的稳定发展和社会的和谐运行。另一方面，粮食安全与国家安全密

---

[1] 余志刚、崔钊达、宫思羽：《东北地区建设国家粮食安全产业带：基础优势、制约瓶颈和建设路径》，载《农村经济》2022年第5期。

切相关。粮食短缺或供应中断可能导致社会不稳定，进而影响国家安全。保障粮食安全可以增强国家的自给能力，减少对外粮食依赖，提高国家的抗风险能力，维护国家的独立和安全。一言以蔽之，《中华人民共和国粮食安全保障法》通过法律的规范和保障作用，确保粮食供应的稳定性和可持续性，保障人民群众的基本生活需求，提高国家的自给能力和抵御外部风险的能力，从而维护国家的经济社会稳定和安全。

此外，本条同时规定了《中华人民共和国粮食安全保障法》的立法根据为宪法。宪法是国家的根本大法，规定了我们国家和社会的基本制度、国家机构和组织、公民的基本权利和义务等根本性内容。宪法在我国法律体系中具有最高地位，是其他法律规范制定的根据。任何其他法律规范均不得同宪法相违背。因此，从法制统一和宪法效力的角度来讲，宪法同样应当是本法制定的法律依据。

【适用指南】

本条是关于立法目的的总体性规定，本法不仅以此目的作为科学立法的基本指导思想，而且也是在此立法目的指导下对本法其他各项规定进行具体适用。在具体适用中，应当凸显本条的原则性地位与实践价值，将本条作为首要的、根本的、宏观性指导原则，具体适用时不得偏离本条的基本理念，也不得与本条内容的原则性内涵相违背。本条立法目的奠定了本法的核心基准，如果有违反本条内容、要义及所蕴含精神的行为，则属于抵牾本法意旨的行为。

【关联规范】

《中华人民共和国国家安全法》第二十二条；《中华人民共和国黑土地保护法》第一条；《中华人民共和国种子法》第一条；《中华人民共和国反食品浪费法》第一条；《中华人民共和国农业法》第三十一条。

第二条　【粮食安全工作的原则及其目标】 国家粮食安全工作坚持中国共产党的领导，贯彻总体国家安全观，统筹发展和安全，实施以我为主、立足国内、确保产能、适度进口、科技支撑的国家粮食安全战略，坚持藏粮于地、藏粮于技，提高粮食生产、储备、流通、加工能力，确保谷物基本

> 自给、口粮绝对安全。
> 　　保障国家粮食安全应当树立大食物观，构建多元化食物供给体系，全方位、多途径开发食物资源，满足人民群众对食物品种丰富多样、品质营养健康的消费需求。

【条文主旨】

本条是关于粮食安全工作应当坚持的原则及其目标的规定。

【条文释义】

本条规定了我国粮食安全工作应当坚持的原则及其目标。具体而言，本条分为两款，其中第一款强调了国家粮食安全工作的基本原则及其目标，第二款则提出了保障国家粮食安全应当树立大食物观等重要原则及其目标。本条所规定的内容虽然较为宏观，但其并不是单纯的宣示性条款，而是关于国家粮食安全工作应当坚持的原则的规定，涉及国家粮食安全工作的方向，为粮食安全工作的开展提供了根本遵循。

一、国家粮食安全工作的基本原则

本条第一款强调了国家粮食安全工作的基本原则，可以分解出以下几个方面：一是坚持中国共产党的领导；二是贯彻总体国家安全观，统筹发展和安全；三是实施以我为主、立足国内、确保产能、适度进口、科技支撑的国家粮食安全战略；四是坚持藏粮于地、藏粮于技；五是提高粮食生产、储备、流通、加工能力。坚持这些原则的目标是确保谷物基本自给、口粮绝对安全。具体而言，对于本条规定的理解，主要包括以下几个方面：

第一，国家粮食安全工作应坚持中国共产党的领导。中国共产党领导是中国特色社会主义最本质的特征，是中国特色社会主义制度的最大优势，也是实现社会主义现代化的根本保障。[1] 保障粮食安全是关系国家长治久安的重大问题，必须坚持党对国内粮食安全工作的全面领导，坚持走中国特色粮食安全道路，筑牢大国粮食安全根基。

第二，国家粮食安全工作应贯彻总体国家安全观，统筹发展和安全。

---

[1] 《中国共产党的领导是最大优势》，载新华网，http://www.xinhuanet.com/politics/20221229/c32349b4180a48e58afa9851c1bff36c/c.html，最后访问时间：2024年1月29日。

这一原则要求将粮食安全工作与国家安全观紧密结合，把粮食安全作为国家战略安全的重要组成部分。同时，确保国家粮食安全不仅是单纯地增加粮食生产和储备，还要统筹考虑国家经济发展与粮食安全保障之间的关系。一方面，国家粮食安全保障是国家经济发展的基础和保障，只有保障了人民群众的口粮需求，才能推动国家经济稳步发展；另一方面，经济发展可以为保障粮食安全提供更多的资金、技术等支持，从而全面提升粮食生产、储备、流通的能力。

第三，国家粮食安全工作应实施以我为主、立足国内、确保产能、适度进口、科技支撑的粮食安全战略。在长期的实践中，我国坚持走中国特色粮食安全之路。这一原则强调了实施国家粮食安全战略的具体措施，重点是依托自身资源和优势，大力提高粮食生产能力，在必要时适度进口，同时注重科技创新和应用。从新时代中国粮食安全战略的基本内涵来看，"以我为主、立足国内"是战略立足点，回答了"依靠谁来养活中国"的问题，明确了依靠中国人自己的力量保障中国的粮食安全；"适度进口"是战略平衡点，回答了"在保障粮食安全中中国与世界是怎样的关系"的问题，明确了自身发挥主要作用和进口发挥次要作用；"确保产能"和"科技支撑"是战略着力点，回答了"依靠什么、怎么来解决粮食安全"的问题，明确了依靠耕地夯实保障基础和依靠科技创新驱动保障能力提升。①

第四，国家粮食安全工作应坚持藏粮于地、藏粮于技。落实"藏粮于地""藏粮于技"的关键在于耕地保护与科技创新。要完备制度规则，推动耕地、种子、科技等优质农业生产资料和要素优先用于粮食生产，为全方位夯实粮食安全根基奠定坚实基础。一方面，以科技创新着力支撑耕地的可持续性保护。保障种业安全、发展智慧农业、构建现代化农业机械的合理使用制度等，有利于减少对耕地的污染和破坏，实现耕地经济效益与生态效益的双重目标。另一方面，耕地保护的进路明晰也有助于粮食科技的应用和发展，通过耕地保护制度的落实，优化耕地数量、质量和生态，也为智慧农业发展和种业安全奠定了基础。②

第五，保障国家粮食安全必须注重提高粮食生产、储备、流通、加工能力。粮食安全是系统性问题，涉及产购储加销各个环节。党的二十大报

---

① 韩杨：《中国粮食安全战略的理论逻辑、历史逻辑与实践逻辑》，载《改革》2022年第1期。
② 李蕊：《全方位夯实粮食安全根基的法治进路》，载《江西社会科学》2023年第9期。

告指出,"全方位夯实粮食安全根基",[①] 这意味着要改变过去在粮食产业上"重生产、轻流通,重收购、轻加工,重储备、轻市场"的传统思维与做法,将粮食品种研发与繁育、生产与加工、运输与储备、销售与消费等各个环节和主体紧密关联、有机衔接,[②] 强化产购储加销协同保障。"提高粮食生产、储备、流通、加工能力"是全方位夯实粮食安全根基的必然要求,是保障国家粮食安全的重要着力点。具体而言:粮食生产是粮食安全的首要环节,保障粮食安全,基础在生产。粮食生产应当"保量、提质、增效",以粮食生产主体与"三大功能区"为两大抓手,通过粮食生产激励法治化,将"强激励"制度化、规范化;粮食储备是保障粮食安全的"压舱石",在保障粮食生产数量和质量的前提下,统筹管好"天下粮仓"和"大国储备",进一步确保中国人的饭碗牢牢端在自己手上,对于保障国家粮食安全至关重要;粮食流通是保障粮食从生产者到消费者手中的媒介,提高粮食流通能力,建设现代粮食流通体系,有利于实现粮食产品价值、保障区域间粮食供需平衡;粮食加工能够实现原粮到成品粮的转化,保障粮食从耕地到餐桌的顺利实现。

第六,确保谷物基本自给、口粮绝对安全是国家粮食安全工作的核心目标之一。党的十八大以来,以习近平同志为核心的党中央把粮食安全作为治国理政的头等大事,提出确保谷物基本自给、口粮绝对安全的新粮食安全观,牢牢把住粮食安全主动权,带领亿万人民走出了一条中国特色粮食安全之路。[③] 谷物基本自给意味着国家能够生产足够的粮食来满足国内需求,确保国家粮食供应的稳定性和可持续性。口粮绝对安全则强调了人民群众的基本粮食需求得到满足,每个人都能够获得足够的食物,充分保障人民的生存权。这是国家为人民增进民生福祉的基本要求。

二、保障国家粮食安全应当树立大食物观等重要原则及其目标

本条第二款提出了保障国家粮食安全的重要原则及其目标。其中,重要原则即为树立大食物观,构建多元化食物供给体系,全方位、多途径开发食物资源;目标是满足人民群众对食物品种丰富多样、品质营养健康的

[①] 《习近平:高举中国特色社会主义伟大旗帜 为全面建设社会主义现代化国家而团结奋斗——在中国共产党第二十次全国代表大会上的报告》,载中国政府网,https://www.gov.cn/gongbao/content/2022/content_5722378.htm,最后访问时间:2024年1月29日。

[②] 杜志雄、肖卫东:《全方位夯实粮食安全根基:意义、内涵及重点任务》,载《中州学刊》2022年第12期。

[③] 《牢牢把住粮食安全主动权——以习近平同志为核心的党中央带领人民干好这件头等大事》,载中国政府网,http://www.gov.cn/xinwen/2022-09/22/content_5711153.htm,最后访问时间:2024年1月29日。

消费需求。首先，树立大食物观意味着要超越简单的粮食观念，将食物的概念扩展到更广泛的范畴。除了主要的粮食作物外，还需要关注蔬菜、水果、禽畜肉类、水产品等各种食物资源，确保人民群众能够获得多样化的食物选择。[1] 其次，构建多元化食物供给体系是为了满足人们对食物多样性的追求。这意味着要通过推动农业生产结构的优化调整，合理布局农田资源，促进粮食作物、蔬菜水果、畜牧养殖、水产品等不同类型的农业发展，以实现食物供应多元化。最后，全方位、多途径开发食物资源是为了提高食物供给的稳定性和可持续性，不仅要在传统农业领域寻找发展空间，还要在现代农业技术、科技创新、绿色生产等方面进行多方面的开发。

【适用指南】

法的基本原则是法律制度文本必需的组成部分，其能够"反映法律制度的根本性质，促进法律体系的协调统一，为其他法律要素提供指导，保障法律运作的动态平衡并证成其法治理念的基础性原理和价值准则"。[2] 本条是关于粮食安全工作的基本原则的规定，是粮食安全领域执法、司法以及今后完善该领域立法的过程中都应当遵循的一般性、共通性准则，可以为其他相关条文的理解、适用与完善提供指引，为各主体履行粮食安全保障具体工作职责、制定实施具体工作方案、落实具体工作任务等提供指南，也可以为相关部门出台相关部门规章和司法解释等提供依据。同时，法的基本原则虽"不能为个别或者具体的法律规则所涵盖"，但可以在司法判决中作为"司法推理的权威性起点"[3]。因此，本条规定的基本原则还能够进行规则性转化，并作为粮食安全领域的执法机关和司法机关法律适用的依据。

【关联规范】

《中华人民共和国宪法》第一条；《中华人民共和国国家安全法》第二十二条；《中华人民共和国农业法》第三十一条、第三十二条、第三十三条、第三十四条、第三十五条；《中华人民共和国土地管理法》第三十条；《中华人民共和国黑土地保护法》第二十六条。

---

[1] 武拉平：《科学认识大食物观视角下我国的粮食安全问题》，载《社会科学辑刊》2023年第6期。

[2] 冯玉军：《论完善中国特色社会主义法律体系的基本原则》，载《哈尔滨工业大学学报（社会科学版）》2013年第4期。

[3] 薛波：《元照英美法词典》，北京大学出版社2017年版，第1091页。

> **第三条　【粮食安全责任制】**国家建立粮食安全责任制，实行粮食安全党政同责。县级以上地方人民政府应当承担保障本行政区域粮食安全的具体责任。
>
> 县级以上人民政府发展改革、自然资源、农业农村、粮食和储备等主管部门依照本法和规定的职责，协同配合，做好粮食安全保障工作。

【条文主旨】

本条是关于粮食安全责任制的规定。

【条文释义】

本条规定了我国建立粮食安全责任制。具体而言，本条分为两款，其中第一款强调了实行粮食安全党政同责，以及县级以上地方人民政府有保障粮食安全的职责；第二款则规定了县级以上人民政府的各主管部门做好粮食安全保障工作的协同配合职责。具体来讲，关于本条规定的理解，应当把握以下内容：

一、国家建立粮食安全责任制

粮食安全责任制是指从粮食生产、流通、消费等各环节对人民政府在维护国家粮食安全的事权与责任方面建立的一项制度。这一制度的核心在于要求人民政府及其有关部门切实承担起保障粮食安全的主体责任，全面加强粮食生产、储备和流通能力建设，从而确保国家粮食供应的稳定性和可靠性。粮食安全责任制的实施对于一个国家来说至关重要，因为粮食问题直接关联到国家的经济稳定、社会稳定和人民生活水平。

二、粮食安全党政同责

本条第一款规定了我国实行粮食安全党政同责。在 2020 年 12 月中央农村工作会议上，习近平总书记对"牢牢把住粮食安全主动权"作出了系统阐述，特别强调，"地方各级党委和政府要扛起粮食安全的政治责任，实行党政同责，'米袋子'省长要负责，书记也要负责"。[①] 2021 年修订后的《粮食

[①] 《实行粮食安全党政同责是进一步推动粮食安全政治责任落地的现实需要》，载央广网，http://news.cnr.cn/native/gd/20210402/t20210402_525452652.shtml，最后访问时间：2024 年 1 月 29 日。

流通管理条例》规定了"粮食安全党政同责"。实行粮食安全党政同责，就是要全面压实地方党委和政府——特别是"一把手"抓粮食生产的政治责任，发挥党委把方向、管大局、抓落实的制度优势，形成共抓粮食生产的强大合力，把保障国家粮食安全的决策部署真正落到实处。具体而言，地方党委和政府共同扛稳保障本地区粮食安全、维护国家粮食安全的政治责任。地方党委全面加强对本地区粮食安全工作的领导，切实承担起保障本地区粮食安全的领导责任。地方政府在党委领导下，切实承担起保障本地区粮食安全的具体责任。地方党委和政府主要负责人是本地区粮食安全工作第一责任人，领导班子其他成员对分管行业或者领域内的粮食安全工作负责。

实行粮食安全党政同责具有极强的现实意义。粮食安全关系国计民生，是一项系统性工程，涉及领域多、主体多、环节多，不仅中央有责任，地方也有责任；不只是"农口"一个部门的事，也不单是政府部门的事。实行党政同责是坚决扛稳粮食安全政治责任的根本保证。地方党政共同扛起粮食安全政治责任，是国家牢牢把住粮食安全主动权体制机制的重大调整，有利于更加适应保障粮食安全的实践需要。充分发挥地方党委把握方向、谋划全局的优势，通过加强党政联动，压实地方责任，形成抓粮合力，有利于把国家粮食安全战略真正落到实处。

粮食安全党政同责的实现，需要从以下几个方面着手：（1）细化党政责任。将保障粮食安全重点任务细化分解，加快构建省、市、县、乡村上下贯通重农抓粮的责任链条。省委从全局规划好粮食安全政策和制度，把控粮食安全总体目标，管住管好方向性工作、政策性任务、重点性工程。市级党委和政府着力抓政策执行，用上级精神统领本地区粮食安全工作，把惠农兴粮政策落实好，把产购储加销一体化产业建设好，把粮食安全应急能力和配套基础建设好，使粮食安全基本面得到巩固。乡村是保障粮食安全的第一道防线，要加强对本地粮食生产的日常监管，发挥好"探头"作用，对粮食安全中存在的问题，早发现、早识别、早报告。（2）强化监督考核，构建保障粮食安全的长效机制。发挥考核"指挥棒"作用，完善粮食安全党政同责考核办法，把落实粮食种植面积、耕地保护、粮食储备、保供稳市、应急体系、产业发展、节粮减损及人民对粮食安全满意度等内容纳入考核范围。特别是要加强对粮食安全领域的政治监督和干部考核。强化考核结果运用，充分发挥导向作用，完善奖惩措施。对地方党政领导干部在粮食安全工作中勇于担当、履职尽责、考核成绩优秀的要给予表彰奖励，同时对该地区在财政资金分配、土地指标、耗能指标等方面给予倾斜；对于粮食安全工作不担当、履职不尽责的党政领导干部，应追究其相应的责任。

三、县级以上地方人民政府应当承担保障本行政区域粮食安全的具体责任

本条第一款还规定了县级以上地方人民政府应当承担保障本行政区域粮食安全的具体责任,这也是粮食安全责任制的重要内容。县级以上地方人民政府是指各省(自治区、直辖市)、设区的市(自治州)、县(自治县、市辖区)人民政府。需要明确的是,此处使用了"应当"一词,属于县级以上地方人民政府的义务性规定。这表明,县级以上地方人民政府必须主动履行相应的工作职责,采取措施来确保本行政区域的粮食供应和安全。如果县级以上地方人民政府违反保障本行政区域粮食安全的相关义务,应当承担相应的法律责任。此外,该规定中的"具体责任"通常应当参照《中华人民共和国粮食安全保障法》《中华人民共和国农业法》《中华人民共和国土地管理法》以及相关的法律法规和政策文件中的相关规定来确定。这些责任应当包括但不限于加强土地资源管理、粮食储备、粮食应急体系建设等多个方面。

四、县级以上人民政府主管部门的协同配合职责

本条第二款规定了县级以上人民政府发展改革、自然资源、农业农村、粮食和储备等主管部门应当依照本法和规定的职责,协同配合,做好粮食安全保障工作。

粮食安全保障的全过程复合套嵌了农业、土地、财政、自然资源、水利、能源等多重要素,由发展改革、自然资源、农业农村、粮食和储备等部门单独进行均可能出现左支右绌的情形。鉴于此,本条第二款要求这些部门依照本法和规定的职责,加强沟通、协商和合作,形成工作合力,共同承担粮食安全保障的工作。就协同配合的主体而言,条文采用的是"列举+概括"的方式进行规定,对于已经列举出的主体,即县级以上人民政府发展改革、自然资源、农业农村、粮食和储备等主管部门是当然主体,应当按照规定做好粮食安全保障工作。对于条文未曾直接列出但也涉及开展粮食安全保障工作的部门,如财政部门、水利部门等也应当依照本法和规定的职责,发挥各自优势,协同配合,即此处主体的认定采取的标准为是否涉及"粮食安全保障工作"。总的来说,本条第二款强调了不同主管部门在粮食安全保障工作中的协同配合作用,为落实粮食安全的责任分工和合作机制提供了法律依据。这有助于确保粮食供应的充足性和质量安全,促进农业稳定发展。

具体而言,县级以上人民政府发展改革、自然资源、农业农村、粮食和储备等主管部门的工作需注意以下几点：（1）应当建立信息共享机制，及时交流有关粮食生产、储备、市场供应等方面的信息，以便进行及时的决策和调控。同时在政策制定和执行过程中，各主管部门需要相互协调，避免出现冲突和重复工作。（2）应当整合资源，加强政策配套，推动粮食生产、供给、储备等方面的工作。比如，发展改革部门应当出台支持农业发展的政策，自然资源部门和农业农村部门应当提供土地资源管理方面的政策支持，粮食和储备部门应当负责粮食储备和市场调控等。（3）可以共同制定粮食安全保障的长期规划和年度计划，明确各自的任务和责任，并建立健全监督评估机制，定期对粮食安全保障工作进行评估，发现问题及时整改，确保各项工作得到有效落实。

【适用指南】

实践中，对本条规定的具体适用应当注意的问题是：本条第二款规定的主管部门要"依照本法和规定的职责"中的"本法和规定"，其范围既包括《中华人民共和国粮食安全保障法》，还包括其他法律、行政法规、地方性法规、司法解释、部门规章、地方政府规章等。各主管部门协同配合全面推进粮食安全保障工作，需要依据各类法律规范展开。若各类法规之间出现不一致的规定，应当按照《中华人民共和国立法法》确定的法律适用原则进行调适，即上位法优于下位法、新法优于旧法、特别法优于普通法。

【关联规范】

《中华人民共和国土地管理法》第五条；《中华人民共和国水法》第十二条、第十三条；《中华人民共和国农业法》第九条；《粮食流通管理条例》第七条。

第四条　【粮食宏观调控和国际粮食安全合作】 国家加强粮食宏观调控，优化粮食品种结构和区域布局，统筹利用国内、国际的市场和资源，构建科学合理、安全高效的粮食供给保障体系，提升粮食供给能力和质量安全。

国家加强国际粮食安全合作，发挥粮食国际贸易作用。

【条文主旨】

本条是关于国家加强粮食宏观调控和国际粮食安全合作的规定。

【条文释义】

本条规定了国家加强粮食宏观调控和国际粮食安全合作,其中第一款立足于国家加强粮食宏观调控的层面,第二款则着眼于国家加强国际粮食安全合作。本条并不是单纯的宣示性条款,而是涉及了相关工作的方向,能够为相关工作的开展提供根本遵循。

一、国家加强粮食宏观调控

本条第一款规定了国家加强粮食宏观调控的具体要求及目标。其中,具体要求主要包括优化粮食品种结构和区域布局,统筹利用国内、国际的市场和资源,构建科学合理、安全高效的粮食供给保障体系三个方面的内容;目标在于提升粮食供给能力和质量安全。关于本款规定的理解,应当把握以下内容:

(一)优化粮食品种结构和区域布局

优化粮食品种结构和区域布局是指通过调整不同粮食作物的种植结构和种植区域的合理规划,以达到提高粮食生产效益、优化资源利用、增强抗风险能力等目的。根据不同地区的气候、土壤和水资源条件,科学安排各种粮食作物的种植结构,包括小麦、稻谷、玉米等,以实现最佳的产量和质量。[1] 同时,也要根据不同地区的特点,合理规划粮食作物的种植区域,确保在全国范围内形成合理的粮食生产布局,充分发挥各地的生产潜力。这样可以提高粮食生产的效益和稳定性,优化资源利用,增强粮食生产系统的抗风险能力,为保障国家粮食安全打下坚实的基础。

《国务院关于印发"十四五"推进农业农村现代化规划的通知》[2] 在第二章"夯实农业生产基础 提升粮食等重要农产品供给保障水平"中明确提出,"优化粮食品种结构。稳定发展优质粳稻,巩固提升南方双季稻生产能力。大力发展强筋、弱筋优质专用小麦,适当恢复春小麦播种面积。适当扩大优势区玉米种植面积,鼓励发展青贮玉米等优质饲草饲料。

---

[1] 王晓君、何亚萍、蒋和平:《"十四五"时期的我国粮食安全:形势、问题与对策》,载《改革》2020年第9期。

[2] 《国务院关于印发"十四五"推进农业农村现代化规划的通知》,载中国政府网,https://www.gov.cn/zhengce/zhengceku/2022-02/11/content_ 5673082.htm,最后访问时间:2024年1月29日。

实施大豆振兴计划,增加高油高蛋白大豆供给。稳定马铃薯种植面积,因地制宜发展杂粮杂豆"。《中华人民共和国农业法》第十五条第二款规定:"省级以上人民政府农业行政主管部门根据农业发展规划,采取措施发挥区域优势,促进形成合理的农业生产区域布局,指导和协调农业和农村经济结构调整。"这些条文的内容细化了"优化粮食品种结构和区域布局"的具体规定,为相关工作开展提供了具体指引。

(二)统筹利用国内、国际的市场和资源

如何统筹利用国内、国际两种市场和资源,有效保障我国粮食安全,已成为值得重视的问题。

在"引进来"方面,要从注重吸引国外直接投资向注重引进种质资源、技术和人才转变。(1)国际性种质资源交换对于我国育种水平的提高起到了重要作用。在水稻、小麦、玉米等粮食作物品种选育上,种质资源的引进都发挥了重要作用。由于我国地域辽阔、资源丰富,目前保存的农作物种质资源中大部分为我国自有资源,相对缺乏别国拥有的种质资源。为引进国际种质资源,需要创新体制机制,确保种质资源进得来、用得好。要进一步拓宽资源引进渠道,加大优异资源引进力度;深化改革,推动我国种子企业、科研单位与农业国际组织和其他国家的种子企业、科研组织开展国际交流。(2)引进先进的国际技术和管理经验。随着我国居民收入水平的不断提高,人们不仅关注粮食的产量问题,还关心粮食的安全问题。不可忽视的是,我国土地化肥农药使用问题,不但带来了粮食健康问题,还带来了土壤营养不均衡和环境污染等问题。发展绿色农业是解决化学农业产生诸多负面问题的必由之路。放眼全球,在发展绿色农业这条道路上,一些国家发展绿色农业的技术和经验也值得我们学习和借鉴。

在"走出去"方面,要积极促进我国开展农业对外直接投资,保障粮食安全。建议可从以下几个方面着手:(1)建立农业"走出去"专项基金,[1] 用于企业开拓农业国际市场的各种补贴、贴息和紧急援助。(2)放宽融资条件。对"走出去"的企业,具备上市条件的,可优先推荐进入资本市场上市融资,支持和鼓励有条件的企业进入国际资本市场直接融资。优先推荐"走出去"农业企业申报国家高新技术产业化推进项目、农产品精深加工项目和技术改造贴息项目。(3)建立和完善保险体系。国家可通过补贴支持的方式鼓励保险公司设立专门针对农业对外投资的保险险种,

---

[1] 余慧容、刘黎明:《可持续粮食安全框架下的农业"走出去"路径》,载《经济学家》2017年第5期。

主要承保企业在境外农业投资之后可能发生的非常风险。（4）建设信息服务系统。建立境外投资农业企业数据库，对这些企业进行跟踪了解，做好咨询服务。密切跟踪国外相关法律法规的调整，收集、分析和预测农产品市场信息等，为农业对外投资企业提供各种信息资料。定期举办农业"走出去"企业交流会，促进企业间信息共享。

（三）构建科学合理、安全高效的粮食供给保障体系

"构建科学合理、安全高效的粮食供给保障体系"意味着国家将通过科学的方法和合理的规划来建立一个稳定可靠、安全高效的粮食供给保障系统，以确保粮食的生产、储备、流通和供应均能够科学合理地进行，并且能够在保障粮食安全的同时提高资源利用效率。这一体系的建立需要充分考虑粮食生产的科学技术、市场调节机制、政策法规支持以及安全监管等方面的因素。通过科学合理地配置资源、优化生产方式、加强质量监管、完善供需匹配机制等措施，可以使粮食供给更加安全可靠，提高供给效率，满足社会各界对粮食的需求。

（四）提升粮食供给能力和质量安全

国家加强粮食宏观调控的目标是提升粮食供给能力和质量安全，这强调了不仅要追求粮食产量上的提升，还要确保粮食的品质和安全性。提升粮食供给能力涉及提高粮食的生产水平，包括增加农业产量、提高农田利用率、引入先进的农业技术和管理方法等。通过提升供给能力，国家可以更好地满足增长的人口需求，应对粮食需求的增加。保障粮食的质量安全涉及多个方面，包括生产过程中的农药和化肥使用、储存环境、运输和加工过程中的卫生标准，以及防止粮食污染等。确保粮食的质量安全对于保障公众健康、预防食品安全问题至关重要。

二、国家加强国际粮食安全合作，发挥粮食国际贸易作用

本条第二款明确了国家加强国际粮食安全合作的要求。关于本款规定的理解，应当把握以下内容：

党的二十大报告明确指出要"全方位夯实粮食安全根基",[①] 这对保障国家粮食安全提出了更高要求，也是对牢牢把握粮食安全主动权的战略部署。事实上，我国粮食安全除面临国内层面的供求紧平衡、生产结构性矛盾等风险外，在国际层面还面临我国粮企参与产业环节较为单一、国际竞争力有所不足、投资风险防范能力不足、国内关税配额制度失范等问题。

---

① 《习近平：高举中国特色社会主义伟大旗帜 为全面建设社会主义现代化国家而团结奋斗——在中国共产党第二十次全国代表大会上的报告》，载中国政府网，https://www.gov.cn/xinwen/2022-10/25/content_ 5721685.htm，最后访问时间：2024 年 1 月 29 日。

上述困境一定程度上造成了粮企在国际粮食市场的定价议价能力弱、投资贸易的影响力与控制权不足，[①] 制约了我国粮企参与粮食国际贸易与合作的广度与深度，并可能传导国际风险影响我国粮食进口供应链的稳定性、诱发冲击国内粮食市场安全稳定的深层次风险。因而"全方位夯实粮食安全根基"不仅需要着眼国内层面的粮食安全，更要关注国际粮食安全事件所可能带来的外部冲击，做到贯彻"统筹利用国内国际两个市场、两种资源"的战略要旨，从"国内—国际"双维度保障国家粮食安全。

适时将目光投注于国际粮食市场，以"适度进口"的战略要旨为导向，从宏观层面，要推动国内粮企参与国际粮食全产业链发展、国内粮企国际化制度化培育；从微观层面，要加强粮食国际投资保险制度革新、农产品关税配额改革。具体而言，（1）法治推动我国粮企参与粮食国际全产业链发展。建议应强化对粮企"走出去"的信贷支持制度、出台粮食海外全产业链投资官方指引、与投资所在国达成具体可行的粮食投资双边协定，同时推动优化粮食相关国际规则及国际标准。（2）为我国粮食国际贸易与合作培育强有力的跨国粮企。运用法治手段将国内粮企培育为跨国粮企至关重要。鉴于当前扶持制度较为模糊、培育效果欠佳，建议应制定适配企业规模的匹配性支持政策、适配产业环节的导向性培育机制、适配投资国别的针对性扶持方案，以培育合法、有力、坚实的国际粮食市场主体。（3）优化我国粮企海外投资保险制度、有效分担投资风险。因粮食国际投资风险防范制度缺失，我国粮企"走出去"往往面临高风险，海外粮食投资保险制度成为法治优化重点。建议应加快完善我国粮食国际投资保险规范制度体系，构建保险求偿双边模式促进投资保险代位求偿权实现，同时推动粮食国际投资担保机制的应用与创新。（4）优化国内层面农产品关税配额制度。针对目前农产品关税配额欠缺适度性、透明性、规范性之问题，建议应制度约束农产品关税配额无度扩张以确保"适度进口"，对农产品关税配额制度适用做到"事前—事中—事后"全过程透明化，国内法层面加快立法优化以与国际接轨。

【适用指南】

本条指出了国家实现粮食宏观调控这一目标的主要途径，旨在确保粮食生产能力的提升和粮食供应的稳定性，为国家粮食安全提供有力支持。

[①] 参见赵霞、陶亚萍、胡迪：《粮食安全视角下我国粮食产业国际竞争力的提升路径》，载《农业经济问题》2021年第5期。

该内容通常作为国家加强粮食宏观调控的原则性条款适用，为下位法的细化规定提供了指引。条文本身并不能在执法或司法实践中直接适用，但可以为实践提供一种政策性的引导。

【关联规范】

《中华人民共和国国家安全法》第二十二条；《中华人民共和国农业法》第十五条、第三十四条；《粮食流通管理条例》第三十六条。

> **第五条　【粮食安全保障相关规划】** 县级以上人民政府应当将粮食安全保障纳入国民经济和社会发展规划。县级以上人民政府有关部门应当根据粮食安全保障目标、任务等，编制粮食安全保障相关专项规划，按照程序批准后实施。

【条文主旨】

本条是关于粮食安全保障相关规划的规定。

【条文释义】

本条规定的是粮食安全保障相关规划的要求。将粮食安全保障纳入国民经济和社会发展规划，编制粮食安全保障相关专项规划，表明了粮食安全保障在国家发展中的重要性。

一、将粮食安全保障纳入国民经济和社会发展规划

本条规定县级以上人民政府应当将粮食安全保障纳入国民经济和社会发展规划。县级以上人民政府是指各省（自治区、直辖市）、设区的市（自治州）、县（自治县、市辖区）人民政府以及中央人民政府。此处使用了"应当"一词，属于县级以上人民政府的义务性规定。这表明，县级以上地方人民政府必须将粮食安全保障纳入国民经济和社会发展规划，否则要承担相应的法律责任。

国民经济和社会发展规划是全国或者某一地区经济、社会发展的总体纲要，是具有战略意义的指导性文件。国民经济和社会发展规划统筹安排和指导全国或某一地区的社会、经济、文化建设工作。2021年我国迈入第十四个五年规划。在已经发布的《中华人民共和国国民经济和社会发展第十四个五年规划和 2035 年远景目标纲要》[①] 中，第五十三章"强化国家经济安全保障"就涉及粮食安全，该章第一节"实施粮食安全战略"对其进行了全面部署。当然，这是国务院在国家层面制定的五年发展规划，县级以上地方人民政府也应当将粮食安全保障纳入国民经济和社会发展规划。具言之，将粮食安全保障纳入国民经济和社会发展规划具有以下两个方面的意义：第一，突出粮食安全的重要性。将粮食安全保障纳入国家发展规划，会使粮食安全问题得到更多的关注。这有助于提醒决策者：粮食安全是国家稳定和人民福祉的基石，需要优先考虑和保障。第二，保障粮食供应的稳定性。国家经济和社会发展规划的制定涉及各个领域和层面，将粮食安全保障纳入其中，可以预防和应对粮食供给紧张、粮价波动等问题，确保粮食供应的稳定性，从而满足人民日益增长的粮食需求。

二、编制粮食安全保障相关专项规划

本条还规定县级以上人民政府有关部门应当根据粮食安全保障目标、任务等，编制粮食安全保障相关专项规划，按照程序批准后实施。县级以上人民政府有关部门，主要指的是从事粮食安全保障工作的地方层面和中央层面的人民政府相关部门，包括但不限于农业农村、自然资源、市场监管等职能部门。此处也使用了"应当"一词，属于县级以上人民政府有关部门的义务性规定。如果县级以上人民政府有关部门违反相关义务，应当承担相应的法律责任。

粮食安全保障相关专项规划是指针对粮食生产、储备、流通和消费等方面，政府有关部门制定的一系列专项规划和措施，以确保国家粮食供应的充足性和稳定性。这些规划通常会考虑政府部门、农业生产者和消费者之间的关系，着眼于提高粮食产量、改善粮食供给结构、增强粮食储备能力、加强粮食质量安全监管等方面的工作。

要求县级以上人民政府有关部门编制粮食安全保障相关专项规划，按照程序批准后实施，具有以下几方面的意义：第一，明确政府部门的职责和任务。编制粮食安全保障相关专项规划，有利于明确政府部门在粮食安全保障工作中的职责和任务，从而更好地推进粮食安全保障工作。第二，有助于推进粮食生产的提高，改善粮食供给结构，促进农业可持续发展。专项规划通常包含一系列的政策和措施，如加大对农业科技的投入、提高农业生产效率、改善农村基础设施等，有助于促进粮食生产的提高。专项

[①] 《中华人民共和国国民经济和社会发展第十四个五年规划和 2035 年远景目标纲要》，载中国政府网，https://www.gov.cn/xinwen/2021-03/13/content_5592681.htm?eqid=9bb919dd00014d6d0000000364953b44，最后访问时间：2024 年 1 月 29 日。

规划还可以针对不同地区和不同人群的需求，制定相应的粮食供给结构调整方案，以满足人民日益增长的多样化粮食需求。

目前，已经有多个省市根据粮食安全保障目标、任务等，编制了粮食安全保障相关专项规划。如《福建省"十四五"粮食安全和物资储备发展专项规划》[1]《漳州市"十四五"粮食安全和物资储备发展专项规划》[2]《陕西省粮食和物资储备"十四五"发展规划》[3]《陕西省"十四五"粮食综合生产能力提升规划》[4]等。具体来说，这些粮食安全保障相关专项规划通常包括以下方面的内容：（1）粮食生产目标和任务。根据不同地区和需求，制定粮食生产目标和任务，包括粮食生产总量、粮食品种结构、粮食生产效益等指标。（2）农业科技支持措施。加大对农业科技的投入和支持，提高农业生产水平和质量，推广现代农业技术，提高粮食产量和质量。（3）粮食储备和应急保障措施。制定粮食储备和应急调控政策，加强对粮食市场的监测和调节，确保粮食供应的充足性和稳定性，提高粮食应急综合保障能力。（4）粮食质量安全保障措施。加强对粮食质量安全的监管，制定粮食质量安全相关政策和措施，确保国民健康和安全。

值得说明的是，编制完成的粮食安全保障相关专项规划应当按照程序报县级以上人民政府批准，经批准后实施。这一步骤确保了规划的合法性和有效性。实施阶段需要各有关部门严格按照规划的要求和措施进行落实，确保各项工作的顺利推进。

【关联规范】

《中华人民共和国农业法》第十五条；《中华人民共和国种子法》第一条、第五条；《中华人民共和国乡村振兴促进法》第四条；《中华人民共和国农产品质量安全法》第八条。

---

[1] 《福建省"十四五"粮食安全和物资储备发展专项规划》，载福建省人民政府网站，http：//www.fujian.gov.cn/zwgk/ghjh/ghxx/202204/t20220406_5875095.htm，最后访问时间：2024年1月29日。

[2] 《漳州市"十四五"粮食安全和物资储备发展专项规划》，载漳州市人民政府网站，http：//www.zhangzhou.gov.cn/cms/infopublic/publicInfo.shtml?id=830552029163490004&siteId=620416811908440000，最后访问时间：2024年1月29日。

[3] 《陕西省粮食和物资储备"十四五"发展规划》，载陕西省人民政府网站，http：//www.shaanxi.gov.cn/zfxxgk/zcwjk/szfbm_14999/xzgfxwj_15008/202208/t20220829_2248781.html，最后访问时间：2024年1月29日。

[4] 《陕西省"十四五"粮食综合生产能力提升规划》，载陕西省农业农村厅门户网站，http：//nynct.shaanxi.gov.cn/www/bm7831/20221206/9811349.html，最后访问时间：2024年1月29日。

> 第六条 【粮食安全保障投入】国家建立健全粮食安全保障投入机制，采取财政、金融等支持政策加强粮食安全保障，完善粮食生产、收购、储存、运输、加工、销售协同保障机制，建设国家粮食安全产业带，调动粮食生产者和地方人民政府保护耕地、种粮、做好粮食安全保障工作的积极性，全面推进乡村振兴，促进粮食产业高质量发展，增强国家粮食安全保障能力。
>
> 国家引导社会资本投入粮食生产、储备、流通、加工等领域，并保障其合法权益。
>
> 国家引导金融机构合理推出金融产品和服务，为粮食生产、储备、流通、加工等提供支持。国家完善政策性农业保险制度，鼓励开展商业性保险业务。

【条文主旨】

本条是关于粮食安全保障投入的规定。

【条文释义】

本条规定了国家加强粮食安全保障投入的具体措施。具体而言，本条共三款，共同构建了一个全方位支持粮食安全保障投入的框架体系。第一款提出了一个总体框架，即"国家建立健全粮食安全保障投入机制"，并提出了"采取财政、金融等支持政策加强粮食安全保障""完善粮食生产、收购、储存、运输、加工、销售协同保障机制""建设国家粮食安全产业带"三个方面的具体措施，旨在实现"调动粮食生产者和地方人民政府保护耕地、种粮、做好粮食安全保障工作的积极性""全面推进乡村振兴""促进粮食产业高质量发展""增强国家粮食安全保障能力"的目标。第二款和第三款则分别从社会资本投入和金融支持两个具体方面，对第一款提出的框架进行了补充和具体化。这三款内容的共同目标是促进粮食产业的高质量发展，增强国家粮食安全保障能力。关于本条规定的理解，应当把握以下内容。

一、国家建立健全粮食安全保障投入机制

粮食安全保障投入机制是指在确保粮食安全的过程中，各方投入资

源、资金、政策和技术等支持，以促进粮食生产、储备、流通、加工和农民收益可持续发展的一种体制化、系统化的运作机制。这一机制旨在通过协调各方力量，保障粮食供应的稳定性和可持续性，以满足人们的粮食需求。确保粮食安全始终是治国理政的头等大事。当下，国际环境错综复杂，国内改革推进已经延展至深水区阶段。我国粮食总产量稳步提升，但是国内粮食供求总体仍呈"紧平衡"状态。作为粮食消费大国和进口大国，我国的粮食安全保障总体形势不容乐观，粮食安全正面临着诸多新风险、新挑战。建立健全粮食安全保障投入机制对于确保粮食安全至关重要。

本条第一款强调国家层面在建立健全粮食安全保障投入机制方面的义务，但并未明确具体的机关和部门。这是因为建立健全粮食安全保障投入机制涉及面广，并非由某一层级人民政府或有关部门单独可以完成的，需要国家层面进行统一协调和管理。

二、国家采取财政支持政策加强粮食安全保障

本条第一款规定国家采取财政支持政策加强粮食安全保障，这是国家建立健全粮食安全保障投入机制的重要举措。

自 2004 年至今，中共中央、国务院已经连续 21 年发布了以"三农"（农业、农村、农民）问题为主的中央一号文件，这 21 个中央一号文件均提及了政府应采取农业补贴、税收优惠等一系列财税措施来保障粮食产量的充足供应和种粮农民收入的提高，由此可见，"三农"问题的财税支持在国家治理环节中占据着举足轻重的位置。其中，在 2024 年中央一号文件《中共中央　国务院关于学习运用"千村示范、万村整治"工程经验有力有效推进乡村全面振兴的意见》[1] 中，强调了中央财政和地方财政要继续加大在支农方面的支出，扩宽资金的来源，进一步完善农业补贴政策。

针对粮食安全的财政支持保障问题，应处理好以下三对主体之间的关系。第一，处理好中央和地方的权责关系，合理划分中央和地方在粮食安全财政保障方面的事权和财权，使事权能够有相匹配的财权。第二，处理好产粮区与非产粮区地方政府之间的权责关系，主要是要构建完善的利益补偿机制。第三，处理好种粮农民和种粮企业之间的关系，加大对种粮主体的补贴力度。[2] 在处理好三对主体关系的前提下，根据粮食产业链生产、

---

[1]《中共中央　国务院关于学习运用"千村示范、万村整治"工程经验有力有效推进乡村全面振兴的意见》，载中国政府网，https：//www.gov.cn/zhengce/202402/content_6929934.htm，最后访问时间：2024 年 1 月 29 日。

[2] 李蕊：《民之天：粮食安全法治保障体系研究》，法律出版社 2020 年版，第 196 页。

加工、流通等不同环节的特点出台有针对性的财政支持政策。具言之，粮食安全的财政支持保障主要包括三个方面，分别是农业补贴、税收优惠和利益补偿机制。农业补贴和税收优惠的作用对象是农民、粮食企业等，国家通过补贴和优惠的方式达到减少个体从事粮食生产经营活动成本的目的；利益补偿机制的作用对象是粮食主产区政府，中央政府和粮食主销区政府应对粮食主产区政府予以资金上的支持。

三、国家采取金融支持政策加强粮食安全保障

本条第一款从宏观层面规定国家采取金融支持政策加强粮食安全保障，并于第三款对此进行了细化和补充规定。具体而言，第三款规定了国家引导金融机构合理推出金融产品和服务，为粮食生产、储备、流通、加工等提供支持的义务，以及完善政策性农业保险制度，鼓励开展商业性保险业务。

目前我国粮食安全金融支持体系的"支柱"主要是由农业信贷、农业保险、粮食期货和政府性基金构成。其中，粮食期货和政府性基金相比于农业信贷和农业保险来说体量比较小。

第一，从实践上看，农业信贷是农村金融体系的主力。信贷是指以偿还和付息为条件的价值运动形式，通常包括银行存款、贷款等信用活动，在狭义上仅指银行贷款。对于粮食生产经营者来说，由于对金融工具的认识具有不同程度的局限性以及所形成的习惯等原因，更偏好于利用农业信贷来发展粮食生产。农业信贷虽然具有门槛低、普及率广等特点，但是也在信贷结构、从业人员等方面存在各种问题。所以国家应当积极履行本条第三款规定的义务，引导金融机构合理推出金融产品和服务，为粮食生产、储备、流通、加工等提供支持。

第二，农业保险可以为农村金融活动提供必要的经济保障，[①] 能够促进农业资源的合理配置以提高生产或流通效率，也是粮食金融发展过程中的重要环节。农业保险问题是我国经济发展过程中的"短板"，能否在立法上顺应市场的需要和经济环境的变化补齐这一短板，不仅攸关农村和农民的利益，还关系到我国粮食安全的保障，更关系到未来我国在国际粮食金融市场上的竞争力。所以国家应当积极履行本条第三款规定的义务，完善政策性农业保险制度，鼓励开展商业性保险业务。具言之，政策性农业保险是以保险公司市场化经营为依托，政府通过保费补贴等政策扶持，对

---

① 庞海峰、谭宁莉：《农业信贷农业保险与中国粮食安全》，载《农业与技术》2023年第21期。

种植业、养殖业因遭受自然灾害和意外事故造成的经济损失提供直接物化成本保险。政策性农业保险将财政手段与市场机制相对接，可以创新政府救灾方式，提高财政资金使用效益，分散农业风险，促进农民收入可持续增长。就鼓励开展商业性保险业务而言，国家应支持和鼓励保险公司参与农业保险市场，提供商业性农业保险产品和服务。商业性保险通常由私人保险公司提供，其参与可以增加市场竞争，提高服务质量和效率。

第三，粮食期货也是连接农产品现货市场和农产品期货市场的重要金融工具，目前来说，其所发挥的最主要功能是作为规避农业风险特别是价格风险的方式。同时，粮食期货还可以在粮食价格的发现以及国际贸易定价权方面发挥一定的作用，是粮食金融体系中必不可少的一环。

第四，政府性基金通常在促进信贷、保险和期货等金融市场的发展、减少金融风险和保护作为金融弱势群体的粮食生产经营者的利益方面扮演重要的角色。此外，农业信托、农业资产证券化等金融工具的发展尚不成熟，粮食金融市场的建设也不尽完善。但是农业信托作为粮食金融体系中新兴的增长点，依然具有非常大的潜力。

总体来说，我国的粮食金融体系与其他金融体系相比较为单一且缺乏活力，资金的流通和资源的配置效率还有待提高。在这种环境下，要想从金融层面上保障粮食安全，必须在立法上重视粮食金融体系的独特价值，完善农业信贷、农业保险、粮食期货等基本制度的同时，加强土地、财政、监管等方面配套制度的建设。

四、国家完善粮食生产、收购、储存、运输、加工、销售协同保障机制

本条第一款规定国家应当完善粮食生产、收购、储存、运输、加工、销售协同保障机制，这也是国家建立健全粮食安全保障投入机制的关键举措。

粮食生产、收购、储存、运输、加工、销售协同保障机制是指在各个环节之间建立良好的合作机制，实现协同配合，以确保粮食供应的质量和效率，从而保障国家粮食安全。具体而言，完善粮食生产、收购、储存、运输、加工、销售协同保障机制，包括以下几个方面：（1）生产与收购的协同：农业部门与粮食收购企业之间要加强沟通和协调，确保粮食生产与收购的需求匹配，及时确定收购政策与价格，鼓励农民合理增加粮食产量。（2）储存与运输的协同：粮食储备部门与物流运输企业之间要密切合作，确保粮食从仓储到运输过程中的顺畅与安全，提高仓储和运输效率，减少粮食损耗。（3）加工与销售的协同：粮食加工企业与销售渠道之间要建立紧密的合作关系，根据市场需求和粮食品质要求，合理安排加工和销售计划，提高产品质量和附加值。（4）建立信息共享机制：建立统一的信息共享平台，及时收集、传递和共享粮食生产、收购、储存、运输、加工、销售等环节的信息，以便及时作出决策和调整，确保各个环节之间的协同配合。（5）应急响应与调控：建立完善的应急预警机制，及时应对自然灾害、市场波动等突发情况，调控粮食供应，保障市场稳定和粮食安全。

五、建设国家粮食安全产业带

本条第一款规定建设国家粮食安全产业带。具言之，建设国家粮食安全产业带是指以东北、黄淮海、长江中下游等产粮大县集中且农业生产基础条件良好的主产区域为重点，立足水稻、小麦、玉米、大豆等生产供给，建设高标准农田等农田水利基础设施，完善仓储流通设施，布局粮食生产加工产能，提升粮食产业链供应链现代化水平，建设国家粮食安全保障战略基地。[1] 2020年中央经济工作会议和中央农村工作会议首次提出"建设国家粮食安全产业带"的概念，[2] 2022年中央一号文件再次强调推进国家粮食安全产业带建设。[3] 国家粮食安全产业带对调动粮食生产者和地方人民政府做好粮食安全保障工作的积极性，全面推进乡村振兴，促进粮食产业高质量发展，增强国家粮食安全保障能力具有深远意义。

国家粮食安全产业带建设也面临一些问题，如总体规划和建设方案有待明确和细化；粮食生产受短板因素制约，区域协调发展内生动力机制有待培育；配套基础设施尚未实现全面覆盖，流通体系建设有待加强等。为此，应在现有粮食生产功能区、粮食产业格局、粮食产业体系的基础上，加强顶层设计并优化资源与要素配置。抓紧研究落实总体方案，明确建设目标和建设任务，优化国土空间布局和产业布局。发挥政策引导扶持作用，完善利益补偿机制，加强对相关建设主体的激励支持。加强产业带基础设施建设，如实施粮食综合生产能力固本强基工程，实施粮食现代流通设施提档升级工程，加强仓储基础设施、物流中转能力等基础建设。

---

[1] 《"十四五"规划〈纲要〉名词解释之118｜国家粮食安全产业带》，载国家发展和改革委员会网站，https://www.ndrc.gov.cn/fggz/fzzlgh/gjfzgh/202112/t20211224_1309376.html，最后访问时间：2024年1月29日。

[2] 《中央经济工作会议在北京举行》，载共产党员网，https://www.12371.cn/2020/12/18/ARTI1608287844045164.shtml，最后访问时间：2024年1月29日。

[3] 《中共中央 国务院关于做好2022年全面推进乡村振兴重点工作的意见》，载中国政府网，https://www.gov.cn/zhengce/2022-02/22/content_5675035.htm，最后访问时间：2024年1月29日。

六、国家引导社会资本投入粮食生产、储备、流通、加工等领域

本条第二款规定，国家应当引导社会资本投入粮食生产、储备、流通、加工等领域，并保障其合法权益。所谓社会资本，是指社会中个体或群体之间的信任、合作、互动和网络关系所形成的资源。它包括人际关系、社会信任、社会规范和价值观念等非物质性财富，也包括各种社会组织、企业以及公民社团等具有社会意义的实体。

引导社会资本投入粮食生产、储备、流通、加工等领域有以下几个原因：（1）社会资本的投入可以带来更多的资金、技术和管理经验，促进农业现代化和粮食产业的发展。通过引入社会资本，可以提升农业生产力，改善农业生产方式，提高粮食产量和质量。（2）社会资本的投入可以带来更多的投资和市场参与者，扩大粮食市场规模。通过引导社会资本进入粮食领域，可以增加市场竞争，提供多样化的粮食产品，满足消费者的需求。（3）社会资本的参与可以增加粮食产业的抗风险能力。社会资本通常具有更强的风险管理意识和能力，可以通过多元化投资、风险分散等方式降低粮食产业面临的风险，确保粮食供应的稳定性和安全性。（4）社会资本的投入可以促进粮食产业的发展，推动农村经济的转型升级。社会资本的引入可以带来新的技术、管理经验和市场机制，推动粮食产业向更高附加值、更可持续发展的方向转变。

引导社会资本投入粮食产业，可以从以下几个方面入手：（1）制定鼓励社会资本投入粮食产业的相关政策和法律制度，如加强投资保障、优惠税收政策、便利融资渠道等，为社会资本投入提供良好的政策环境和法律保障。[1]（2）建立粮食产业相关数据和信息公开机制，提高信息透明度和可获得性，使社会资本更容易了解粮食产业的市场环境和投资机会。（3）推动市场化改革，鼓励多元化经营和产业链条的延伸，推动农业产业由传统的自耕自足向市场化、规模化、品牌化发展，吸引更多的社会资本参与到粮食生产、储备、流通和加工领域。（4）加强对粮食产业的宣传和推广工作，提高社会资本对粮食产业价值的认识和了解，促进社会资本投入粮食产业的积极性。通过上述措施的综合实施，可以激发社会资本投入粮食产业的热情和积极性，促进粮食产业的发展，加强粮食安全保障工作。

---

[1] 邢虹娟：《农业资源与粮食生产协调发展研究》，载《农业技术与装备》2022 年第 9 期。

【适用指南】

粮食安全保障离不开财税、金融制度的支持。粮食安全的公共物品特质，粮食价格调节的发散性、滞后性和农业生产的弱质性等都决定了粮食安全仅靠市场机制无法保障，必须依靠国家干预的力量对于市场失灵加以矫治。政府对于粮食安全保障宏观调控的两个重要手段在于财税支持和金融支持。

本条是关于粮食安全保障投入的原则性条款，为更加细化的规范性文件的出台提供了上位法支撑。细化文件的出台可以进一步明确措施，为财税和金融制度的支持提供具体的操作指南，提高政策的落地执行效果，进一步促进粮食安全保障工作的顺利进行。

【关联规范】

《中华人民共和国种子法》第六十五条；《中华人民共和国农业法》第三十三条、第三十五条、第三十七条、第三十八条；《中华人民共和国乡村振兴促进法》第五十八条；《中华人民共和国黑土地保护法》第二十五条；《粮食流通管理条例》第二十八条。

第七条　【加强粮食安全科技创新能力和信息化建设】
国家加强粮食安全科技创新能力和信息化建设，支持粮食领域基础研究、关键技术研发和标准化工作，完善科技人才培养、评价和激励等机制，促进科技创新成果转化和先进技术、设备的推广使用，提高粮食生产、储备、流通、加工的科技支撑能力和应用水平。

【条文主旨】

本条是关于国家加强粮食安全科技创新能力和信息化建设的规定。

【条文释义】

本条是关于国家加强粮食安全科技创新能力和信息化建设的规定，是党中央和国务院在粮食安全保障领域重视科技支撑的体现，明确了科技支撑的重点领域和目标。党的十八大以来，着眼于底线思维，党中央确立了"以我为主、立足国内、确保产能、适度进口、科技支撑"的国家粮食安全战略，并要坚持"藏粮于地""藏粮于技"[①] 为粮食安全保障奠定了战略基础。保障粮食安全，科技是支撑。落实"藏粮于技"战略的关键在于加强粮食安全科技创新能力和信息化建设，本条规定了其中的重要举措：支持粮食领域基础研究、关键技术研发和标准化工作，完善科技人才培养、评价和激励等机制，促进科技创新成果转化和先进技术、设备的推广使用，提高粮食生产、储备、流通、加工的科技支撑能力和应用水平。在理解本条时，应注意把握以下几个方面的内容。

一、支持粮食领域基础研究、关键技术研发和标准化工作

通过支持粮食领域基础研究和关键技术研发，可以推动农业科技的进步，提高粮食生产的效率和产量。例如，种子改良技术可以培育出更适应各地气候条件的优质品种，提高抗病虫害能力和产量稳定性。粮食领域的标准化工作则是指制定和实施与粮食生产、加工、储存、运输、销售等相关环节有关的技术标准、质量标准、检验标准和安全标准，旨在保障粮食质量和安全，促进粮食行业的可持续发展。

支持粮食领域的基础研究、关键技术研发和标准化工作，政府可以从以下几个方面入手：（1）增加财政资金用于支持粮食领域的科研项目，提供更多的研究经费和资源。此外，可以鼓励企业和社会组织参与投资和支持粮食科技创新。（2）建立专门从事粮食领域研究的研究机构和实验基地，提供科学研究的平台和条件。（3）加强对粮食领域的科研人才培养，包括设立奖学金、资助留学、开展学术交流等举措。同时，建立健全科研团队组织机制，吸引和留住高水平的科研人员。（4）制定和完善粮食领域的标准和规范，如粮食品种选育和种子生产的标准、农药和化肥使用的标准、灌溉和水资源利用的标准、粮食加工和储存的标准、粮食运输和销售的标准等，确保粮食生产、加工、流通和储存环节符合科学标准。

二、完善科技人才培养、评价和激励等机制

完善科技人才培养、评价和激励机制是加强粮食安全科技创新能力和信息化建设的重要举措之一。对于该机制的完善，具体包括以下内容：（1）科技人才的培养是至关重要的。国家需要加大对粮食科技人才的培养和引进力度，鼓励高校和科研机构在粮食领域开设相关专业和课程，提供

---

① 《坚持走中国粮食安全道路》，载光明网，https：//m.gmw.cn/baijia/2020-11/06/34345313.html，最后访问时间：2024年1月29日。

奖学金和科研项目资助，鼓励学生深入研究粮食安全相关领域。此外，应建立与粮食产业需求紧密对接的实践基地，提供实习机会，使科技人才在实际工作中积累经验。（2）为了促进粮食科技人才的创新和发展，国家需要建立科研成果的评价和激励机制，以鼓励科技人员在粮食安全领域进行创新研究。科技人才评价机制应该考量其在解决粮食生产、储备、流通、加工等方面问题的实际贡献，评价标准可以包括科研成果、技术创新、解决实际问题的能力等。通过提供科研项目经费支持、奖励科技创新成果、提供晋升机会、颁发行业荣誉等方式，为粮食科技人才提供更好的发展机会和前景。[1]

三、促进科技创新成果转化和技术推广服务

在粮食安全保障领域，促进科技创新成果转化和先进技术、设备推广使用是指将科研机构和企业等单位的科技创新成果转化为实际生产力，并通过技术推广服务将这些成果应用到粮食生产、加工、储存等各个环节。具体来说，促进科技创新成果转化和先进技术、设备的推广使用包括以下方面：（1）将科研机构和企业的科技研究成果转化为实际生产力，包括新品种选育、新农艺措施、新农机设备等方面的创新成果。这可能涉及专利申请、技术转让、科技成果孵化等过程。（2）通过各种途径向广大农民和粮食生产者推广先进的农业生产技术和管理方法，包括新品种种植技术、科学施肥、病虫害防控技术、现代化农业设施利用等方面的知识和技术。（3）建立农业技术示范基地，开展现场示范和培训活动，让农民亲身体验和学习先进的粮食生产技术，增强他们的技术应用能力。（4）设立技术咨询服务机构，为粮食生产者提供专业的技术指导和服务，解决他们在生产过程中的技术难题和问题。

四、提高粮食生产、储备、流通、加工的科技支撑能力和应用水平

提高粮食生产、储备、流通、加工的科技支撑能力和应用水平，强调了在粮食产业各个环节引入先进科技，以提升整体粮食生产效率、保障粮食储备安全、优化粮食流通和提高粮食加工水平。（1）在粮食生产环节，应推广高效、节能、环保的耕作技术，提升粮食种植的生产水平和质量。引入精准农业、遥感技术、基因编辑等先进的农业技术。利用大数据分析，实现智能化的农业管理，包括土壤监测、水资源管理、病虫害预测等。（2）在粮食储备环节，应加强粮食仓储设施建设，推广智能化仓储系

---

[1] 刘窈君、杨艳萍：《中国粮食产业产学研合作网络的结构特征与动态演化》，载《华中农业大学学报（社会科学版）》2022年第4期。

统、防潮防虫技术等先进的粮食储存技术，提高粮食储备的保鲜、防虫、防潮能力。同时，注重粮食储备的信息化建设，建立起完善的粮食储备调度和运输系统。（3）在粮食流通环节，应引入物联网技术、区块链技术等，建立起粮食流通的信息化系统，提高粮食流通的效率和质量。建立统一的粮食交易平台，推进粮权交易等创新模式，加快粮食流通的市场化进程。（4）在粮食加工环节，应加强粮食加工企业的技术创新和装备升级，提高加工生产效率和产品质量。例如，引入自动化和智能化技术，采用低温、无害物质的粮食加工方法，实现粮食加工过程的实时监测和控制，并提高能源利用效率。

【适用指南】

在实际运用中，本条可以引导国家和相关部门采取措施，如加大对粮食科技创新的投入和支持，鼓励科研机构和企业开展针对粮食安全的基础研究和关键技术研发，以应对粮食安全面临的挑战。在适用过程中，需要注意以下问题：（1）科技创新需要有足够的资金支持，因此需要合理配置和利用财政预算，引导更多社会资金投入到粮食安全科技创新领域。（2）在推进科技创新和信息化建设过程中，需要建立健全知识产权保护、数据安全、科技伦理、网络安全、国际合作等相关领域的法律法规体系，明确各方的权利、义务和责任，为科技创新提供有力的法律保障。

【关联规范】

《中华人民共和国种子法》第十二条；《中华人民共和国国家安全法》第七十三条；《中华人民共和国乡村振兴促进法》第十五、第十六条、第十七条；《中华人民共和国农业法》第六条、第四十八条、第四十九条、第五十一条、第五十二条、第五十六条。

> 第八条 【粮食安全宣传教育】各级人民政府及有关部门应当采取多种形式加强粮食安全宣传教育，提升全社会粮食安全意识，引导形成爱惜粮食、节约粮食的良好风尚。

【条文主旨】

本条是关于各级人民政府及有关部门加强粮食安全宣传教育的规定。

【条文释义】

本条规定了各级人民政府及有关部门加强粮食安全宣传教育的职责及其目的。从实践经验来看，开展粮食安全宣传教育工作是保障粮食安全的重要路径。本条将实践中行之有效的宣传教育措施上升为法律规定，增加了各级人民政府及有关部门开展粮食安全宣传教育的相关义务。

各级人民政府及有关部门，是加强粮食安全宣传教育的义务主体，是指中国境内各乡镇、县级、市级、省级地方人民政府、中央人民政府及有关部门。这里的有关部门，主要指的是从事粮食安全保障工作的地方层面和中央层面的人民政府相关部门，包括教育、发展改革、自然资源、农业农村、粮食和物资储备等部门。值得说明的是，此处使用了"应当"一词，这表明各级人民政府及有关部门采取多种形式加强粮食安全宣传教育是其必须主动履行的工作职责。

本条规定加强粮食安全宣传教育的目的在于，提升全社会粮食安全意识，引导形成爱惜粮食、节约粮食的良好风尚。具体而言，首先，粮食安全宣传教育可以加深公众对粮食安全问题的认识和重视，让人们意识到粮食安全的重要性，营造珍惜粮食、拒绝浪费的良好社会氛围。其次，通过宣传教育活动，可以向公众传授关于粮食生产、储备、流通、加工等方面的知识和技能，增强公众的粮食安全意识和素养，使其能够更好地参与到粮食安全保障中。再次，粮食安全宣传教育可以提高公众对粮食安全风险的认识，增强应对突发事件和灾害的能力，提前做好预防和应对准备。最后，粮食安全宣传教育可以增强公众对相关法律法规的了解，知悉在粮食生产、储备、流通和消费等方面的权益和义务，提高对违法行为的认知和举报意识。

各级人民政府及有关部门应当采取多种形式加强粮食安全宣传教育，这里的"多种形式"主要包括：（1）制定粮食安全宣传计划，并按照计划有针对性地实施宣传活动，确保宣传达到预期效果。（2）建立粮食安全宣传平台，通过广播、电视、报刊、网络等多种形式，向公众提供粮食安全宣传资讯、法律法规等方面的知识。（3）在重要的节日或与粮食相关的传统节日，组织举办粮食安全主题的庙会、文艺表演、美食节等活动，吸引公众参与。组织举办粮食安全知识大赛、农产品展销会、农耕体验活动等，让公众亲身感受到粮食生产的辛勤过程。（4）针对不同群体，采取有针对性的教育培训措施。针对农民群体，组织开展农业技术培训，包括种植技术、农药使用与安全、农产品质量监管等方面的知识培训。通过专家授课、现场指导等方式，提高农民的种植水平和粮食生产的质量安全意识。针对学生群体，建议将粮食安全教育纳入学校课程体系，开设农业科学、食品安全、营养健康等相关的课程。针对食品加工、餐饮、批发零售等与粮食安全密切相关的企事业单位，应组织开展粮食安全培训课程，包括食品安全法律法规、食品质量控制、卫生标准等方面的培训，增强从业人员的粮食安全意识和操作技能。

【适用指南】

当下，粮食安全宣传教育呈现出一系列新特征：其一，随着互联网和社交媒体的普及，粮食安全宣传教育已经呈现出数字化、多媒体化的特征。人们可以通过网络平台获取大量的粮食安全知识，各种形式的宣传资料、视频、直播等也更加丰富多样。同时，利用大数据分析和人工智能等技术手段，可以更精准地对受众进行定制化宣传，强化宣传效果。其二，粮食安全宣传教育已经向社会化参与的方向发展。除了政府部门外，企业、社会团体等各方力量都积极参与其中，形成了多元化的宣传主体。同时，公众也更加活跃地参与到粮食安全宣传中，通过自媒体、公众号等渠道分享信息、传播观点，推动粮食安全意识的传播和强化。其三，粮食安全宣传教育的内容也更加多元化和细化。除了传统的种植、粮食生产、粮食加工等环节，还涉及食品安全、膳食营养、健康饮食等方面的内容，更加贴近人们的日常生活。

然而，粮食安全宣传教育也面临着一些挑战，需要采取措施予以解决。其一，粮食安全知识对于大多数人来说可能较为复杂和专业化，传达给公众时可能存在语言障碍和信息过载的问题。同时，人们对于粮食安全问题的认知水平和意识差异也较大，需要采取针对不同群体的宣传策略，提高信息传递和接受的效果。其二，不同地区的粮食安全形势和问题存在差异，需要因地制宜地开展宣传教育工作。同时，宣传教育资源的分配也应避免出现不均衡的情况，一些偏远地区的宣传教育覆盖面和质量需要进一步改善和提升。

【关联规范】

《中华人民共和国农产品质量安全法》第十一条；《中华人民共和国黑土地保护法》第七条；《中华人民共和国反食品浪费法》第八条、第十九条、第二十条、第二十一条、第二十二条；《中华人民共和国乡村振兴促进法》第十一条。

> **第九条　【国家奖励】** 对在国家粮食安全保障工作中做出突出贡献的单位和个人，按照国家有关规定给予表彰和奖励。

【条文主旨】

本条是关于对在国家粮食安全保障工作中做出突出贡献的单位和个人给予奖励的规定。

【条文释义】

赏罚分明是管理工作的重要方面，本法第十章规定了对违反粮食安全保障工作的行为追究法律责任，本条则规定对在国家粮食安全保障工作中做出突出贡献的单位和个人给予奖励。通过奖励，既肯定了他们对保障国家粮食安全做出的贡献，也在全社会树立了榜样，可以鼓励和提高人们保障粮食安全的积极性。在理解本条时，注意把握以下几个方面。

一、受奖励的主体既可以是单位，也可以是个人

根据本条规定，奖励对象是在国家粮食安全保障工作中取得显著成绩的单位和个人，既包括粮食生产经营单位及其有关人员，也包括政府、有关部门及其工作人员，还包括其他社会组织和公民个人。

二、奖励的方式

至于奖励的方式，本法并未规定，一般而言，奖励包括精神奖励和物质奖励。精神奖励，是指对受奖者给予一定的名誉、荣誉奖励，使社会对其贡献和成绩予以充分肯定。物质奖励，是指对受奖者予以物质方面的奖励，包括奖金、实物等。无论是精神奖励还是物质奖励，其目的都是使受奖者得到一种激励和鼓舞，使其更加积极地为粮食安全保障工作做出贡献。

三、给予奖励的主体

对于给予奖励的主体，本法并未规定，但应作广义理解。给予奖励的主体既可以是中央人民政府，也可以是各级地方人民政府，还可以是政府有关部门。近年来，农业农村部多次组织全国粮食生产先进集体和先进个人的评选表彰工作，发布评选范围、名额分配、评选条件、评选程序等内容，这就是本条规定的奖励制度的具体体现。

【适用指南】

为了保证奖励工作有序进行，做到客观公正，使奖励真正起到应有的作用，防止出现偏差，尤其是防止出现不正之风，在实施奖励政策时必须有明确的程序做保证。这种程序主要是指评审的程序，包括候选人或者候选单位的产生办法、推荐条件等。程序必须公开、透明，以保证公平、公正。

【关联规范】

《中华人民共和国种子法》第四条；《中华人民共和国黑土地保护法》第七条；《中华人民共和国反食品浪费法》第七条；《中华人民共和国乡村振兴促进法》第十一条。

第二章 耕地保护

> 第十条 【国土空间用途管制和耕地保护】国家实施国土空间规划下的国土空间用途管制，统筹布局农业、生态、城镇等功能空间，划定落实耕地和永久基本农田保护红线、生态保护红线和城镇开发边界，严格保护耕地。
>
> 国务院确定省、自治区、直辖市人民政府耕地和永久基本农田保护任务。县级以上地方人民政府应当确保本行政区域内耕地和永久基本农田总量不减少、质量有提高。
>
> 国家建立耕地保护补偿制度，调动耕地保护责任主体保护耕地的积极性。

【条文主旨】

本条是关于国土空间用途管制和耕地保护的规定。

【条文释义】

本条规定了国土空间用途管制和耕地保护的相关内容。具体而言，本条共分为三款，分别强调了国家加强国土空间用途的管制，重视耕地和永久基本农田的保护，并建立相应的耕地保护补偿制度。这些措施旨在促进耕地保护，确保粮食安全和生态环境的可持续性。具体来讲，关于本条规定的理解，应当把握以下几个方面。

一、国家实施国土空间规划下的国土空间用途管制

本条第一款规定了国家在实施国土空间规划下的国土空间用途管制方面应采取的措施，统筹布局农业、生态、城镇等功能空间，划定国土空间"三条红线"。

国土空间用途管制，是生态文明体制改革的重要内容之一。2019年印发的《中共中央、国务院关于建立国土空间规划体系并监督实施的若干意见》[①] 提出以国土空间规划为依据，对所有国土空间分区分类实施用途管制。国土空间用途管制源于土地用途管制，涉及规划、实施、监督三项核心职责。国土空间用途管制是按照可持续发展的要求和不同层级公共管理的目标，划分不同尺度的空间区域，制定各空间区域的用途管制规则或正负面清单，通过用途变更许可或正负面清单等配套政策，使国土空间开发利用者严格按照国家规定的用途开发利用国土空间的一项制度。

与传统土地用途管制相比，国土空间用途管制在以下三个方面具有更强的功能：（1）具有整体性和全域性的功能。是指国土空间用途管制要做到区域全覆盖，不仅要管控农用地和建设用地，还要管控海洋以及河流、湖泊、荒漠等自然生态空间。（2）具有更强的空间管控功能。它不仅指一般意义上的地下、地表和地上的立体空间，更指由土地、水、地形、地质、生物等自然要素以及建筑物、工程设施、经济及文化基础等人文要素构成的地域功能空间。（3）具有更强的空间治理功能。国土空间用途管制以空间治理体系和治理能力现代化为目标导向，更强调将山水林田湖草海作为生命共同体的功能。它要求以可持续发展为价值取向，不断推进国土空间用途管制的治理结构和治理模式创新，理顺空间、要素与功能之间的逻辑关系，实现政府、市场和社会的联动，国土空间规划、国土空间用途管制和资源总量管控的联动，建构底线约束与激励引导相结合的新机制，切实推进空间开发利用更有序、更有效和更高品质。

实施国土空间规划下的国土空间用途管制，一个重要的内容就是需要统筹布局农业、生态、城镇等功能空间，划定国土空间"三条红线"。国土空间"三条红线"，即生态保护红线、永久基本农田保护红线和城镇开发边界三条控制线。具体而言，统筹布局涉及以下几个方面：（1）农业空间布局。农业是国土空间的重要组成部分，涉及粮食生产和农产品供给。通过划定永久基本农田保护红线，合理规划农业用地，确保农业生产的可持续性，促进农业现代化和农民收入增加。（2）生态空间布局。通过划定生态保护红线等方式，保护生态系统的完整性和稳定性，维护生物多样性，保障生态环境的可持续发展。同时，合理规划生态补偿区、生态修复区等，促进生态环境的修复和改善。（3）城镇空间布局。根据城市化发展

---

① 《中共中央、国务院关于建立国土空间规划体系并监督实施的若干意见》，载中国政府网，https://www.gov.cn/zhengce/2019－05/23/content_5394187.htm，最后访问时间：2024年1月29日。

的需求，合理划定城镇开发边界，控制城市扩张的范围和速度，防止无序的城市蔓延。同时，规划城市功能区、城市绿地、城市公共设施等，提高城市空间的质量和人居环境的舒适度。

二、确保耕地和永久基本农田总量不减少、质量有提高

本条第二款要求中央政府要重视耕地和永久基本农田保护工作，并要求县级以上地方人民政府认真履行耕地保护责任，确保本行政区域内耕地和永久基本农田总量不减少、质量有提高，以保障粮食生产和农业可持续发展。

具体而言，第二款规定国务院确定省级人民政府耕地和永久基本农田保护任务，意味着中央政府应当根据国家整体规划、粮食安全需求、资源环境承载能力等因素综合考虑，制定具体的耕地和永久基本农田保护任务，并下达给各省级人民政府。省级人民政府需要按照国务院确定的任务贯彻实施耕地和永久基本农田保护。耕地和永久基本农田保护任务，通常包括防止耕地"非农化"、实施耕地质量保护、加强农田水土保持、提高土地利用效率等内容。

第二款还规定，县级以上地方人民政府应当确保本行政区域内耕地和永久基本农田总量不减少、质量有提高。其中，县级以上地方人民政府是指中国境内的各省（自治区、直辖市）、设区的市（自治州）、县（自治县、市辖区）人民政府。需要明确的是，此处使用了"应当"一词，属于县级以上地方人民政府的义务性规定。县级以上地方人民政府必须主动履行相应的工作职责，确保本行政区域内耕地和永久基本农田总量不减少、质量有提高。

就"耕地和永久基本农田总量不减少"而言，坚守18亿亩耕地数量红线是保障粮食安全的根基。[①] 粮食总产量取决于播种面积和作物单产水平，诚然现代农业技术的应用提高了作物单产水平，但依赖于化肥、农药等高投入带来的高产是以耕地资源损耗为代价的。从这一角度而言，粮食总产量的增加不可忽视播种面积这一关键要素。鉴于耕地数量与播种面积的紧密对应关系，坚守18亿亩耕地红线是确保播种面积的必然要求。放眼国际层面，在全球化进程中各种不确定的风险与日俱增，部分农业大国纷纷进入"自保模式"停止粮食出口，粮食生产的国际环境恶化。审视国内情况，华北地区地下水水位严重下降、南方和东北地区优质耕地流失加

[①] 《"农田就是农田，而且必须是良田"（总书记牵挂的粮食安全）》，载人民网，http://sx.people.com.cn/n2/2022/0219/c352664-35140895.html，最后访问时间：2024年1月29日。

快，加之水灾、旱灾、病虫害等不确定性风险的存在，粮食生产的稳定性也受到了威胁。我国目前的城市化水平为60%左右，预计我国下一轮城市化水平将会达到75%到80%。① 随着城市化水平的提高，18亿亩耕地红线面临严峻挑战。因此，当下保障我国粮食安全的基本思路在于积极防范并化解数量红线面临的风险，牢牢守住18亿亩耕地数量红线，以应对来自国际和国内的影响粮食安全的不确定性事件。

就"耕地和永久基本农田质量有提高"而言，提升耕地质量是提高粮食生产水平的坚实助力。对于城镇化进程中占用的大量优质耕地，占补平衡制度能够发挥确保耕地数量稳定的利器作用，但无法改变的是大量"占优补劣"的行为加剧了耕地质量下降的趋势。此外，随着化肥、农药、除草剂的大量投入，加之土地的不合理利用，土壤的有机质含量不断降低，耕地长期处于亚健康的状态。根据耕地评定等级，耕地大致可以划分为高等产田、中等产田和低等产田，目前我国中等、低等产田大约占总面积的三分之二以上。② 影响粮食作物单产水平的另一关键要素是耕地质量，根据实证研究，结果显示中低产田每年的粮食单产仅为高产田的40%~60%，如此悬殊的比例表明绝大部分的粮食产出依赖于优质耕地，在目前耕地质量总体偏低的境况下，粮食产量的增加有很大的潜力可以激发和挖掘。③ 我国也认识到耕地质量在耕地资源管理中的重要性，要求县级以上地方人民政府应当确保本行政区域内耕地和永久基本农田质量有提高。

三、建立耕地保护补偿制度

本条第三款规定，国家建立耕地保护补偿制度，目的在于调动耕地保护责任主体保护耕地的积极性。

国家建立耕地保护补偿制度意味着国家将采取经济手段，通过向耕地保护责任主体提供经济激励，以补偿其在耕地保护中付出的成本。耕地补偿制度是一种以公共利益实现为旨归的资源保护制度，通过对相关主体在耕地保护中形成的不均衡利益进行重新分配和调整，能够实现对耕地保护

---

① 《姚洋："十四五"有四个重点 未来中国城市化水平有望达到80%》，载凤凰网，https://finance.ifeng.com/c/820EirD4Djt，最后访问时间：2024年1月29日。

② 农业农村部发布的《2019年全国耕地质量等级情况公报》显示，评价为一至三等的耕地面积为6.32亿亩，占耕地总面积的31.24%；评价为四至六等的耕地面积为9.47亿亩，占耕地总面积的46.81%；评价为七至十等的耕地面积为4.44亿亩，占耕地总面积的21.95%，载农业农村部网站，https://www.moa.gov.cn/nybgb/2020/202004/202005/t20200506_6343095.htm，最后访问时间：2024年1月29日。

③ 高树琴等：《关于加大在中低产田发展草牧业的思考》，载《中国科学院院刊》2020年第2期。

行为的激励，成为耕地保护目标实现的关键举措。本款规定耕地保护补偿的对象是耕地保护责任主体。耕地保护责任主体应当包括政府、农民、企业、社会组织等。

在当前粮食安全和耕地保护的严峻形势下，建立耕地保护补偿制度具有更为突出的重要性和紧迫性。近年来，党中央、国务院多次提出完善耕地保护补偿激励机制，支持地方开展耕地保护补偿实践。《中共中央、国务院关于加强耕地保护和改进占补平衡的意见》①明确提出，加强对耕地保护责任主体的补偿激励，积极推进中央和地方各级涉农资金整合，按照"谁保护、谁受益"的原则，加大耕地保护补偿力度。2021年修订的《中华人民共和国土地管理法实施条例》第十二条第一款也明确规定"建立耕地保护补偿制度"，并授权国务院自然资源主管部门会同有关部门制定具体办法。

对耕地保护补偿制度予以全面审视，其呈现出如下特质：其一，耕地保护补偿是一种兼有动态性、联系性和开放性的机制。耕地保护补偿受自然环境、经济水平甚至政治等多重因素掣肘，跟随社会生活变化的脉搏不断修正和更新自身的运行过程，不仅关涉代内公平，而且要符合代际公平的要求。这也决定了要用发展的、全面的眼光看待耕地保护补偿，实现对主体间不均衡利益的妥适调整。②其二，耕地保护补偿具有公私兼容性。从耕地保护补偿机制运行的全过程来看，此绝非由一项纯粹的私法权利或行政权力主导始终，而是公法与私法共同调整、公权与私权协同作用的结果。具言之，耕地保护补偿的主体厘定、标准界定、方式适用、资金筹集、资金使用乃至监督管理，各个运行环节都有强有力的政府发挥作用。但为了克服耕地资源再分配过程中出现的政府失灵问题，补偿已经实现了一定程度的市场化，彰显了耕地自身所具有的经济价值。其三，耕地保护补偿具有类型划分的多样性。从耕地保护补偿的方向看，可以分为横向耕地保护补偿和纵向耕地保护补偿；从耕地保护补偿的实施范围看，可以分为全国性耕地保护补偿和区域性耕地保护补偿；从耕地保护补偿的方式看，可以分为资金补偿、社会保障补偿，技术支持、产业扶持和教育支持等。③

---

① 《中共中央、国务院关于加强耕地保护和改进占补平衡的意见》，载中国政府网，https://www.gov.cn/zhengce/2017-01/23/content_5162649.htm?eqid=8d855375000a2a6300000003645b48f4，最后访问时间：2024年1月30日。
② 参见王清军、蔡守秋：《生态补偿机制的法律研究》，载《南京社会科学》2006年第7期。
③ 王园鑫：《乡村振兴视角下耕地生态补偿制度的现实反思及优化进路》，载刘云生主编：《中国不动产法研究》，社会科学文献出版社2023年版。

【适用指南】

在适用过程中，需要注意以下问题：(1) 国土空间用途管制和国土空间规划是有机的统一整体，国土空间规划是国土空间用途管制的基础和依据，国土空间用途管制是国土空间规划重要的实施手段。(2) 各级人民政府应当按照国土空间规划要求，划定并落实耕地和永久基本农田保护红线、生态保护红线和城镇开发边界，确保规划的严肃性和权威性。(3) 相关部门要加强对耕地保护的监督和执法力度，严厉打击非法占用和破坏耕地的行为，保障法律的严肃性和权威性。

【关联规范】

《中华人民共和国土地管理法》第十五条、第十六条、第三十三条、第四十二条；《中华人民共和国乡村振兴促进法》第十四条；《中华人民共和国土地管理法实施条例》第十二条、第十三条。

案例评析

宋某非法占用农用地案[1]

一、基本案情

宋某承包了某村部分耕地，并在该片土地（11.4亩）上修建围墙，建设房屋，挖采河卵石，破坏了土地耕作层。经鉴定，涉案土地属永久基本农田，破坏程度为严重破坏。2019年，市国土资源局、某街道办事处多次责令宋某立即停止违法行为。2020年4月22日，某市自然资源局执法人员巡查时发现宋某仍未停止违法行为。人民检察院以非法占用农用地罪对宋某提起公诉并提起附带民事公益诉讼，请求法院判令宋某将损毁耕地恢复原状。

二、本案争议焦点

该案中，宋某非法占用了某村的耕地，并进行了修建、挖采等活动。本案的争议焦点之一是宋某是否具有合法的土地使用权。如果宋某没有取得相关部门的土地使用权批准或未按规定使用土地，那么他的行为就属于

---

[1] 《铜川法院2021年度十大典型案例》，载澎湃新闻，https://www.thepaper.cn/newsDetail_forward_17597109，最后访问时间：2024年3月22日。

非法占用农用地,违反了土地管理相关的法律法规。

三、裁判结果

人民检察院与宋某就民事部分达成调解协议:宋某应于2021年9月25日前依鉴定报告的标准平整好土地,否则起诉机关将申请强制执行。2021年7月26日,人民法院就该案刑事部分依法以非法占用农用地罪判处宋某有期徒刑十个月,缓刑一年,并处罚金一万元。2021年10月14日,人民法院刑事审判庭移交执行责令宋某履行生效法律文书确定的义务,宋某履行完毕,2021年11月9日经市自然资源局现场验收合格。

四、案例评析

保粮食安全必须以保护耕地安全为前提。唯有"长牙齿""严防死守",方能实现"但存方寸地,留与子孙耕",耕地红线不能松,红线仍是高压线。该案折射出部分群众耕地保护意识还需提升,人民检察院和人民法院应充分发挥司法职能作用,为确保坚守18亿亩耕地红线提供坚实司法保障。

> 第十一条 【占用耕地补偿】国家实行占用耕地补偿制度,严格控制各类占用耕地行为;确需占用耕地的,应当依法落实补充耕地责任,补充与所占用耕地数量相等、质量相当的耕地。
>
> 省、自治区、直辖市人民政府应当组织本级人民政府自然资源主管部门、农业农村主管部门对补充耕地的数量进行认定、对补充耕地的质量进行验收,并加强耕地质量跟踪评价。

【条文主旨】

本条是关于国家实行占用耕地补偿制度的规定。

【条文释义】

本条规定国家实行占用耕地补偿制度,旨在保护耕地资源,确保占用耕地的责任方能够补偿相应数量和质量的耕地,以维护农业持续发展和粮食安全。为了保护我国有限的耕地资源,合理利用土地,2019年修订的

《中华人民共和国土地管理法》第三十条已经规定了"占用耕地补偿制度"。占用耕地补偿制度是国家实行的一项保护耕地法律制度，是指因非农业建设、农业结构调整、农业设施建设等，经过批准后占有耕地的，按照"占多少，垦多少"的原则，由占用耕地的单位和个人负责开垦与所占用耕地的数量和质量相当的耕地。占用耕地补偿是实现耕地占补平衡的一项重要措施，是占用耕地的单位和个人的法定义务。具体来讲，关于本条规定的理解，应当把握以下几个方面。

第一，本条第一款规定要严格控制各类占用耕地行为，意味着政府部门应对任何占用耕地的活动实施严格监督和控制，确保所有此类行为都是必要的。这通常意味着，非农业开发项目必须通过严格的审批，并证明该项目对社会经济发展具有重大意义。

第二，本条第一款还规定，确需占用耕地的，应当依法落实补充耕地责任。因非农业建设、农业结构调整、农业设施建设等，经过批准后占有耕地的，必须按照"占多少，垦多少"的原则补充耕地，否则我国耕地面积会不断被建设占用，无法保证耕地总量动态平衡，严重影响我国粮食安全。所以，"占多少，垦多少"是占用耕地补偿制度的核心。

第三，本条第一款还对占用耕地的单位和个人补充的耕地提出要求，明确要求补充与所占用耕地数量相等、质量相当的耕地。具言之，该规定不仅要求补充的耕地在数量上与被占用耕地保持一致，而且在质量上也必须与之保持一致，不能"占优补劣"，导致粮食生产能力下降。

第四，补充耕地的责任人应为占用耕地的单位和个人。依据《中华人民共和国土地管理法实施条例》第八条第一款的规定，在国土空间规划确定的城市和村庄、集镇建设用地范围内经依法批准占用耕地，以及在国土空间规划确定的城市和村庄、集镇建设用地范围外的能源、交通、水利、矿山、军事设施等建设项目经依法批准占用耕地的，分别由县级人民政府、农村集体经济组织和建设单位负责开垦与所占用耕地的数量和质量相当的耕地。

第五，任何建设占用耕地都必须履行开垦耕地的义务。无论是国家重点工程、城市建设，还是农业设施建设、农村村民建住宅占用耕地都必须履行补充耕地的义务。国家投资的能源、交通、水利等大中型建设项目也与其他项目一样，没有特殊待遇。

第六，本条第二款规定了省级人民政府在实施占用耕地补偿制度中的职责，对补充耕地责任人开垦耕地的行为进行监督管理，使责任人切实履行耕地开垦义务。一是组织本级人民政府自然资源主管部门、农业农村主管部门对补充耕地的数量进行认定、对补充耕地的质量进行验收。二是对补充的耕地加强质量跟踪评价。也即对于每一块补充的耕地都应建立详细的档案,包括土壤类型、土层厚度、有机质含量、养分状况、水分利用情况等指标,并进行定期更新。并对补充的耕地实行定期监测,包括土壤理化性质、微生物数量、植被覆盖度、水分利用效率等指标的监测,以及对可能存在的重金属超标、农药残留等问题进行检测。在此基础上,对监测数据进行评价,及时发现问题并采取相应的措施。

【适用指南】

《中华人民共和国土地管理法》第三十条第二款关于"占用耕地补偿制度"规定,"没有条件开垦或者开垦的耕地不符合要求的,应当按照省、自治区、直辖市的规定缴纳耕地开垦费,专款用于开垦新的耕地"。没有条件开垦是指补充耕地责任人没有开垦的人力和机械,而无法从事土地开垦工作。开垦的耕地不符合要求是指耕地开垦的数量和质量没有达到规定的标准。补充耕地责任人缴纳耕地开垦费后,地方人民政府应当履行耕地开垦义务,耕地开垦费必须专款用于耕地开垦,不能挪作他用。按照《中共中央、国务院关于加强耕地保护和改进占补平衡的意见》的要求,各省(自治区、直辖市)政府要依据土地整治新增耕地平均成本和占用耕地质量状况等,制定差别化的耕地开垦费标准,对经依法批准占用永久基本农田的,缴费标准按照当地耕地开垦费最高标准的两倍执行。

【关联规范】

《中华人民共和国土地管理法》第三十条、第三十二条;《中华人民共和国土地管理法实施条例》第八条。

第十二条 【严格控制耕地转为非耕地】国家严格控制耕地转为林地、草地、园地等其他农用地。禁止违规占用耕地绿化造林、挖湖造景等行为。禁止在国家批准的退耕还林还草计划外擅自扩大退耕范围。

【条文主旨】

本条是关于严格控制耕地转为非耕地的规定。

【条文释义】

本条规定应当严格控制耕地转为非耕地,对各级人民政府、农业生产经营者和其他相关单位或个人提出了要求。这些主体都需要严格遵守"控制耕地转为非耕地"的相关规定。1998年的《中华人民共和国土地管理法》及《中华人民共和国土地管理法实施条例》均将控制农用地转为建设用地作为土地用途管制的核心和重点,对农用地之间的转化缺乏制度性的约束,导致实践中出现耕地转为林地、草地、园地等现象,严重影响国家粮食安全。2021年修订的《中华人民共和国土地管理法实施条例》第十二条专门增加规定,"国家对耕地实行特殊保护,严守耕地保护红线,严格控制耕地转为林地、草地、园地等其他农用地"。从而进一步拓展了土地用途管制的重点和内容。具体来讲,关于本条规定的理解,应当注意以下几个方面。

第一,国家严格控制耕地转为林地、草地、园地等其他农用地。随着城镇化的发展,我国的耕地保护形势日益严峻。要满足我国14亿人口的吃饭问题,就要确保有足够数量的耕地用于粮食生产,国家为此确定了18亿亩的耕地保护红线,这也是维护国家粮食安全的底线。对于耕地数量的保护工作,除了积极开垦未利用的土地资源、实施土地整理以及复垦等措施,更为关键的是严格控制耕地转为林地、草地、园地等其他农用地。

第二,禁止违规占用耕地绿化造林、挖湖造景等行为。《国务院办公厅关于坚决制止耕地"非农化"行为的通知》[①]对此有细化规定:(1)严禁违规占用耕地绿化造林。要严格执行土地管理法、基本农田保护条例等法律法规,禁止占用永久基本农田种植苗木、草皮等用于绿化装饰以及其他破坏耕作层的植物。违规占用耕地及永久基本农田造林的,不予核实造林面积,不享受财政资金补助政策。平原地区要根据资源禀赋,合理制定绿化造林等生态建设目标。退耕还林还草要严格控制在国家批准的规模和范围内,涉及地块全部实现上图入库管理。正在违规占用耕地绿化造林的要立即停止。(2)严禁违规占用耕地挖湖造景。禁止以河流、湿地、湖泊治理为名,擅自占用耕地及永久基本农田挖田造湖、挖湖造景。不准在城市建设中违规占用耕地建设人造湿地公园、人造水利景观。确需占用的,

---

① 《国务院办公厅关于坚决制止耕地"非农化"行为的通知》,载中国政府网,https://www.gov.cn/zhengce/content/2020-09/15/content_5543645.htm,最后访问时间:2024年1月30日。

应符合国土空间规划，依法办理建设用地审批和规划许可手续。未履行审批手续的在建项目，应立即停止并纠正；占用永久基本农田的，要限期恢复，确实无法恢复的按照有关规定进行补划。

第三，禁止在国家批准的退耕还林还草计划外擅自扩大退耕范围。退耕还林还草计划是为了保护生态环境、恢复生态功能和促进可持续发展而实施的重要举措。国家已经制定了退耕还林还草计划，并根据实际情况进行了科学规划和合理布局。禁止擅自扩大退耕还林还草计划范围可以确保退耕还林还草工作的有序推进，避免对土地资源的滥用和浪费，同时也可以保障生态环境的健康发展。

【适用指南】

在严格控制耕地转为其他农用地的过程中，需要确保行为的合法性和规范性。即确保依法申请、审批和执行，遵守相关法律法规和规定程序。在生态退耕工作中，必须按照国家批准的规划和计划进行，并根据具体情况进行科学规划和合理布局。同时，为了保证本条的有效实施，相关部门应严格执法，及时查处违规行为，确保规定的落实和执行。

【关联规范】

《中华人民共和国土地管理法》第四条、第十七条、第三十条；《中华人民共和国土地管理法实施条例》第十二条。

第十三条　【耕地种植用途及管控】 耕地应当主要用于粮食和棉、油、糖、蔬菜等农产品及饲草饲料生产。县级以上地方人民政府应当根据粮食和重要农产品保供目标任务，加强耕地种植用途管控，落实耕地利用优先序，调整优化种植结构。具体办法由国务院农业农村主管部门制定。

县级以上地方人民政府农业农村主管部门应当加强耕地种植用途管控日常监督。村民委员会、农村集体经济组织发现违反耕地种植用途管控要求行为的，应当及时向乡镇人民政府或者县级人民政府农业农村主管部门报告。

【条文主旨】

本条是关于耕地种植用途及管控的规定。

【条文释义】

本条规定了耕地种植用途及管控的相关内容。具体而言，本条共两款，第一款规定了耕地的主要种植用途，县级以上地方人民政府加强耕地种植用途管控应当采取的措施及根据，以及耕地种植用途管控具体办法的授权制定；第二款则从县级以上地方人民政府农业农村主管部门、村民委员会、农村集体经济组织的角度就耕地种植用途管控的监督和报告机制进行规定。

耕地种植用途管控是指在不改变耕地属性的前提下，对既有耕地上种植作物的结构调整的约束措施。[①] 2020年11月4日印发的《国务院办公厅关于防止耕地"非粮化"稳定粮食生产的意见》[②] 提出，"对耕地实行特殊保护和用途管制，严格控制耕地转为林地、园地等其他类型农用地。永久基本农田是依法划定的优质耕地，要重点用于发展粮食生产，特别是保障稻谷、小麦、玉米三大谷物的种植面积。一般耕地应主要用于粮食和棉、油、糖、蔬菜等农产品及饲草饲料生产"。2021年修订的《中华人民共和国土地管理法实施条例》在法规层面提出了耕地种植优先序的概念，其在第十二条规定："……耕地应当优先用于粮食和棉、油、糖、蔬菜等农产品生产……"坚决遏制耕地"非农化"、防止"非粮化"，在全国范围内有计划、有步骤地实施耕地种植用途管控措施，以"长牙齿"的硬措施严格保护耕地十分紧迫和必要。本条对耕地种植用途管控制度做了更进一步的规定。

一、耕地的主要种植用途

本条第一款规定耕地的主要种植用途限定于粮食和棉、油、糖、蔬菜等农产品及饲草饲料生产。对于粮食，本法第七十三条有所规定，指的是小麦、稻谷、玉米、大豆、杂粮及其成品粮。它们是人类日常食品中最基础的部分。棉、油、糖、蔬菜等农产品，指的是除粮食之外的其他重要农

[①] 马骁骏：《耕地用途管制的法律本位观》，载《中国土地科学》2023年第3期。
[②] 《国务院办公厅关于防止耕地"非粮化"稳定粮食生产的意见》，载中国政府网，https：//www.gov.cn/zhengce/content/2020-11/17/content_5562053.htm，最后访问时间：2024年1月30日。

业产品。其中，棉花是纺织行业的原料；油料作物（如大豆、油菜籽）可以提炼为人类食用油；糖料作物（如甘蔗、甜菜）可用于生产糖；蔬菜是人类饮食中必不可少的营养来源。此外，耕地还应当用于生产畜牧业所需的各种饲料，包括饲草和其他形式的饲料，以期保障养殖业的原料供应，间接支持肉类、奶制品等畜产品的生产。

二、县级以上地方人民政府加强耕地种植用途管控的职责及依据

本条第一款规定县级以上地方人民政府加强耕地种植用途管控的主要职责在于落实耕地利用优先序和调整优化种植结构，依据的是粮食和重要农产品保供目标任务。（1）县级以上地方人民政府，是指中国境内的各省（自治区、直辖市）、设区的市（自治州）、县（自治县、市辖区）人民政府。（2）此处使用了"应当"一词，所以加强耕地种植用途管控属于县级以上地方人民政府的义务和职责。（3）根据粮食和重要农产品保供目标任务，意味着县级以上地方人民政府应当按照国家关于粮食和其他重要农产品供应保障的目标和任务进行工作。这些目标、任务通常与确保国家粮食安全和市场稳定有关。（4）对于落实耕地利用优先序，县级以上地方人民政府应当明确哪些耕地应当首先被用于粮食生产等重要用途，以体现出不同种植用途之间的优先级，确保最重要的农产品能够获得足够的土地资源。（5）调整优化种植结构，意味着县级以上地方人民政府应根据市场需求和农产品的生产能力，进行适当的调整和优化，以提高农产品的质量和产量。

三、耕地种植用途管控具体办法的授权制定

本条第一款规定，耕地种植用途管控的具体办法由国务院农业农村主管部门制定。这一规定属于授权性规定，即授权国务院农业农村主管部门规定。耕地种植用途管控的具体细节和实施方法在后续的规范性文件中得以进一步明确和细化，有助于确保该规定能够得到有效的执行和落实。

四、耕地种植用途管控的监督和报告机制

本条第二款规定的是地方人民政府农业农村主管部门和村级组织应当共同加强对耕地种植用途管控的监督。具体来讲，关于第二款规定的理解，应当注意以下几个问题。

第一，县级以上地方人民政府农业农村主管部门应当加强耕地种植用途管控日常监督。该规定指明了县级以上地方人民政府农业农村主管部门是监督主体之一，包括各省（自治区、直辖市）、设区的市（自治州）、县（自治县、市辖区）人民政府农业农村主管部门。具体而言，县级以上地方人民政府农业农村主管部门承担着促进本地区农业和农村综合发展的任

务，其严格落实耕种植用途管控的各项要求并加强监管具有先天的便利优势。实际上，此种监督活动是一种行政法意义上的监督，即行政监督。此外，日常监督包括定期检查和核实耕地用途是否符合规定，及时发现和处理违反耕地种植用途管控要求的行为，并对不合规的耕地种植行为进行整改。

第二，村民委员会、农村集体经济组织发现违反耕地种植用途管控要求行为的，应当及时向乡镇人民政府或者县级人民政府农业农村主管部门报告。基于综合治理的理念，第二款规定了村治组织对于耕地种植用途管控的监督报告责任，有助于激发介于政府和市场主体之间的社会主体的双向性特征优势，实现耕地保护多元主体的协同参与。报告的对象包括乡镇人民政府和县级人民政府农业农村主管部门，这意味着报告是按照行政层级进行的。此外，本款要求在发现违规行为时，村民委员会和农村集体经济组织应当立即向乡镇人民政府或者县级人民政府农业农村主管部门报告，这强调了及时性，以便政府主管部门对于违反耕地种植用途管控要求行为能够及时采取措施加以处理。

【适用指南】

具体而言，耕地种植用途管控的监督机制涉及政府部门、村民委员会、农村集体经济组织、农民和其他社会公众等诸多直接或间接利害关系人的切身利益。基于利益主体多元、利益博弈复杂的事实，仅依靠政府部门和村治组织的监督是远远不够的，还需调动社会公众利益诉求表达和参与监督管理的积极性。但监督所需信息的滞后和歪曲、互动反馈机制的缺失、参与监督的成本负担等负面因素影响了社会公众在耕地生态补偿监督中的自觉性和主动性。故而，一是要完善信息发布形式，常态化开放公众参与通道，确保相关主体对违反耕地种植用途管控要求行为进行事前、事中和事后的全过程跟踪监督；二是要强化公众参与监督的互动反馈机制，避免单线式的监督形式化倾向。此外，为了扭转公众因参与监督的成本负担过重导致的参与度不高的现状，有必要合理补偿监督主体因参与监督花费的成本，抑或给予必要的物质奖励和精神奖励。

【关联规范】

《中华人民共和国土地管理法》第三十三条；《中华人民共和国畜牧法》第五十四条；《中华人民共和国循环经济促进法》第二十四条；《中华人民共和国土地管理法实施条例》第十二条。

> **第十四条 【加强高标准农田建设】**国家建立严格的耕地质量保护制度，加强高标准农田建设，按照量质并重、系统推进、永续利用的要求，坚持政府主导与社会参与、统筹规划与分步实施、用养结合与建管并重的原则，健全完善多元投入保障机制，提高建设标准和质量。

【条文主旨】

本条是关于加强高标准农田建设，建立严格的耕地质量保护制度的规定。

【条文释义】

本条规定了国家应当建立严格的耕地质量保护制度，其中加强高标准农田建设就是提升耕地质量的重要手段之一。此外，本条还规定了高标准农田建设的要求、坚持的原则以及健全完善多元投入保障机制等相关内容。

在充足的耕地面积保障粮食生产可持续的基础上，优质的耕地资源可以更大程度地激发粮食产量增长和质量提升的空间。因地制宜开展以耕地质量提升为核心的高标准农田建设，进行田块整治、土壤改良、田间道路整修等工程项目，成为防范和化解粮食安全面临风险的重要抓手。当下，国家对高标准农田建设予以高度重视，自2008年政府工作报告述及"建设一批高标准农田"[1]之后，国家不断强化政策支持、加强法律指引。截至2022年年底，我国已经完成10亿亩的建设任务，正朝着2030年建成12亿亩高标准农田的目标迈进。[2] 相较建成前，新增建设高标准农田亩均提高粮食综合产能100公斤左右，提升了粮食可持续生产的能力；亩均每年增收节支约500元，裨益于充分调动种粮主体的积极性。[3]

---

[1] 《2008年政府工作报告（全文）》，载中国机构编制网，http://www.scopsr.gov.cn/zlzx/rdh/rdh1_4043/rdh11/201811/t20181121_353546.html，最后访问时间：2024年1月30日。

[2] 《2022年底全国已累计建成10亿亩高标准农田》，载中国政府网，https://www.gov.cn/xinwen/2023-01/16/content_5737126.htm，最后访问时间：2024年1月30日。

[3] 《全国高标准农田建设规划（2021—2030年）》，载农业农村部网站，http://www.moa.gov.cn/hd/zbft_news/qggbzntjsgh/xgxw_28866/202109/t20210916_6376566.htm?eqid=dca8f48100108125000000003649l0017，最后访问时间：2024年1月30日。

一、高标准农田建设的实践运行考察

随着国家层面对粮食安全战略和耕地保护战略的部署和推进，全国各地推行高标准农田建设工作，致力于完成阶段性的建设任务。高标准农田建设是一项系统性工程，实践中囊括了田块整治、土壤改良、田间道路整修、灌排设施建设、农业科技服务提供等诸多内容。《全国高标准农田建设规划（2021—2030年）》已经按照省份、分时间段下达了高标准农田建设任务，成为指导各地科学有序开展建设工作的重要依据。当然，此规划并非一成不变，实施中可进行动态调整。鉴于不同区域自然资源特点和经济发展水平的较大差异，目前全国高标准农田建设分成东北区、黄淮海区、长江中下游区、东南区、西南区、西北区、青藏区七个区域，各区域在化解粮食生产差异化的制约因素基础上，合理开展建设活动。例如，东北区以黑土地保护修复为主攻方向；长江中下游区以增强农田防洪排涝能力为重点，开展田间灌排工程；西北区以培肥耕地地力为目标推行土壤改良。但无论侧重于哪种活动内容，解构高标准农田建设法律关系，无一例外都会涉及实际建设、建设监管、建成后的实际利用和运营、后续管护等多重法律关系。进言之，高标准农田建设的全过程囊括了政府、投资者、新型农业经营主体、农民、农村集体经济组织、基层组织、社会力量等多元主体的参与，如何处理好实践中错综复杂的法律关系，引导各方主体合理支配自己的行为尤为重要。

二、高标准农田建设的要求

本条规定，在进行高标准农田建设时，要坚持量质并重、系统推进、永续利用的要求。

第一，"量质并重"是指在高标准农田建设中，要同时注重农田的数量和质量，即扩大农田规模的同时提高耕地的产出和效益。农田的面积是农业生产的基础，扩大农田规模可以增加农业生产的潜力和总体产量。在高标准农田建设中，要通过土地整理、水利工程建设等手段，扩大农田面积，增加耕地资源供给。除了扩大农田规模，还要注重提高耕地的产出和效益，即提高单位面积的粮食产量和经济效益。可以通过改良土壤、优化种植结构、推广高效农业技术等方式实现。为了实现"量质并重"的要求，还需要采取科学合理的农田管理措施。包括合理施肥、精细耕作、科学排灌、病虫害防治等，以确保土壤养分供应充足、水分合理利用、农作物生长健康等，从而提高农田的产出和质量。

第二，"系统推进"是指在高标准农田建设中，采取整体推进、协同推进的方式，从全局角度出发，统筹规划和实施各项工作。即将各个环节、各个方面的工作有机地结合起来，形成相互配合、相互促进的整体效应。包括土地整理、水利设施建设、农田管理、技术推广等方面的工作，要形成闭环，相互衔接和协调运作。此外，高标准农田建设还需要政府部门、农业科研机构、农民合作组织等各方的合作与配合，通过加强沟通、信息共享、资源整合等方式，实现各方的协同推进，提高工作效率和质量。

第三，"永续利用"是指在高标准农田建设中，要坚持土地可持续利用、水资源可持续利用和生态环境可持续利用。（1）遵循土壤保护原则，合理利用土地资源，防止土地退化和污染。通过科学的耕作管理、合理的轮作制度、有机肥料的使用等措施，保持农田的肥力和生产力，确保农田长期可持续利用。（2）确保水资源的可持续利用，这包括科学规划灌溉系统，提高水利设施的效率，合理调度水资源，防止过度抽取地下水和水资源浪费。同时，推广节水灌溉技术、加强水资源保护，提高农田灌溉的水利效益，减少对水资源的不可逆损耗。（3）高标准农田建设要注重生态环境的可持续利用。这包括保护和恢复农田周边的生态系统，如湿地保护、森林资源保护等。同时，推广绿色农业技术和生产模式，减少农药、化肥的使用，防止土壤、水体和空气的污染，保护生物多样性，实现农田与生态环境的和谐共生。

三、高标准农田建设的原则

本条规定，高标准农田建设要坚持政府主导和社会参与、统筹规划与分步实施、用养结合与建管并重的原则。

（一）高标准农田建设要坚持政府主导与社会参与的原则

首先，高标准农田的准公共物品属性决定了政府在其中的主导地位。构建多元供给体制目的之一在于为政府减轻资金压力、化解政府失灵，但绝不意指政府可以放弃或者削减在高标准农田建设方面的责任，其在维护社会公共利益方面的职责不可削弱、只能强化。具体到高标准农田建设中来，政府治理的地位应该体现在：（1）扮演好多元协作模式下的规则主要制定者角色，牵头制定高标准农田建设的准入、运行、退出等环节的公平、公开的规则。通过有吸引力的规则吸引市场资本和社会组织的进入、提升协同合作的积极性进而增进高标准农田供给绩效。（2）政府要扮演好多元协作环境的创造者角色。由于涉农项目对市场资本吸引力弱，这就需要政府不仅要有高超的沟通技巧，而且要有完善的合作体制机制打消投资者对高标准农田建设的高风险、低收益的疑虑。政府要通过制度和政策等"软环境"和基础设施等"硬环境"的有效投入，为高标准农田建设中政府、市场资本和社会组织的互赢合作和公平竞争创造优质环境。(3) 作为高标准农田建设的管理者和监督者，政府要着眼于高标准农田的供给质量、效益等多重维度，依法对相关主体及其行为进行审查、监督、处罚等。(4) 政府将提供高标准农田这一准公共物品的责任转出一部分给市场主体，为此还应该履行担保责任。即政府应该采取管制立法或者相关措施保障高标准农田建设的市场机制的稳定性和持续性，提高高标准农田建设的质量和效率。尤其当市场主体在供给过程中遇到危机和障碍时，政府不能袖手旁观，有责任及时采取措施进行补救和接管。[1]

其次，市场主体进入高标准农田领域开发建设享有应有的权利，但也应同时赋予其维护和增进社会公共利益的义务和责任。作为理性经济人的市场主体往往着眼于成本、效率等因素的考量，极易衍生出高标准农田供给质量和效益低下等市场失灵现象，甚至损害农民的权益。为了扭转这一现状，必须要求市场主体不能以最大限度的营利为唯一目的，应该同时承担维护和增进社会公共利益的社会责任。(1) 市场主体基于与政府的协议参与高标准农田建设，应遵守合作契约，积极履行合同中对其建设高标准农田的要求，承担维护国家利益、农民利益、保护自然资源和环境等社会利益的责任。(2) 在公共服务供给的民营化领域，竞争存在与否乃是决定民营化能否成功的关键要因。尽管高标准农田建设对政策扶持要素要求较高，市场主体参与积极性不高，但也应尽可能通过多种手段引入竞争机制考察市场主体在高标准建设中的资质、建设能力、建设效果等，把不符合要求的市场主体排除在高标准农田建设的合作机制之外。(3) 充分发挥政府和市场的比较优势，将高标准农田协作建设模式下的规则制定权在政府和市场主体之间进行适当配置，即适度分散政府的此类权力以配置给市场主体，并经由立法程序对其进行整合以实现法定化。在高标准农田的公私合作领域中寻找最佳平衡点，发挥市场主体的优势所在，帮助其树立良好的社会形象并获取相应的经济回报。

最后，多元合作机制的建立也离不开介于政府和市场主体之间的社会组织的积极参与。培育能够参与涉农项目建设的非营利性社会组织，利用该类组织的双向性特征以发挥其高标准农田建设的多元协作机制中的比较优势，对实现粮食安全的目标大有裨益。该类涉农的社会组织根据政府部门的授权，向社会募集资金、吸引高标准农田建设的参与主体、对建设

---

[1] 李蕊：《公共服务供给权责配置研究》，载《中国法学》2019年第4期。

项目实施监督管理，履行以决策、执行、监督为主要内容的经济职责。①此外，该类社会组织作为连接政府、投资者和农民等主体的中介组织，一方面要促使其协助政府纠正市场主体建设高标准农田的失灵问题，收集高标准农田建设信息向政府反映情况，解决政府信息收集不全和收集成本过高的难题；另一方面要求其承担为投资者和农民利益最大化向政府反馈交流的任务，统合投资者和农民的需求以协助政府正确决策，进而实现高标准农田建设的目标。

(二) 高标准农田建设要坚持统筹规划与分步实施的原则

高标准农田建设要坚持统筹规划与分步实施的原则，这是因为高标准农田建设涉及多个方面，需要在整体上进行规划，同时也需要在实施过程中逐步推进。

统筹规划是指在高标准农田建设的前期，需要制定全面、系统、科学的规划方案，包括项目选址、建设内容、建设标准、投资预算、时间节点等一系列内容，以确保建设工作有序、高效、可持续进行。同时，需要考虑到农业生产的需要、地理环境、水资源、经济社会发展等多方面因素，做好各项工作的协调和衔接。

分步实施是指在高标准农田建设的实施过程中，需要按照规划方案中的时间节点和建设内容，逐步推进工程建设。在实施过程中，需要密切关注工程进度，及时处理工程中出现的问题，保证工程质量。同时，还需要加强项目管理和监督，确保建设工作符合规划方案，达到预期效果。

具体来说，要逐步完善项目资金管理机制。省级人民政府作为地方高标准农田建设投入责任的主要承担者，要做好本省区域内不同渠道资金的统筹协调，促进农业农村、财政、审计等多个部门间的沟通协调；此外，还应做好资金管理的考评奖惩机制，引导相关主体进行正确的行为选择。市、县级人民政府作为具体落实和使用资金的行政机关，要切实提高投入资金的整合力度和利用效率，规范会计核算和报账制管理，以期建立完善的资金风险约束管理体系。

要全面推行工程监理制度。高标准农田建设中的监理机制通过对项目施工的过程监督，是发挥事中监督的关键之举，势必需要将其定位为基本制度在高标准农田建设中全面推行。鉴于该领域监理队伍建设薄弱，宜提高从业机构资质审查门槛，并加强行业自律，培育一批资质良好的从业机构，从而实现高标准农田建设安全风险转移的目标。

---

① 刘文华：《经济法》，中国人民大学出版社2012年版，第90页。

总之，高标准农田建设要坚持统筹规划与分步实施的原则，这是保障工程质量和实现可持续发展的必要条件。通过全面、系统、科学的规划和逐步推进建设，可以最大限度地发挥农田资源的效益，促进农业发展和农民收入的增加，实现农业现代化和乡村振兴。

（三）高标准农田建设要坚持用养结合与建管并重的原则

用养结合与建管并重原则的核心是将高标准农田的建设与管理相结合，充分发挥两者的作用，实现农田的可持续利用和高效管理。

首先，用养结合强调在高标准农田建设中注重农田的有效利用。这包括科学合理地利用农田资源，提高土地的肥力和生产力。通过选用适宜的农作物品种、合理的种植方式、科学的施肥措施等，使农田得到最大限度的利用和高产。同时，注重农田的保护和修复，采取防止水土流失、保持水源涵养、改善土壤质量等措施，确保农田的长期可持续利用。

其次，建管并重强调在高标准农田建设中注重农田的管理与监督，加强对农田建设过程的管理，确保施工质量和进度，以及做好后期的维护管理工作。检视当下，我国针对已建成高标准农田管护工作的法律规范尚不完备，"重建轻管"现象突出，面临建后管护的主体责任划分不清晰、实施机制不健全、保障制度欠完备等问题。[1] 高标准农田建后管护的效果关系到高标准农田建设效益的长效发挥，影响国家粮食安全和农村经济发展，因此亟待扭转高标准农田"重建轻管"的实践偏向，对高标准农田的建后管护以制度建构及完善，凸显高标准农田对粮食安全的持续保障功能。建议要明晰高标准农田的设施权属，合理配置管护权利义务，完善后期管护机制。日本农田建设中的建管并举行为，是依据工程实际情况，灵活使用委托管理、转让管理、直接管理等多种方式，对项目后期管护效果的提升具有十分积极的意义，这也为我国高标准农田管理长效机制的建立提供了前瞻性的解决思路。[2] 在这个过程中，要积极引导和调动新型农业经营主体、广大农民、农村集体经济组织等主体的管护积极性，处理好跨区域村组、跨流域的管护争议，保障管护经费的落实到位，并借助信息化实现对后期管护的监管。

四、健全完善多元投入保障机制

本条规定国家应健全完善多元投入保障机制，提高高标准农田建设标准和质量。其中，高标准农田的建设和后期管护有赖于充裕的资金为其提

---

[1] 孙学涛：《高标准农田建设对农业全要素生产率的影响研究》，载《安徽师范大学学报（人文社会科学版）》2023年第6期。

[2] 王园鑫：《高标准农田建设的法治保障研究》，载《长江论坛》2022年第5期。

供坚实保障;而监督机制通过发挥预防、矫正、救济功能,能够确保建设和管护的质量和效率提升。

(一)健全资金投入机制

高标准农田建设需要进行土地平整、灌排工程、土壤改良、田间道路修护、农田保护、生态环境维护等多项工程。这些都需要大量的资金支持,以确保项目的顺利进行和质量的提升。基于此,其一,政府可以增加对高标准农田建设的财政拨款额度,确保项目的顺利推进。通过增加财政投入,可以提供更多的资金支持,包括项目规划、设计、施工、监管等方面的费用。其二,政府还可以设立专项资金用于高标准农田建设,将专项资金纳入财政预算,并进行专门管理和监督。以期确保资金的专款专用,更好地满足高标准农田建设的需求。其三,政府可以通过引导社会资本参与高标准农田建设,吸引民间资本的投入。例如,可以制定相关政策,提供税收优惠、投资回报保障等激励措施,吸引民间资本投资高标准农田建设项目。其四,政府可以加大与金融机构的合作,通过银行贷款、信贷支持等方式为参与高标准农田建设的农民和企业提供资金支持。建议政府为金融机构提供相应的风险补偿和担保,降低其参与的风险。其五,政府应当加强对资金使用的监管和评估,确保资金的有效利用和项目效果。建立完善的资金管理制度,加强对项目的跟踪和评估,及时发现问题并采取相应的措施。

(二)建构多元主体参与的复合监管机制

为了实现高标准农田建设的目标,还需着手构建囊括政府部门、投资主体、社会组织、农村集体经济组织、新型农业经营者、农民、社会公众和媒体等多元主体参与的复合监督体制。具言之,政府部门的监管责任主体地位不可动摇,但在发挥政府监管作用的同时还要看到政府部门的监管积极性不高和精力不足的缺陷,要多措并举以激励多元主体参与到高标准农田建设的全过程监管中。

其一,构建多元主体参与监管的激励机制。对以上多元主体而言,只有其实施监督行为的收益大于成本时才会热衷于跻身高标准农田建设的监管中来。建议出台高标准农田监管激励措施,通过结合精神激励、使命激励、胜任感激励、声誉激励在内的内在激励和物质层面的外在激励等多种方式,激励、引导其参与高标准农田建设的监管。其二,畅通多元主体的意见表达渠道,完善高标准农田建设的全过程投诉举报机制。政府主管部门应当建立对高标准农田建设中出现的违法行为的举报制度。拓宽个人和组织进行举报的途径,如互联网、书信、电子邮件、传真、电话、走访等，同时要求政府主管部门应当为举报者保密。其三，创新监测模式以襄助多元主体参与监管。若想扭转常态化监管模式下多元主体由于信息数据获取不全面而很难有效监管的局面，必须利用信息化技术推进数据整合共享。依托智慧农业科技建设高标准农田的监测网络，充分利用互联网、大数据、人工智能、5G等技术，探索农田建设数量、耕地质量、农田利用"三位一体"的监测体系，及时全面掌握高标准基本农田建设动态，实现动态监测、全面监测，为高标准农田建设的多元主体监督和管理提供信息来源。[1]

【适用指南】

依赖于强有力的法律规则，为高标准农田建设提供制度层面的依托，是实现粮食安全保障能力提升的关键之举。构建良好的农田保障法律体系的肯綮在于，理顺相关立法的关系，对内部规范进行整合协调，保障法律体系内部的衔接顺畅与协调一致。着眼于中央层面的立法，涉及高标准农田建设的规范性文件主要有《中华人民共和国农业法》《中华人民共和国乡村振兴促进法》《中华人民共和国土地管理法》《农田水利条例》《土地复垦条例》《高标准农田建设质量管理办法（试行）》[2]等。通过综合梳理与对比，其中，《中华人民共和国农业法》《中华人民共和国乡村振兴促进法》《中华人民共和国土地管理法》作为调整农业农村领域的法律，立足于农业农村发展和土地管理对高标准农田建设进行宏观层面的规定，这也对涵括高标准农田建设内容的效力层级较低的规范起到了引领作用。《农田水利条例》《土地复垦条例》则主要调整农田项目所涉的水利建设和土地复垦中的法律关系，但未能覆盖高标准农田建设的全过程。此外，2018年农业农村部组建成立，将分属各部委管理的农田整治项目、农田水利建设项目统一归口由农业农村部管理。这就导致了现行《国家农业综合开发资金和项目管理办法》[3]《农田水利条例》《土地复垦条例》法条中表述的主管机关与目前实际主管机关不吻合，为此，亟待修改、整合相关规

---

[1] 李蕊、王园鑫：《粮食安全视阈下高标准农田建设的法律困境及出路》，载《中国不动产法研究》2021年第1期。

[2] 《高标准农田建设质量管理办法（试行）》，载农业农村部网站，http://www.moa.gov.cn/ztzl/gdzlbhyjs/gbzntjs/202104/t20210409_6365537.htm?eqid=d9c95f7100002fd500000003642a47af，最后访问时间：2024年1月30日。

[3] 《国家农业综合开发资金和项目管理办法》，载中国政府网，https://www.gov.cn/gongbao/content/2017/content_5203618.htm，最后访问时间：2024年1月30日。

范、实现与新机构、新职能的顺畅衔接。尽管《高标准农田建设质量管理办法（试行）》《国务院办公厅关于切实加强高标准农田建设提升国家粮食安全保障能力的意见》①《全国高标准农田建设规划（2021—2030年）》《高标准农田建设项目竣工验收办法》② 精准聚焦于高标准农田，对其建设目标、建设标准、建设内容、后续管护、管理体制等内容进行安排和部署，但这些规范性文件效力层级较低，且相关规范存在重复、不完全一致之处。

基于此，尽快推进农田建设立法，坚持在法治轨道上规范社会行为、解决社会问题，是落实"藏粮于地"战略的治本之道。一方面，目前制定《农田建设条例》的条件日臻成熟，应将其定位为农田建设领域的基本法、调整农田建设中多元主体之间权利义务关系的实体法，而非农田项目管理的程序法。宜对农田建设的参与主体、规划、建设、验收、管护、监督、法律责任等内容进行抽象提取，整合进入《农田建设条例》进行规定，并可以对高标准农田建设活动起到指引性作用。另一方面，对于精准聚焦高标准农田建设的规范性文件，完善方向应是对建设条件、建设内容、建设程序、权属管理、后期管护、质量管理等内容进行优化设计，保证规范之间的衔接和协调。此外，在机构改革与职能整合情况下，未来可以考虑废止《国家农业综合开发资金和项目管理办法》《农田水利条例》，将相关内容整合进入《农田建设条例》。综观地方层面的农田建设规范，大部分省市已经在农田保护、农田水利建设等层面进行立法实践，未来应以中央层面的规范为指引，做好立法的解释、补充、修改和废止工作，深化农田法治保障建设。

【关联规范】

《中华人民共和国土地管理法》第四十二条；《中华人民共和国农业法》第五十八条；《中华人民共和国乡村振兴促进法》第十四条；《中华人民共和国土地管理法实施条例》第十一条；《农田水利条例》第一条至第四十五条；《基本农田保护条例》第一条至第三十六条。

---

① 《国务院办公厅关于切实加强高标准农田建设提升国家粮食安全保障能力的意见》，载中国政府网，https://www.gov.cn/zhengce/zhengceku/2019-11/21/content_5454205.htm，最后访问时间：2024年1月30日。

② 《高标准农田建设项目竣工验收办法》，载农业农村部网站，http://www.moa.gov.cn/ztzl/gdzlbhyjs/gbzntjs/202109/t20210910_6376190.htm?eqid=c76693ed0037821100000002642d3e61，最后访问时间：2024年1月30日。

> **第十五条 【提升耕地质量】** 县级以上人民政府应当建立耕地质量和种植用途监测网络,开展耕地质量调查和监测评价,采取土壤改良、地力培肥、治理修复等措施,提高中低产田产能,治理退化耕地,加强大中型灌区建设与改造,提升耕地质量。
>
> 国家建立黑土地保护制度,保护黑土地的优良生产能力。
>
> 国家建立健全耕地轮作休耕制度,鼓励农作物秸秆科学还田,加强农田防护林建设;支持推广绿色、高效粮食生产技术,促进生态环境改善和资源永续利用。

【条文主旨】

本条是关于国家在提升耕地质量方面应采取的措施的规定。

【条文释义】

本条规定了国家在提升耕地质量方面应采取的措施。具体而言,本条包括三款,第一款规定了县级以上人民政府应当建立耕地质量和种植用途监测网络,开展耕地质量调查和监测评价,以及实施耕地地力提升工程的一系列具体措施;第二款规定了国家建立黑土地保护制度;第三款规定了农田保护的具体措施,以及支持推广绿色、高效粮食生产技术。这三款规定共同表明了国家对耕地保护和提升耕地质量的高度重视,提出了一系列管理措施和保护制度,以确保耕地质量得到有效提升。值得说明的是,县级以上人民政府是指中国境内的各省(自治区、直辖市)、设区的市(自治州)、县(自治县、市辖区)人民政府以及中央人民政府。

夯实粮食安全根基、加快建设农业强国的关键因素在于耕地。作为系统工程,耕地保护需要质与量并重。在充足的耕地面积保障粮食生产可持续的基础上,优质的耕地资源更能激发粮食产量增长和质量提升的空间。具体来讲,对于本条规定的理解,应注意以下几个问题。

一、建立耕地质量和种植用途监测网络

本条第一款规定县级以上人民政府应当建立耕地质量和种植用途监测网络。建立耕地质量和种植用途监测网络,意味着在全国以及省、市、县等地方范围内建立一个系统化的监测网络,用于监测和评估耕地的质量和

种植用途，目的在于及时发现和解决耕地质量问题，并合理规划和调整种植结构。具体而言，建立耕地质量监测网络，用于监测和评估耕地的土壤肥力、水分状况、气候适宜度等情况，以便为土壤改良、地力培肥、治理修复等措施的制定提供科学依据。耕地种植用途监测网络，是指一个系统化的监测网络，用于对耕地的种植结构、作物种植情况、农田生态环境等进行监测和评估，以了解不同地区的主要种植作物、种植结构调整情况等，为调整优化种植结构提供数据支持。

二、开展耕地质量调查和监测评价

本条第一款规定县级以上人民政府应当开展耕地质量调查和监测评价。耕地土壤特性决定耕地质量保护建设具有艰巨性和长期性。重要指标平常看不见摸不着，只有通过化验检测等手段才能发现问题，而变化又具有渐进性，往往导致"量变"难发现、"质变"难治理，必须防患未然。耕地质量保护建设也不能寄希望于一次性实施某种单项措施就能"毕其功于一役"，需要进行整体性综合性的规划布局，开展耕地质量调查监测评价。具体来说，这项工作包括以下内容：一是耕地质量调查。县级以上人民政府对所辖区域内的耕地进行全面的调查，包括对土壤肥力、水分状况、气候适宜度等方面的情况进行详细的测量和评估。二是耕地监测评价。县级以上人民政府对已有的耕地质量数据进行定期监测和评价，以了解耕地质量的变化趋势，及时发现问题并采取相应措施。三是数据整理和分析。通过对调查和监测所得数据进行整理和分析，形成耕地质量的详细报告，为政府制定相关政策提供科学依据。通过开展耕地质量调查和监测评价工作，地方人民政府和中央人民政府可以更全面、科学地了解本区域和全国耕地的质量状况，及时发现问题并采取相应措施，从而提高耕地的质量和产能。

三、实施耕地地力提升工程

本条第一款规定了县级以上人民政府实施耕地地力提升工程应当采取两个方面的具体措施，一是采取土壤改良、地力培肥、治理修复等措施，提高中低产田产能，治理退化耕地；二是加强大中型灌区建设与改造。

具体而言：（1）采取土壤改良、地力培肥、治理修复等措施，提高中低产田产能，治理退化耕地。此规定要求县级以上人民政府采取一系列措施，包括对中低产田和退化耕地进行土壤改良、地力培肥和治理修复，以提高这些田地的产能。土壤改良可以包括施用有机肥料、矿物肥料等，改善土壤结构和肥力；地力培肥可以通过合理施肥、耕作管理等措施提高土地的生产力；治理修复则是指对受损的土地进行修复和治理，包括防治水土流失、修复退化土地等。（2）加强大中型灌区建设与改造。此规定要求县级以上人民政府加强对大中型灌区的建设和改造工作，包括加强灌溉设施的建设和维护，灌溉技术改进等，从而提升耕地的产能和质量。

四、建立黑土地保护制度

本条第二款规定国家建立黑土地保护制度，以期保护黑土地的优良生产能力。

目前，农业农村部会同相关部门指导东北四省区加快推进黑土地保护利用，取得阶段性成效。一是强化规划指导。制定并实施《东北黑土地保护规划纲要（2017—2030年）》[1]《东北黑土地保护性耕作行动计划（2020—2025年）》[2]《国家黑土地保护工程实施方案（2021—2025年）》[3]等，加强各项举措和工程间的衔接，开展综合治理。二是总结推广工程与生物、农机与农艺、用地与养地相结合的综合治理模式，统筹实施土壤侵蚀防治、农田基础设施建设、肥沃耕作层培育等措施。[4] 三是强化指导示范。总结推广梨树模式、龙江模式等10多种黑土地综合治理模式，[5] 联合相关部门开展"黑土粮仓"科技会战，指导建设黑土地保护标准化示范区。[6] 四是强化法治保障。广泛开展普法宣传，指导东北四省区完善地方性法规，依法严厉打击破坏黑土地等违法行为。总体上看，东北黑土耕地的基础设施条件、内在质量和农田生态逐步向好。

下一步，建议按照《中华人民共和国黑土地保护法》有关要求，加快实施国家黑土地保护工程。一是结合土壤普查成果，根据黑土层厚度、土壤性状、土壤类型等，指导地方调整优化黑土地保护范围，实现2.78亿亩

---

[1] 《东北黑土地保护规划纲要（2017—2030年）》，载农业农村部网站，http://www.moa.gov.cn/nybgb/2017/dqq/201801/t20180103_6133926.htm，最后访问时间：2024年1月30日。

[2] 《东北黑土地保护性耕作行动计划（2020—2025年）》，载中国政府网，https://www.gov.cn/zhengce/zhengceku/2020-03/18/content_5492795.htm，最后访问时间：2024年1月30日。

[3] 《国家黑土地保护工程实施方案（2021—2025年）》，载农业农村部网站，http://www.moa.gov.cn/nybgb/2021/202109/202112/t20211207_6384018.htm，最后访问时间：2024年1月30日。

[4] 《用好、养好黑土地 让土地"家底"更厚实》，载人民网，http://finance.people.com.cn/n1/2024/0111/c1004-40156963.html，最后访问时间：2024年1月30日。

[5] 《把黑土地用好养好》，载《人民日报》2023年11月16日。

[6] 《用智慧守护"耕地中的大熊猫"》，载新华网，http://www.xinhuanet.com/politics/2023-12/03/c_1130005932.htm，最后访问时间：2024年1月30日。

典型黑土区①耕地应保尽保。二是坚持综合治理、分类施策。针对平原丘陵等不同区域和薄厚等不同类型黑土，分别实施保育培肥、提质增肥、固土保肥和改良培肥，加强水土流失治理和坡耕地改造，打破障碍土层、增厚耕作层，改良培肥土壤。三是统筹资源要素，形成保护合力。加强部门间协调配合，统筹政策措施、资金项目，协同推进黑土地保护利用。强化科技支撑，集成组装有效治理措施，加大推广应用和辐射带动。四是用好耕地保护和粮食安全责任制考核成果，压实地方责任。相关部门依法开展黑土地保护和质量建设监督检查，做好国家黑土地保护工程中期评估。

五、农田保护的措施

本条第三款规定，国家建立健全耕地轮作休耕制度，鼓励农作物秸秆科学还田，加强农田防护林建设。耕地轮作休耕制度、农作物秸秆科学还田以及农田防护林建设是相互关联、相辅相成的农田保护和可持续利用措施。

第一，国家建立健全耕地轮作休耕制度。轮作休耕是耕作制度的一种类型或模式，是耕作学、土壤学研究的重要内容之一。轮作是土地所有者或土地使用者为保护耕地，在同一地块上有序种植不同作物的一种耕作方式。休耕是为提高以后耕种收益，实现土地的可持续利用，在一定时期内不耕种的耕作方式，是轮作的一种特殊形式。轮作休耕关键要集成一套用地和养地相结合的技术模式，让耕地休养生息，实现永续利用。

第二，国家鼓励农作物秸秆科学还田。这表明政府应支持并推动农作物秸秆科学还田，但对于耕作者来说不是强制性要求。将农作物秸秆科学还田可以改善土壤质量，增加土壤有机质含量，提高土壤的保水保肥能力，同时也有利于减少对化肥的依赖，促进土壤的生态平衡。

第三，国家加强农田防护林建设。农田防护林是防护林体系的主要林种之一，是指将一定宽度、结构、走向、间距的林带栽植在农田田块四周，通过林带对气流、温度、水分、土壤等环境因子的影响，来改善农田小气候，减轻和防御各种农业自然灾害，创造有利于农作物生长发育的环境，以保证农业生产稳产、高产，并能对人民生活提供多种效益的一种人工林。加强农田防护林建设，可以有效防止水土流失、风沙侵袭，改善农田的生态环境。

---

① 《东北黑土地保护规划纲要（2017—2030年）》，载农业农村部网站，http://www.moa.gov.cn/nybgb/2017/dqq/201801/t20180103_6133926.htm，最后访问时间：2024年1月30日。

六、支持推广绿色、高效粮食生产技术

本条第三款规定，国家支持推广绿色、高效粮食生产技术，目的在于促进生态环境改善和资源永续利用。

要支持推广绿色、高效粮食生产技术，促进生态环境改善和资源永续利用，国家可以从以下几个方面入手：一是加大对绿色、高效粮食生产技术的研发投入，鼓励科研机构和企业开展创新工作，推动技术不断进步和应用。这包括改进种植技术、农药和化肥的研发与使用、节水和灌溉技术、农机装备的更新等。二是为种粮主体提供培训和技术指导，将绿色、高效粮食生产技术传授给广大农业生产经营主体。通过培训课程、示范农田和专家指导等方式，帮助其了解和掌握先进的农业技术，改善耕作管理，提高农作物产量和品质。三是设立绿色农业示范基地和样板农田，展示和推广绿色、高效粮食生产技术的成功案例。通过此种方式，吸引更多种粮主体参与，并提供技术支持和经验分享。四是增加对绿色、高效粮食生产技术的资金投入，支持技术推广和应用。同时，出台相关政策，如财政补贴、税收优惠等，鼓励种粮主体采用绿色、高效粮食生产技术，提高其经济效益。五是建立健全农产品质量认证体系，推动绿色、高效粮食生产的认证和标识。通过认证体系的引导作用，提高种粮主体对绿色、高效生产方式的认可度，同时满足市场对绿色农产品的需求。

【适用指南】

耕地资源的稀缺性和强外部性决定了政府应承担耕地质量保护的主导责任。但仍需指出的是：（1）必须明确划分中央政府和地方政府在具体耕地质量保护任务中的权责，将承担耕地质量保护义务的情形、方式等具体内容全面且充分地映射于法律文本中，避免中央政府和地方政府义务承担的懈怠推诿，彰显法律对耕地保护的刚性保障力度。（2）责任后果明晰是法律发挥作用的前提，推动耕地质量保护考核，通过立法明确政府怠于履行耕地质量保护职责的后果，对照职责对各主体进行考核奖惩。地方各级党委和人民政府应将高标准农田建设、耕地地力提升、耕地质量调查监测等耕地质量建设与保护工作的实施情况和效果纳入考核事项。

【关联规范】

《中华人民共和国土地管理法》第三十一条、第三十六条、第四十二条；《中华人民共和国农业法》第五十八条；《中华人民共和国土壤污染防治法》第二十七条、第五十四条；《中华人民共和国黑土地保护法》第一条至第三十八条；《中华人民共和国农业技术推广法》第二条；《中华人民共和国土地管理法实施条例》第十一条；《农田水利条例》第三十条。

案例评析

某村委会诉常某春黑土区荒山治理承包合同纠纷案[①]

一、基本案情

黑龙江省穆棱市属于东北黑土区的低山丘陵地区。1998年4月，为防治水土流失，加快荒山绿化，改善生态环境，原告穆棱市某村民委员会（以下简称某村委会）与被告常某春签订《荒山承包合同》，经营年限30年，至2028年4月止。合同履行期间，常某春未依约履行果树栽植、改造嫁接、刨鱼鳞坑及造压谷坊等主要合同义务，未能达到防治水土流失、防止山洪水灾的效果，且擅自非法开垦某村委会的八块土地耕种。某村委会于2019年7月提起诉讼，请求解除合同，返还承包地及违法侵占土地，并赔偿三年经济损失13578元。

二、本案争议焦点

本案的核心问题为未履行合同约定的黑土区周边荒山治理、防治水土流失等主要义务的承包人是否构成根本违约。本案中，某村委会认为被告常某春未履行上述义务构成根本违约。

三、裁判结果

法院一审认为，某村委会与常某春签订《荒山承包合同》的主要目的是加快水土流失防治，加速绿化荒山，改善农业生态环境。常某春虽交纳了承包费，但未履行合同主要义务，致使承包地区域大面积水土流失，合同目的不能实现。后其又擅自非法开垦某村委会的其他土地耕种，给某村委会造成经济损失。遂判决解除《荒山承包合同》，由常某春限期返还承包地及违法侵占土地，赔偿三年损失13578元。宣判后，当事人均未上诉，一审判决已发生法律效力。

四、案例评析

黑土高产丰产且稀有，被誉为"耕地中的大熊猫"。黑龙江拥有广袤的黑土地，是我国重要农业生产基地。案涉低山丘陵区黑土层厚度薄、土

[①] 《森林资源民事纠纷典型案例》，载最高人民法院网站，https：//www.court.gov.cn/zixun-xiangqing-362321.html，最后访问时间：2024年1月30日。

质疏松、抗蚀能力差，水土流失对耕地有机质含量、地力、粮食产量有较大影响。被告虽然交纳了承包费，但未履行防治水土流失、加快荒山绿化等主要合同义务，未能实现改善农业生态环境的合同目的。《中华人民共和国农村土地承包法》明确，对于擅自改变土地的农业用途、弃耕抛荒连续两年以上、给土地造成严重损害或者严重破坏土地生态环境等严重违约行为，承包方有权解除土地经营权流转合同。人民法院依法判令解除合同，由被告返还承包地及违法侵占土地并赔偿损失，有效避免了生态环境损害进一步扩大。本案对于全面加强黑土地保护，推进黑土区周边荒山治理，防治水土流失，具有示范意义，同时有利于引导广大群众增强生态环境保护意识，营造珍惜保护黑土资源的良好社会氛围。

> **第十六条　【撂荒地治理】**县级以上地方人民政府应当因地制宜、分类推进撂荒地治理，采取措施引导复耕。家庭承包的发包方可以依法通过组织代耕代种等形式将撂荒地用于农业生产。

【条文主旨】

本条是关于加强撂荒地治理的规定。

【条文释义】

本条规定了县级以上地方人民政府和家庭承包的发包方在加强撂荒地治理方面的具体措施。尽管《中华人民共和国土地管理法》明确禁止任何单位和个人闲置、荒芜耕地，然而受农业比较效益偏低、农民外出务工等因素影响，耕地弃耕抛荒的情形仍然存在。所谓弃耕抛荒，是指承包经营耕地的单位或个人非出于休耕轮作等合法原因而放弃耕种所承包的耕地，从而致使耕地闲置、荒芜一个耕种期以上。弃耕抛荒会导致土地资源浪费、耕地质量下降，给粮食安全和重要农产品有效供给带来一定影响。2021年印发的《农业农村部关于统筹利用撂荒地促进农业生产发展的指导意见》[1] 要求有效遏制耕地撂荒，充分挖掘保供潜力。2023 年中央一号文件强调要"加大撂荒耕地利用力度"。[2]

一、县级以上地方人民政府采取措施引导复耕

县级以上地方人民政府，是指中国境内的各省（自治区、直辖市）、设区的市（自治州）、县（自治县、市辖区）人民政府。县级以上地方人民政府因地制宜、分类推进撂荒地治理是一种有效的策略，可以针对不同地区和不同类型的撂荒地采取相应的措施进行治理，提高土地资源的利用效率、提高粮食生产能力。撂荒地的复耕是指对长期废弃或未利用的土地重新进行耕种和农业生产。复耕撂荒地可以有效利用土地资源，增加粮食产量，提高农民收入，促进农村经济发展。《农业农村部关于统筹利用撂荒地促进农业生产发展的指导意见》明确指出，比较效益偏低是耕地撂荒的重要原因。要发挥政策导向作用，支持农民复耕撂荒地。释放价格信号，落实好稻谷小麦最低收购价政策，提前启动收购、增设网点，避免农民卖粮难。健全补贴机制，完善玉米大豆生产者补贴、稻谷补贴，让农民种粮有账算、有钱赚。进一步提高耕地地力保护补贴的针对性和导向性，对长期撂荒停止发放补贴的，待复耕复种后重新纳入补贴范围。加大农业生产社会化服务项目种粮支持力度，对南方早稻主产区、丘陵地区撂荒地恢复粮食生产的给予补助。鼓励地方出台利用撂荒地种粮的支持政策，重点对家庭农场、农民合作社等新型农业经营主体流转撂荒地种粮的给予补助。完善保险政策，扩大三大粮食作物完全成本保险和收入保险试点、地方优势特色农产品保险以奖代补试点覆盖范围，降低农民生产经营风险。加大创业支持，对返乡留乡农民工利用撂荒地发展粮食规模经营和特色种养的，优先给予一次性创业补贴和信贷支持。2021 年，重庆市农业农村委员会印发《统筹利用撂荒地促进农业生产发展实施方案》，[3] 要求做好撂荒地盘活利用工作，确保粮食生产面积稳定。该方案提出，对 10 亩以上集中连片撂荒地要落实乡镇长包片责任制，引导复耕复种；对 1 年以上撂荒地

---

[1] 《农业农村部关于统筹利用撂荒地促进农业生产发展的指导意见》，载农业农村部网站，http：//www.moa.gov.cn/govpublic/FZJHS/202101/t20210126_ 6360468.htm，最后访问时间：2024 年 1 月 30 日。

[2] 《中共中央 国务院关于做好 2023 年全面推进乡村振兴重点工作的意见》，载中国政府网，https：//www.gov.cn/zhengce/2023－02/13/content_ 5741370.htm，最后访问时间：2024 年 1 月 30 日。

[3] 《统筹利用撂荒地促进农业生产发展实施方案》，载重庆市农业农村委员会网站，http：//nyncw.cq.gov.cn/xxgk_ 161/zfxxgkml/zcwj/xzgfxwj/202210/W020230217590271546970.pdf，最后访问时间：2024 年 1 月 30 日。

由乡镇人民政府向农户发放复耕提醒书，对长期撂荒的停止发放补贴，待复耕复种后重新纳入补贴范围。

复耕撂荒地的关键步骤包括：（1）土壤评估与改良。首先对撂荒地进行土壤评估，了解土壤质量、养分状况和水分状况等。如果土壤质量较差，需要进行土壤改良，包括施加有机肥料、矿质肥料、调整土壤 pH 值等措施，以提高土壤肥力和水分保持能力。（2）农田整理与平整。对撂荒地进行农田整理和平整工作，包括犁地、耙地、开沟排水等，使土地具备良好的耕作条件。同时，合理规划田块和灌溉设施，提高土地利用效率。（3）选取适宜作物。根据当地气候、土壤条件和市场需求等因素，选择适宜的作物进行种植。可以考虑耐旱、耐寒或适应性强的作物，以提高产量和抗逆能力。（4）合理施肥与灌溉。根据土壤分析结果和作物需求，科学合理地进行施肥和灌溉。确保作物在生长期间获得充足的养分和水分，以促进健康生长和高产。（5）病虫害防治。定期检查和监测作物的病虫害情况，及时采取防治措施，以减少作物的损失和影响产量。

二、家庭承包的发包方组织代耕代种

现行中央层面的规范中的代耕主要规范于《农村五保供养工作条例》和《中华人民共和国农村土地承包法》中。[①] 各地在制定地方性规范以落实《中华人民共和国农村土地承包法》的过程中，进一步将组织代耕与弃耕抛荒问题联系起来，形成了在土地承包经营权人弃耕抛荒的情形下由发包方开展组织代耕的基本规则。2021 年修订的《重庆市实施〈中华人民共和国农村土地承包法〉办法》[②] 第十条规定，土地承包经营权人弃耕抛荒连续两年以上的，农村集体经济组织书面告知土地承包经营权人且在本集体经济组织公告后便可以组织代耕。

《中华人民共和国农村土地承包法》第十三条规定："农民集体所有的土地依法属于村农民集体所有的，由村集体经济组织或者村民委员会发包；已经分别属于村内两个以上农村集体经济组织的农民集体所有的，由村内各该农村集体经济组织或者村民小组发包。村集体经济组织或者村民委员会发包的，不得改变村内各集体经济组织农民集体所有的土地的所有权。国家所有依法由农民集体使用的农村土地，由使用该土地的农村集体

[①] 参见《农村五保供养工作条例》第十一条；《中华人民共和国农村土地承包法》第四十条。

[②] 《重庆市实施〈中华人民共和国农村土地承包法〉办法》，载重庆市农业农村委员会网站，http://nyncw.cq.gov.cn/xxgk_161/zfxxgkzl/fdzdgknr/zcwj/dfxfg/202305/t20230530_12011802.html，最后访问时间：2024 年 1 月 30 日。

经济组织、村民委员会或者村民小组发包。"据此可知,在农村土地承包中,土地发包方指的是农村集体经济组织、村民委员会和村民小组。所以,以上主体作为家庭承包的发包方可以依法通过组织代耕代种等形式将撂荒地用于农业生产。

在代耕代种模式下,由专业的组织或个人负责耕种和管理农田,能够充分发挥其专业技术和经验,提高农业生产的效率和质量。此外,还能够减轻农民的劳动负担,减少农村劳动力的浪费。

【适用指南】

在代耕代种模式下,应注意以下两点内容:(1)代耕代种双方要签订合同,约定代耕方和农民的权利和义务,明确代耕方负责的具体项目、工作内容、工作质量标准、工作周期、报酬等事项。同时,还要约定风险分担、违约责任等问题,以免因合同问题产生纠纷。(2)代耕方要采取必要的措施,防范自然灾害和病虫害等因素的风险,确保农作物的生产和收成。同时,还要对价格波动、市场需求等因素进行分析和预测,提前做好风险管理工作,减少农民的经济损失。

【关联规范】

《中华人民共和国农村土地承包法》第十三条、第四十条;《中华人民共和国土地管理法》第三十七条、第三十八条;《农村五保供养工作条例》第十一条。

> **第十七条 【盐碱地综合利用】** 国家推动盐碱地综合利用,制定相关规划和支持政策,鼓励和引导社会资本投入,挖掘盐碱地开发利用潜力,分区分类开展盐碱耕地治理改良,加快选育耐盐碱特色品种,推广改良盐碱地有效做法,遏制耕地盐碱化趋势。

【条文主旨】

本条是关于国家在推动盐碱地综合利用方面的具体措施和要求的规定。

【条文释义】

本条规定了国家在推动盐碱地综合利用方面的具体措施和要求，主要包括制定相关规划和支持政策、鼓励社会资本投入、开展盐碱地治理改良、选育耐盐碱特色品种、推广有效的盐碱地改良做法。本条旨在加强对盐碱地的管理和开发，提高土地的利用率和农产品的生产效益。在适用本条时，应注意以下几点。

一、盐碱地综合利用现状

盐碱地治理利用是全球性难题。我国盐碱地较多、开发潜力大，同时部分地区耕地盐碱化趋势加剧。开展盐碱地综合利用，是补充耕地后备资源、保护现有耕地、提高农业综合生产能力的重要途径，对于保障国家粮食安全具有战略意义。随着我国经济的快速发展和人口的增长，土地资源的压力越来越大，盐碱地的治理和利用已经成为当务之急。

从当前形势看，盐碱地综合利用面临的情况复杂。一是面向"有序开发和分类改造"盐碱地治理新要求的顶层设计不充分，目前全国盐碱地类型、分布、数量和盐碱化程度及相关水资源、水利工程等情况底数不清楚，迫切需要系统谋划盐碱地开发利用的布局和规模。二是契合新时期生态保护和高质量发展新需求的盐碱地生态治理技术不足，亟须低成本、高效率、绿色低碳的成熟技术、产品装备和集成模式，亟须加强现代工程技术、微咸水灌溉技术、耐盐碱作物品种选育、微生物修复等新技术研发。三是以"改"为主的观念根深蒂固，需要坚持"以种适地"的新理念，做到"以种适地"和"改土利种"相向而行、双向发力，因地制宜多元化开发利用。四是久久为功推进盐碱地综合利用的长效机制不健全，盐碱地治理周期长、投资大，维护成本高，且是可逆的，当前盐碱地治理资金投入不足、投融资机制不健全、缺乏后期维护基金、治理后产权不清等问题，亟待解决。

二、国家在推动盐碱地综合利用方面的具体措施和要求

本条规定了国家在推动盐碱地综合利用方面的五种具体措施，具体如下。

第一，制定相关规划和支持政策是推动盐碱地综合利用的重要手段。政府应该根据盐碱地的不同特点和地区情况，制定相应的规划和政策，以便更好地引导盐碱地的开发和利用。这些规划和政策应该包括对盐碱地开发利用的支持和奖励政策、对盐碱地治理改良的技术指导和财政扶持政策等。

第二，鼓励和引导社会资本投入盐碱地的开发利用是非常重要的。政府应当鼓励和引导社会资本投入盐碱地的开发利用。这些资本可以是企业、投资者、农民等各个方面的。政府可以提供相应的税收、补贴等优惠政策，让社会资本更愿意投入盐碱地开发领域。

第三，分区分类开展盐碱耕地治理改良是推动盐碱地综合利用的重要手段之一。政府应该根据不同地区、不同类型的盐碱地情况，采取因地制宜的方式开展盐碱耕地治理改良。这些治理措施包括改良土壤的物理性质、化学性质和生物性质等，以提高耕地的质量和粮食产量。

第四，加快选育耐盐碱特色品种也是推动盐碱地综合利用的重点之一。政府应该加强对耐盐碱特色品种的选育和研发工作。这些特色品种可以是作物、果树、蔬菜等各个领域的品种。通过加快选育和推广特色品种，可以增加盐碱地的产出和经济效益。

第五，推广改良盐碱地有效做法也是非常重要的。政府应该通过宣传教育和技术推广等方式，让更多的农民了解和应用改良盐碱地的有效做法，以提高盐碱地的利用率和农产品的生产效益。

【适用指南】

建议出台相关规范性文件，从总体要求、强化基础、规划先行、分类施策、综合利用、科技支撑、保障措施、组织实施等层面规定更为详细的内容，为本条的规定提供更为详细和具体的实施指导，指引和推动盐碱地的综合利用工作。

【关联规范】

《中华人民共和国土壤污染防治法》第七十九条；《中华人民共和国黄河保护法》第八十八条；《农田水利条例》第三十条。

第三章 粮食生产

> 第十八条 【加强种业的发展和保护】国家推进种业振兴，维护种业安全，推动种业高质量发展。
>
> 国家加强粮食作物种质资源保护开发利用，建设国家农业种质资源库，健全国家良种繁育体系，推进粮食作物种质资源保护与管理信息化建设，提升供种保障能力。
>
> 国家加强植物新品种权保护，支持育种基础性、前沿性研究和应用技术研究，鼓励粮食作物种子科技创新和产业化应用，支持开展育种联合攻关，培育具有自主知识产权的优良品种。

【条文主旨】

本条是关于国家加强种业的发展和保护的规定。

【条文释义】

本条从不同角度规定了国家加强种业的发展和保护的具体内容。具体而言，本条共三款，第一款提出了一个总体方向，即"国家推进种业振兴，维护种业安全，推动种业高质量发展"；第二款和第三款则分别从国家加强粮食作物种质资源保护开发利用和加强植物新品种权保护两个具体方面进行规定，是实现第一款提出的总体方向的具体路径。综合来看，这三款内容共同体现了国家对种业的重视和支持，旨在推动种业发展，提升农业生产的质量和效益。

一、国家推进种业振兴的重要意义

种业振兴是应对大变局、保障国家粮食安全的重要举措。[1] 我国作为农业大国和人口大国，种源自主可控关乎国家的核心利益。换言之，种业作为粮食之本、农业之基，是保障粮食安全这个"国之大者"的根本所在。在农业资源承载能力有限的现实情况下，挖掘种子潜力是提升农业产能、保障农业生态安全的重要手段。

种业振兴是我国抢占未来世界科技制高点的必然要求。种业是保障国家粮食安全的核心所在，也是"藏粮于技"的重中之重。当今世界，种业新一轮科技革命突飞猛进，全球种业正处于以抢占科技制高点和经济增长点为目标的机遇期。把我国种业搞上去，实现种业科技自立自强、种源自主可控，可以减少对外依赖，推动我国在全球种业市场中的地位和影响力，提高我国粮食生产的稳定性和安全性。因此，要充分发挥我国制度优势，科学调配优势资源，推进种业领域国家重点创新平台建设，加强基础性前沿性研究。加速攻破种业技术，大力发展民族种业企业，加快国外种业产业布局，不断提升我国农业国际竞争力、提高农业国际话语权。

二、国家加强粮食作物种质资源保护开发利用

本条第二款规定了国家加强粮食作物种质资源保护开发利用的具体措施，包括建设国家农业种质资源库、健全国家良种繁育体系、推进粮食作物种质资源保护与管理信息化建设，旨在提升供种保障能力。

种子是农业的"芯片"，是粮食安全的关键，[2] 农业种质资源作为粮食安全和重要农产品有效供给的根基。近年来，我国粮食作物种质资源保护与利用工作取得积极成效，但仍存在优质种质资源流失、保护责任主体不清、开发利用不足等问题。为加强粮食作物种质资源保护与利用工作，需要建设国家农业种质资源库，健全国家良种繁育体系，推进粮食作物种质资源保护与管理信息化建设。

（一）建设国家农业种质资源库

党中央、国务院高度重视农业种质资源库建设工作，对种业振兴行动方案作出了有关部署，《国务院办公厅关于加强农业种质资源保护与利用

---

[1] 崔宁波：《加快推进种业振兴的重要意义和实践路径》，载《人民论坛》2024年第2期。

[2] 窦鹏辉：《基于创新链视角的中国种业发展困境及破解路径研究》，载《农业经济问题》2023年第11期。

的意见》① 提出了明确要求，国家发展改革委和农业农村部联合印发的《"十四五"现代种业提升工程建设规划》② 进行了具体安排。近期，各地在实施种业振兴行动过程中，认真谋划加强种质资源库建设，但个别地方也出现了脱离实际、重复建设等倾向。为进一步加强和规范种质资源库建设，《农业农村部办公厅关于做好农业种质资源库建设工作的通知》③ 提出了更为具体的要求。

一是要科学规划、统筹布局。落实国家农业种质资源保护实行国家和省级两级管理的要求，建立健全国家统筹、分级负责、有机衔接的保护机制。农业农村部综合考虑资源富集度、生态适应性和功能匹配性等因素，突出长期性、科学性和公益性战略定位，会同有关方面研究确定了国家级种质资源库布局，并通过现代种业提升工程等项目予以支持。其中，农作物方面重点是建立以国家农作物长期库为核心，复份库、中期库、种质圃和野生植物原生境保护点为依托的保护体系；畜禽方面重点是构建国家畜禽种质资源库、区域级基因库、活体保种场保护区三道保护屏障；渔业方面重点是健全由国家海洋渔业和淡水渔业生物种质资源库、水产种质资源场、水产种质资源保护区、国家级水产原良种场等组成的保护体系；农业微生物方面重点是建设国家农业微生物种质资源库，确定具有重要研究和利用价值的特色微生物种质资源保藏主体。省级农业农村部门要在国家农业种质资源保护体系框架下，结合本地实际和发展需要，依托布局在本地的国家级种质资源库及省里现有相关工作基础，按照确有必要、条件具备、规模适度、避免重复的原则，科学研究确定省级种质资源库布局，实现与国家种质资源库布局的有效衔接。

二是要严格落实省级主管部门、属地政府和保护主体三方责任。省级农业农村部门要压实管理责任，按要求与市县政府、农业种质资源保护单位签订国家级种质资源库三方协议，明确省级管理责任、市县政府属地责任和保护单位主体责任。市县政府要加强监督管理，强化政策支持与保

---

① 《国务院办公厅关于加强农业种质资源保护与利用的意见》，载中国政府网，https：//www. gov. cn/zhengce/zhengceku/2020-02/11/content_ 5477302. htm，最后访问时间：2024 年 1 月 30 日。

② 《国家发展改革委 农业农村部联合印发规划部署"十四五"现代种业提升工程建设工作》，载中国政府网，https：//www. gov. cn/xinwen/2021-08/13/content_ 5631037. htm，最后访问时间：2024 年 1 月 30 日。

③ 《农业农村部办公厅关于做好农业种质资源库建设工作的通知》，载农业农村部网站，http：//www. moa. gov. cn/govpublic/nybzzj1/202112/t20211222_ 6385310. htm，最后访问时间：2024 年 1 月 30 日。

障。各保护单位要健全管理制度，强化保护措施，确保资源不流失、数量不减少、质量不降低，保障种质资源库安全运行。

三是要构建多层次保护机制。鼓励支持科研院所、企业、社会及个人参与保护利用农业种质资源，推动构建多层次收集保护、多元化开发利用、多渠道政策支持的新格局。农业农村部将科研院所及企业建设的、符合条件的种质资源库，纳入国家级种质资源库布局，支持其承担种质资源保护任务。省级农业农村部门也要注重调动各有关方面的积极性，发挥科研院所及企业在种质资源保护体系建设中的重要作用。

四是要强化多渠道政策保障。农业农村部将在有关部门的支持下，通过中央财政相关专项和现代种业提升工程，加强对国家级种质资源库的支持力度。各地要加强与发展改革、科技、财政、自然资源、生态环境等部门的协调沟通，从运行保障、科技研发、项目用地、环境保护等多方面支持种质资源保护利用。

五是要推进多元化共享开发利用。农业农村部将加快建设国家级农业种质资源信息系统，推动与省级农业种质资源信息系统有效对接，实现信息共享。省级农业农村部门要指导省级种质资源库积极参与种质资源普查收集、鉴定评价和共享利用等工作，开展优异种质资源精准鉴定、展示推介，及时向国家级种质资源库汇交种质资源。加强对地方特色种质资源的开发利用，积极培育地方特色品种，推动资源优势转化为产业优势。

（二）健全国家良种繁育体系

健全国家良种繁育体系，可以选育出具有优异性状、高产量、良好品质、抗逆性强等特点的新品种，提高农作物的品质和产量，是种子产业发展的基石。国家良种繁育体系的建设包括以下几个方面：（1）种质资源收集与保存。收集和保存各地区的粮食作物种质资源，包括传统品种、野生种质和其他重要基因资源。这些种质资源是进行良种选育的重要基础和原料，需要进行有效的收集、鉴定和保存工作。（2）优良品种选育与改良。通过选择、杂交、基因编辑等技术手段，培育出具有高产量、抗逆性强、优质等特点的新品种。这些优良品种应当具备稳定的性状和良好的农艺性能，以适应不同地区的耕作条件和需求。（3）品种鉴定与认定。对新培育的优良品种进行科学评估和鉴定，包括品种的形态特征、生物学特性、产量性状、品质特点，确保其具备稳定的性状和优良的农艺性能。（4）建立健全种子生产与供应体系。这个体系包括良种种子的繁育、扩繁、加工、贮存和销售等，以期确保优良种子的供应充足、品质可靠，并满足农民对种子的需求。（5）推广与示范应用。将优良品种推广给广大农民，引导他们采用优质种子进行种植。通过建立示范基地和示范户，展示良种的丰产优势和技术效益，提供种植技术培训和指导，促进良种的普及与推广。

（三）推进粮食作物种质资源保护与管理信息化建设

推进粮食作物种质资源保护与管理信息化建设，是指运用信息技术手段，对粮食作物的种质资源进行有效的保护、管理和利用。以下是该建设的主要内容：（1）种质资源信息化采集。通过数字化和电子化手段，对粮食作物的种质资源进行采集和整理。包括收集种质资源的相关信息，如遗传特性、形态特征、产量性状、抗病虫害性能等，以及种质资源的来源、保存地点等信息。（2）种质资源数据库建设。建立粮食作物种质资源的数据库，将采集到的种质资源信息进行组织、存储和管理。通过数据库可以对种质资源进行分类、检索和查询，方便科研人员和农业从业者获取所需的种质资源信息。（3）种质资源的条码标识研制。为每个种质资源样本分配唯一的条码标识，利用条码技术对种质资源进行标识和追踪。由此一来，可以方便对种质资源的流转和使用情况进行监控和管理，防止资源的丢失或滥用。（4）种质资源信息共享平台建设。建立种质资源信息的共享平台，供科研机构、农业企业和农民等用户进行信息交流和资源共享。通过平台可以促进种质资源的合理利用和共同开发，提高科研和生产的效率。（5）种质资源保护的法律规制。建立相关的法律法规和管理制度，加强对种质资源的合法保护和管理。包括制定种质资源的收集、保存、利用和交流的规范，保护农民的种质资源权益，防止非法侵权行为的发生。（6）种质资源信息化应用。将种质资源信息与其他农业信息进行整合和应用，为农业生产、新品种选育和科研提供支持。通过数据分析和挖掘，可以发现种质资源的潜在价值和应用前景，推动农业的创新和发展。

通过推进粮食作物种质资源保护与管理信息化建设，可以实现种质资源的数字化管理，提高资源的利用效率和保护水平，促进农业的可持续发展和粮食安全。

三、国家加强植物新品种权保护

本条第三款规定了国家加强植物新品种权保护的具体措施。对于本条规定的理解，应把握以下内容。

依据《中华人民共和国植物新品种保护条例》第二条和第三条的规定，植物新品种是指经过人工培育的或者对发现的野生植物加以开发，具备新颖性、特异性、一致性和稳定性并有适当命名的植物品种。国务院农业、林业行政部门按照职责分工共同负责植物新品种权申请的受理和审查并对符合规定的植物新品种授予植物新品种权。植物新品种权的保护是为了鼓励植物育种家进行创新，开发出更好的植物品种，也有助于保护农业生态环境。通过保护新品种的独占性权利，可以避免其他人在未经授权的情况下盗用该品种，从而保护植物的基因资源和生态环境的稳定性。总之，植物新品种权的保护是推动植物育种技术发展和促进农业生产质量提高的重要手段。只有通过保护植物育种家的创新成果，才能鼓励更多的人投入植物育种领域，为农业生产和生态环境的可持续发展做出更大的贡献。

（一）我国植物新品种权保护的规范基础

目前，我国关于粮食新品种权保护没有专门的法律规范，而是将其纳入植物新品种权范畴予以法律保护。尽管我国在构建植物新品种权保护制度方面起步较晚，但经过近30年的探索和发展，我国的植物新品种权保护制度已经取得了显著的成果，并逐步与国际接轨。在充分参考和借鉴国际经验的同时，我国现已初步构建起一套由法律法规、行政法规和部门规章相结合，实体、程序和技术规范有机配套的植物新品种权保护制度规范体系。

首先，在法律、行政法规方面，我国以《中华人民共和国种子法》《中华人民共和国专利法》《中华人民共和国植物新品种保护条例》为基础，加强了对植物新品种权的法律保障。1984年，全国人大常委会通过了《中华人民共和国专利法》。在历经多次修改后，《中华人民共和国专利法》把与植物有关的发明排除在了专利保护之外，仅对非生物学生产方法授予专利权。而对于新品种植物，特别是具有特异性、一致性、稳定性和适当命名的植物新品种，国家允许以专门立法的形式进行保护。1997年，国务院颁布《中华人民共和国植物新品种保护条例》，植物新品种权保护制度正式开始建立。此外，《中华人民共和国种子法》历经四次修改，也逐渐增强了植物新品种的保护力度。其中2015年《中华人民共和国种子法》在修订中专门为植物新品种开辟了一个章节，进一步规范植物新品种保护相关事宜。2021年起施行的《中华人民共和国民法典》也将植物新品种明确列为知识产权的权利客体，使植物新品种的知识产权地位更加明确，保护位阶显著提升。

其次，在部门规章方面，农业农村部和国家林业和草原局发布了配套实施细则及规章制度，主要包括《中华人民共和国植物新品种保护条例实施细则（农业部分）》[①] 《中华人民共和国植物新品种保护条例实施细则

[①] 《中华人民共和国植物新品种保护条例实施细则（农业部分）》，载农业农村部网站，http：//www.moa.gov.cn/gk/nyncbgzk/gzk/202210/P020221012658286762544.pdf，最后访问时间：2024年1月30日。

（林业部分）》①《农业部植物新品种复审委员会审理规定》②《农业植物新品种权侵权案件处理规定》③《农业植物品种命名规定》④ 及《林业植物新品种保护行政执法办法》⑤ 等。总体而言，中国植物新品种分为农业和林业两类，并分别由农业农村部和国家林业和草原局负责其品种权的申请、审查和授权事宜。⑥

（二）我国加强植物新品种权保护的具体措施

根据本条第三款的规定，国家加强植物新品种权保护包括如下具体措施。

一是支持育种基础性、前沿性研究和应用技术研究。育种领域的基础性、前沿性研究和应用技术研究需要大量的人力、物力和财力支持。国家应当加大对育种领域的财政投入，为基础性、前沿性研究和应用技术研究提供资金支持。通过提高研究经费的投入，可以吸引更多的科研人员和机构参与育种研究，推动研究工作的深入开展。

二是鼓励粮食作物种子科技创新和产业化应用。具体来说，需要保护育种者的知识产权，为他们提供更好的创新保护和市场回报。同时，还需要鼓励企业和科研机构在粮食作物种子科技创新和产业化应用领域进行育种工作，并提供必要的技术支持和人才培养。此外，还需要促进产学研合作，共享资源、技术和成果，提高育种科研人员和企业育种人员的素质，加强国际合作等。这些措施都有助于推动粮食作物种子科技创新与实际生产紧密结合，促进育种技术的创新与成果的产业化，实现粮食产业的可持续发展。

---

① 《中华人民共和国植物新品种保护条例实施细则（林业部分）》，载国家林业和草原局网站，https：//www.forestry.gov.cn/c/www/gkbmgz/300030.jhtml，最后访问时间：2024 年 1 月 30 日。

② 《农业部植物新品种复审委员会审理规定》，载农业农村部网站，http：//www.moa.gov.cn/gk/nyncbgzk/gzk/202210/P020221012773109643409.pdf，最后访问时间：2024 年 1 月 30 日。

③ 《农业植物新品种权侵权案件处理规定》，载农业农村部网站，https：//www.moa.gov.cn/gk/nyncbgzk/gzk/202210/P020221012712464317208.pdf，最后访问时间：2024 年 1 月 30 日。

④ 《农业植物品种命名规定》，载农业农村部网站，http：//www.moa.gov.cn/gk/nyncbgzk/gzk/202210/P020221012652619693975.pdf，最后访问时间：2024 年 1 月 30 日。

⑤ 《林业植物新品种保护行政执法办法》，载国家林业和草原局网站，https：//www.forestry.gov.cn/uploadfile/gfxwj/201435/8f8c28f2-3759-4ce5-8823-6d04d465de0a.pdf，最后访问时间：2024 年 1 月 30 日。

⑥ 杨红旗等：《植物新品种保护模式探讨及我国发展对策》，载《中国种业》2022 年第 7 期。

三是支持开展育种联合攻关，培育具有自主知识产权的优良品种。为深入推进育种联合攻关，在品种培育上，应选育推广一批突破性新品种，主要粮食和畜禽品种力争达到国际先进水平；在企业发展上，应形成一批航母型领军企业、有国际竞争力的特色企业、专业化服务平台企业；在创新水平上，应建立规模化、协同化、智能化现代育种新模式。①

【关联规范】

《中华人民共和国种子法》第一条至第九十二条；《中华人民共和国乡村振兴促进法》第十五条；《中华人民共和国民法典》第八百七十六条；《中华人民共和国植物新品种保护条例》第二条、第三条。

案例评析

为粮食安全筑牢种业基石②

一、基本案情

某种业科技有限公司（以下简称科技公司）为水稻新品种"金粳818"的独占实施被许可人。某农业产业发展有限公司（以下简称发展公司）在不具有种子生产经营许可证的情况下，未经许可在微信群内发布"农业产业链信息匹配"寻找潜在交易者，并收取会员费后提供种子交易信息，与买家商定交易价格、数量、交货时间后安排送交无标识、标签的白皮袋，或者包装标注为其他商品粮的"金粳818"种子。科技公司诉请判令发展公司停止侵权，并赔偿经济损失300万元。

二、本案争议焦点

本案的核心问题为植物新品种权侵权行为的认定，即发展公司的行为是否构成侵权；如果构成，属于帮助销售侵权还是直接销售侵权。本案中，发展公司主张其只是向种子供需双方提供自留种子信息，由供需双方自行交易，公司本身从未销售过"金粳818"白皮袋包装种子，亦没有恶意从事协助他人销售侵权种子的行为，因此不存在侵害金地公司植物新品

---

① 《攻关农业"芯片"需靠合力（纵横）》，载《人民日报》2022年12月26日。
② 《最高人民法院发布2021年中国法院10大知识产权案件和50件典型知识产权案例》，载最高人民法院网站，https://www.court.gov.cn/zixun/xiangqing/355881.html，最后访问时间：2024年1月30日。

种权的事实。科技公司则认为，发展公司参与了涉案"金粳818"水稻种子的销售，侵害了其享有的该品种植物新品种权。对于本案中植物新品种权侵权行为的认定，应当立足于种业知识产权保护的司法理念，结合发展公司在"金粳818"种子销售过程中实际发挥的作用进行综合确定。

三、裁判结果

一审法院认为，发展公司为达成涉案种子交易提供帮助，属于帮助侵权行为，判决发展公司立即停止侵害科技公司"金粳818"植物新品种独占实施权的行为。同时，因本案权利人实际损失数额无法查明，发展公司亦未提供与侵权行为相关的账簿、资料，一审法院综合考虑涉案植物新品种权的类型、所查明的销售侵权种子的价格和规模、侵权行为的性质和后果等情节，确定发展公司的侵权获利赔偿基数为100万元，按照基数的二倍确定惩罚性赔偿数额，确定判赔科技公司经济损失及为维权支出的合理费用共计300万元。

发展公司不服，提起上诉。二审法院认为，买卖双方就标的物买卖条件的意思表示达成一致，销售合同依法成立，则构成法律意义上的销售行为。参照《最高人民法院关于审理侵害植物新品种权纠纷案件具体应用法律问题的若干规定（二）》①第四条的规定，以广告、展陈等方式作出销售授权品种繁殖材料的意思表示的，人民法院可以以销售行为认定处理。即销售合同成立前的广告、展陈等行为已足以认定为销售行为，销售者是否亲自实施标的物的交付和收款行为，不影响其销售行为性质的认定。发展公司实施了发布被诉种子销售具体信息，与买家协商确定种子买卖的包装方式、价款和数量、履行期限等交易要素，使得买家产生据此取得被诉侵权种子所有权的确定预期，销售合同已经依法成立。为此，发展公司系被诉侵权种子的交易组织者、决策者。最终，二审法院认定发展公司直接实施了被诉侵权种子的销售行为，并对一审法院认定的帮助侵权予以纠正。同时，二审法院对于一审法院确定的惩罚性赔偿金额予以确认。

四、案例评析

种子作为粮食生产的前端要素及生产资料，是我国农业发展的"芯片"。种子安全是我国粮食安全的关键，关系粮食安全和农业持续发展。近年来，我国种业市场秩序不断规范，但套牌侵权、假冒伪劣种子坑农害农现象仍屡禁不止，给国家农业生产、粮食安全带来隐患，严重影响种业

---

① 《最高人民法院关于审理侵害植物新品种权纠纷案件具体应用法律问题的若干规定（二）》，载最高人民法院网站，http://gongbao.court.gov.cn/Details/2e725813528aad93b499ab4f5c2ffd.html，最后访问时间：2024年1月30日。

创新环境。为此，必须加强种业保护，筑牢国家粮食安全基石。

本案是种业知识产权司法保护典型案例。本案中，被告系农业技术服务提供者，其通过会员微信群等发布种源信息，在未取得种子生产经营许可证的情况下，以农民自繁自用、自行交易等名义，组织销售白皮袋种子，行为隐蔽、手段翻新。被告服务范围广、会员数量多、侵权种子数量大，对品种权人的损害后果严重，且利用种粮大户对技术服务提供者的充分信任，影响极坏，严重破坏种业市场正常经营秩序。对此，法院判决准确界定了涉案农业技术服务提供者经营行为的性质，揭开了侵权人的"农民伪装"，认定其系被诉侵权种子交易的组织者、决策者、实施者，构成侵权。这充分体现了人民法院强化种业知识产权保护的理念，严厉打击和制止种子套牌侵权行为，有效降低维权难度，有利于形成对种业侵权行为的强力威慑，保障粮食安全，激励种业自主创新；也有利于促进农业技术服务提供者尊重他人植物新品种权、规范经营。同时，本案在侵权人拒不提供交易记录、相关账簿的情况下，依法适用举证妨碍制度，合理确定惩罚性赔偿，切实解决了知识产权侵权维权难度大、赔偿数额低的问题，形成了对恶意侵权行为的强有力威慑，维护了种子交易秩序的稳定，保护了民生权益。

> **第十九条　【建立种子储备制度】**省级以上人民政府应当建立种子储备制度，主要用于发生灾害时的粮食生产需要及余缺调剂。

【条文主旨】

本条是关于省级以上人民政府应当建立种子储备制度的规定。

【条文释义】

本条规定了建立种子储备制度的主体以及种子储备的用途，要求省级以上人民政府建立种子储备制度，以应对突发情况对粮食的需求。种子储备，是指根据常年农业生产实际和自然灾害发生情况，有计划地储备一定数量的农作物种子，主要用于发生灾害时的粮食生产需要及余缺调剂，保障粮食生产用种安全。《中华人民共和国种子法》第六条规定："省级以上人民政府建立种子储备制度，主要用于发生灾害时的生产需要及余缺调剂，保障农业和林业生产安全。对储备的种子应当定期检验和更新。种子储备的具体办法由国务院规定。"目前，北京市、浙江省、江苏省、陕西省、山西省等地已经出台了相关规范性文件，如《北京市农作物救灾备荒种子储备管理办法》[1]《浙江省农作物种子储备管理办法》[2]《江苏省省级救灾备荒种子储备管理办法》[3]《陕西省省级救灾备荒种子储备管理办法》[4]等，对储备计划、储备管理、储备调用、资金使用、监督管理等进行了不同详略程度的规定。对于本条规定的理解，应注意把握以下内容。

一、建立种子储备制度的主体

本条规定建立种子储备制度的主体是省级以上人民政府，包括省级人民政府和中央人民政府。之所以将建立种子储备制度的义务赋予省级以上人民政府，主要基于以下几个方面的考虑：（1）种子储备制度需要统一管理和协调。由省级以上人民政府作为主体，可以确保种子储备工作在全国范围和全省范围内的统一规划、组织和执行，避免各地区之间储备数量和质量的不一致性，提高种子储备的效能。（2）不同地区的农业特点和粮食生产需求存在差异，省级以上人民政府对本地区的农业情况有更深入的了解，可以根据实际情况科学确定种子储备的规模和品种，保障粮食生产的稳定性和安全性。（3）种子储备涉及多个部门和机构之间的合作与协调，包括农业、财政、自然资源等相关部门。省级以上人民政府有能力推动不同部门之间的协作，形成合力，确保种子储备工作的顺利进行。（4）种子储备制度主要是为了应对突发灾害等不可抗力因素对粮食生产的影响，而灾害往往具有跨区域性，需要省级以上人民政府的协调和调度能力来进行有效的应对。

二、种子储备的用途

本条规定储备的种子主要用于发生灾害时的粮食生产需要及余缺调剂。当灾害发生时，农作物种子可能会受到破坏或损失，这会对粮食生产

---

[1]《北京市农作物救灾备荒种子储备管理办法》，载北京市农业农村局网站，https：//nyncj.beijing.gov.cn/nyj/zwgk/tzgg/326148777/，最后访问时间：2024年1月30日。

[2]《浙江省农作物种子储备管理办法》，载浙江省人民政府网站，https：//www.zj.gov.cn/art/2020/11/19/art_1229278041_2131371.html，最后访问时间：2024年1月30日。

[3]《江苏省省级救灾备荒种子储备管理办法》，载浙江省人民政府网站，https：//www.jiangsu.gov.cn/art/2023/3/7/art_64797_10806199.html，最后访问时间：2024年1月30日。

[4]《陕西省省级救灾备荒种子储备管理办法》，载陕西省农业农村厅网站，http：//nynct.shaanxi.gov.cn/www/zydt7141/20221216/9812213.html，最后访问时间：2024年1月30日。

带来严重影响。此时，种子储备系统可以提供储备的种子，以满足种粮主体重新播种的需求，确保粮食生产的连续性和稳定性。当灾害过后，也需要进行余缺调剂，即根据不同地区的灾情程度和损失情况，通过调配储备的种子来恢复农作物的种植面积和生产规模。一言以蔽之，种子储备制度的建立，旨在应对灾害等突发情况，确保粮食生产的稳定性和可持续性，保障我国的粮食安全。

【适用指南】

种子储备制度的建立和规范化管理是保障粮食安全、应对灾害和紧急情况的重要举措。多地根据自身实际情况，结合法律法规要求，制定了《北京市农作物救灾备荒种子储备管理办法》《浙江省农作物种子储备管理办法》《江苏省省级救灾备荒种子储备管理办法》《陕西省省级救灾备荒种子储备管理办法》等规范性文件，充分体现了本法和《中华人民共和国种子法》的要求，促进了种子储备制度的落实和执行。同时，也为其他省份建立和完善种子储备制度提供了借鉴和参考。这些规定性文件对种子储备的条件和要求、调用、资金管理、监督管理进行了细化规定。

一、种子储备条件和要求

对于种子承储单位应具备的条件，《江苏省省级救灾备荒种子储备管理办法》规定，承担储备任务的企业应当为依法登记的种子企业，同时还需具备下列条件：（1）具有农作物种子生产经营资质；（2）具有相应的种子仓储能力；（3）具有良好信誉，近3年无违法生产经营记录。《北京市农作物救灾备荒种子储备管理办法》规定，承储企业应当具备以下条件：（1）具备独立法人资格，取得农作物种子生产经营许可证，具备拟储备品种的生产经营权；（2）具备承担种子储备所需的经营能力、仓储条件、检验水平，社会信誉、资产状况良好；（3）近3年内无违法生产经营种子记录；（4）储备仓库位于北京市行政区划内，交通便利。《陕西省省级救灾备荒种子储备管理办法》规定，承担储备任务的单位应具备下列条件：（1）具有农作物种子生产经营资质；（2）具有拟储备品种的生产经营权（不需生产经营权的品种除外）；（3）具有相应的种子仓储能力；（4）具有良好信誉，近3年无违法生产经营种子记录且种子质量抽检全部合格。

总的来说，承担种子储备任务的单位大都需要满足具备农作物种子生产经营资质、具备相应的种子仓储能力、具有良好信誉、具备相应的检验水平等一系列条件，以确保储备种子的质量和数量符合标准要求。

承储单位应按照储备合同，做好种子生产、收购、加工、储存、检验及入库等工作，并建立档案。承储单位不得擅自改变储备作物种类、品种和数量。储备种子的质量和贮藏要求应当符合国家和行业标准。承储单位应当定期检验检查，并做好记录，确保储备期内种子质量和安全。承储单位应当在储备库外明显悬挂救灾备荒种子储备库标牌，标明储备作物、品种、数量、储备期、负责人等。种子垛上应当明显悬挂垛牌，标明本垛储备作物、品种、数量、规格、检验日期、纯度、水分、芽率、净度等。

二、种子储备的调用

目前，北京市、浙江省、江苏省、陕西省、山西省等都规定，省级救灾备荒种子在储备期间的调用权归省级农业农村主管部门。未经省级农业农村主管部门批准，任何单位和个人不得擅自调用。

承储单位接到调用通知后，应当及时调用储备种子，并提供种子质量检验报告，不得以任何理由延缓或拒绝。调用储备种子用于救灾的，供应价格不高于成本价，用于市场余缺调剂的，供应价格不高于市场价。成本价主要包括直接收购成本、品种权益费、加工包装、仓储保管、利息等费用。具体供应价格和调运费用等事项由调用双方协商确定。调用结束后，承储单位应当及时将调用种子的时间、地点、数量、品种等情况书面报告省农业农村厅。调用储备种子使用结束后，申请单位应当及时将种子使用情况书面报告省级农业农村主管部门。

三、种子储备的资金管理

省级救灾备荒种子储备所需经费列入省级财政年度预算。储备补助资金主要用于按计划承担储备任务的流动资金占用费和储备种子发生的仓储保管费等。种子储备补助资金实行包干使用，储备任务结束后，各承储单位将储备种子的实物账、资金账等档案材料的复印件报省种子管理站，省种子管理站按储备合同约定拨付储备补助资金。承储企业应当严格执行财政资金使用相关规定，建立种子储备资金明细账，按规定用途使用资金。

四、种子储备的监督管理

储备种子的质量和贮藏要求，应当符合国家或行业规定的标准。承储企业应当定期检查，并做好记录，确保储备种子质量。省农业农村主管部门应不定期对省级救灾备荒种子储备情况进行监督抽查，并适时组织开展专项审计、绩效评价和考核。市级农业农村主管部门应当按照储备要求定期对承储单位及储备种子进行检查，对补助资金的申报、使用、管理和合同执行情况进行监督，确保储备任务按要求完成，补助资金专款专用。承储单位违反规定，未经批准擅自改变储备作物种类、品种、数量或擅自动用储备种子，未按国家或行业规定的质量标准和贮藏要求储备种子，以及其他未按合同约定执行的，须承担相应责任。

【关联规范】

《中华人民共和国种子法》第六条。

> 第二十条 【农田投入品的供应】县级以上人民政府应当统筹做好肥料、农药、农用薄膜等农业生产资料稳定供应工作，引导粮食生产者科学施用化肥、农药，合理使用农用薄膜，增施有机肥料。

【条文主旨】

本条是关于县级以上人民政府应当保障农田投入品供应的规定。

【条文释义】

本条规定了县级以上人民政府保障农业投入品供应的职责，主要目的是保障粮食生产过程中所需的农业生产资料的供应，提倡科学和可持续的农业生产方式，提高粮食的质量与安全性。县级以上人民政府是指中国境内的各省（自治区、直辖市）、设区的市（自治州）、县（自治县、市辖区）人民政府以及中央人民政府。此处使用了"应当"一词，属于县级以上人民政府的义务性规定。具体来讲，关于本条规定的理解，应当把握以下几个方面。

一、做好肥料、农药、农用薄膜等农业生产资料稳定供应工作

根据本条规定，县级以上人民政府有责任统筹做好肥料、农药、农用薄膜等农业生产资料的稳定供应工作。这意味着县级以上人民政府需要确保种粮主体能够获得足够的肥料、农药和农用薄膜等农业生产资料，为粮食生产提供必要的物质支持，以保障农业生产的持续性和稳定性。具体而言，县级以上人民政府可以从以下几个方面着手：（1）建立农业生产资料的供应和需求监测机制，及时了解市场需求和供应情况，预测和调控供应量。（2）加强与农业生产资料供应商之间的合作，优化供应链管理，确保农业生产资料的流通畅通，减少物流环节中的延误和损耗。（3）建立农业生产资料的储备体系，储备适量的肥料、农药、农用薄膜等，以应对突发

事件或市场波动导致的供应短缺。(4) 加大对农业生产资料生产企业的扶持力度，鼓励优质农业生产资料的研发和生产，提高供应的质量和稳定性。

二、引导粮食生产者科学施用化肥、农药，合理使用农用薄膜，增施有机肥料

本条规定县级以上人民政府应当引导粮食生产者科学施用化肥、农药，合理使用农用薄膜，增施有机肥料。这是基于如下原因：粮食总产量取决于播种面积和作物单产水平。在耕地播种面积有限的情况下，种粮者为达到短期内提升粮食单产的目的，大量投入使用化肥、农药、除草剂、农用薄膜，加之劳动力成本的上涨，这种以化石能源为核心的耕地利用方式顺势成为目前我国农业生产的主流形式。现代农业技术的应用确实提高了作物单产水平，但此种投入带来的高产是以耕地资源损耗为代价的。换言之，我国耕地长期处于高强度利用的状态，导致耕地的水文调节和净化功能、土壤污染物循环过滤功能、耕地的供给功能都随之降低，耕地生产与生态功能失衡状态将引致粮食的减产和粮食品质的下降。

耕地是一个耦合了生产功能和生态功能的系统，唯有双重功能均衡发展，才能对耕地资源的保护和生态治理起到推动作用。[1] 着眼于耕地生产和生态功能协同联动的维度，显化耕地利用者创造的生态价值，提升其经济收益，唤醒其对耕地用养结合的积极性和主动性，此乃成为耕地保护生态治理的新要求。[2] 一方面，耕地的用养结合主要是通过对自然条件较差、粮食生产能力有限的低产耕地开展常态化、分区域、差异化的休耕轮作和退耕还林还草等工作，避免耕地长期处于高强度开发、高负荷利用的状态，进一步提升粮食生产的可持续性。另一方面，提升耕地生态系统的生态服务能力，尚需积极推广减量化、无害化投入品的使用，加快现代农业科技的推广应用，实现防治农田污染、培育土壤肥力和提高生态脆弱区生物多样性的目标。一言以蔽之，引导粮食生产者科学施用化肥、农药，合理使用农用薄膜，增施有机肥料，加强耕地生态保护和治理，从源头上降低农田面源污染强度，有助于提升耕地健康水平，满足人们为保持健康而富有朝气的生活对高品质粮食的需要。

---

[1] 孔祥斌：《中国耕地保护生态治理内涵及实现路径》，载《中国土地科学》2020 年第 12 期。

[2] 陈美球：《我国耕地保护的农户行为与社会责任》，科学出版社 2017 年版，第 227~229 页。

【关联规范】

《中华人民共和国黑土地保护法》第十三条；《中华人民共和国农业法》第二十五条；《中华人民共和国农产品质量安全法》第二十三条；《中华人民共和国清洁生产促进法》第二十二条；《中华人民共和国黄河保护法》第八十一条；《中华人民共和国青藏高原生态保护法》第二十七条；《农药管理条例》第一条至第六十六条。

案例评析

某县人民检察院督促保护食用农产品质量安全行政公益诉讼案[①]

一、基本案情

某县12家农民专业合作社在种植农作物的过程中使用了农药、化肥等农业投入品，但未如实记载其使用农业投入品的名称、来源、用法、用量和使用、停用的日期等情况，生产的农产品在销售前也没有依法进行农产品质量安全状况检测，导致食用农产品存在安全隐患。

二、检察机关的调查与督促履职

2019年年初，某市人大代表向检察机关反映本市农民专业合作社未经检测将农产品投入市场的质量安全问题。某县人民检察院（以下简称某县检察院）经研判分析，决定于2019年4月24日立案调查，并确定由该院检察长担任主办检察官。办案组对全县15个乡镇130家农民专业合作社的农业投入品以及食用农产品入市前的检测情况进行全面调查。重点调查内容包括：是否建立了农产品生产记录；台账是否如实记载了使用农药、化肥等农业投入品的名称、来源、用法、用量和使用、停用的日期等；是否依法合理使用农业投入品及落实安全间隔期、休药期规定情况；是否使用了国家明令禁止使用的农业投入品；是否在销售前检测了食用农产品质量状况。经调查，发现12家农民专业合作社没有按照《中华人民共和国农产品质量安全法》《中华人民共和国食品安全法》的规定建立农产品生产

[①] 《公益诉讼检察服务乡村振兴助力脱贫攻坚典型案例》，载最高人民检察院网站，https://www.spp.gov.cn/spp/xwfbh/wsfbt/202102/t20210224_509788.shtml#3，最后访问时间：2024年1月30日。

记录、记载农业投入品的使用情况、销售前进行农产品质量检测，致使流入市场的农产品存在食品安全的隐患。某县检察院于 2019 年 7 月 4 日向某县农业农村局发出检察建议，建议该局依法履行农产品质量安全监督管理职责，对 12 家农民专业合作社依法予以处理。

某县农业农村局收到检察建议后高度重视，对 12 家农民专业合作社发出了责令改正通知书。同时就抓好全县农产品质量安全监管工作，从加强组织领导、加强协作配合、加大抽样检测、加强体系建设四个方面采取了具体措施。该局于 2019 年 8 月 8 日书面回复其履职情况。某县检察院经"回头看"核查确认，12 家农民专业合作社均完善了农产品生产记录档案并如实记载了农业投入品购进、使用的全过程，检察建议提出的问题全部整改到位。

三、案例评析

推动农产品生产经营企业走绿色健康发展之路，是助力乡村振兴的重要推手。本案中，检察机关落实食品安全"四个最严"的要求，充分发挥公益诉讼检察职能，监督保护食用农产品质量安全，顺应人民群众需求。一方面有效督促农业主管部门严格执法、压实责任、建章立制，从源头堵塞管理漏洞；另一方面引导农民专业合作社充分认识农产品生产记录和检测对食品安全的重要性，依法生产经营，从源头把好食用农产品流入市场的第一道安全关，守护老百姓"米袋子、菜篮子、餐桌子"的安全。

> **第二十一条　【水资源管理】**国家加强水资源管理和水利基础设施建设，优化水资源配置，保障粮食生产合理用水需求。各级人民政府应当组织做好农田水利建设和运行维护，保护和完善农田灌溉排水体系，因地制宜发展高效节水农业。
>
> 　　县级以上人民政府应当组织开展水土流失综合治理、土壤污染防治和地下水超采治理。

【条文主旨】

本条是关于国家加强水资源管理的规定。

【条文释义】

本条规定了加强水资源管理的具体要求。其中，第一款从国家和各级人民政府层面规定要加强水资源管理和农田水利设施建设；第二款则规定了县级以上人民政府的具体职责。粮食生产根本在耕地，命脉在水利。加强水资源管理和水利基础设施建设，有助于提高农田灌溉设施的完善程度和运行效率，确保农田用水需求得到满足，提高农作物产量和质量，保障粮食安全。在理解本条时，应注意把握以下几个方面。

一、国家加强水资源管理和水利基础设施建设

本条第一款规定了国家应当加强水资源管理和水利基础设施建设，目的在于优化水资源配置，保障粮食生产合理用水需求。国家加强水资源管理和水利基础设施建设可以通过多种措施来实现：（1）建立健全水资源管理制度。国家可以制定并完善相关法律法规，建立健全水资源管理制度，明确水资源的所有权、使用权和保护责任，加强对水资源的监管和保护。（2）加强水资源监测和评估。国家可以加大对水资源的监测和评估力度，建立完善的水资源信息系统，及时了解水资源的供需情况和变化趋势，为科学决策提供数据支持。（3）推动水资源节约利用。国家可以制定相关政策，鼓励和引导社会各界节约用水，推广节水技术和设备，加强对用水行为的管理和监督，促进水资源的合理利用。（4）加大水利基础设施投入。国家可以增加对水利基础设施的投入，包括修建水库、水利工程、灌溉设施等，提高水资源的调度和利用效率，保障农田灌溉和城市供水。

二、做好农田水利建设和运行维护

本条第一款规定了各级人民政府做好农田水利建设和运行维护的内容，包括保护和完善农田灌溉排水体系、因地制宜发展高效节水农业等具体措施。各级人民政府是做好农田水利建设和运行维护的义务主体。此处也使用了"应当"一词，该内容属于义务性规定。如果各级人民政府违反相关义务，应当承担相应的法律责任。

农田水利，是指为防治农田（牧区草地、饲草料地）旱、涝、渍和盐碱灾害，改善农业生产条件，采取的灌溉、排水等工程措施和其他相关措施。农田水利建设和运行维护是农田建设的重要内容，指的是在农田领域中，对水利设施的建设、维护和管理工作，包括保护和完善农田灌溉排水体系、因地制宜发展高效节水农业等重要内容。其中，保护和完善农田灌溉排水体系，包括确保现有的灌溉渠道、水泵、灌溉设备等设施不受破坏和侵蚀，疏通灌溉渠道、修复漏水或损坏的灌溉设备，采取措施防止灌溉水对土地造成侵蚀和水土流失，优化灌溉排水系统的设计和管理等内容。因地制宜发展高效节水农业，是指根据当地的气候、土壤、水资源等自然条件，结合现代农业技术和管理手段，推动农业生产方式向更节水、更高效的方向发展。包括科学施水、选用耐旱作物、推广节水农业技术、改善灌溉设施等措施。

三、组织开展水土流失综合治理、土壤污染防治和地下水超采治理

本条第二款要求县级以上人民政府应当组织开展三项工作：水土流失综合治理、土壤污染防治和地下水超采治理。县级以上人民政府是指中国境内的各省（自治区、直辖市）、设区的市（自治州）、县（自治县、市辖区）人民政府以及中央人民政府。此处使用了"应当"一词，属于县级以上人民政府的义务性规定。这三项工作的目的是保护土壤资源和水资源的可持续利用，促进农业可持续发展。具体来说：（1）水土流失是指由于人类活动或自然因素导致的土壤被水流、风力等侵蚀和流失的现象。水土流失对农田和生态环境造成严重影响，需要进行综合治理。县级以上人民政府应组织相关部门和机构，采取措施预防和减少水土流失，如建设防护林、修筑沟渠、植被恢复等，以保护土壤资源和促进生态恢复。（2）土壤污染是指土壤中存在的有害物质超过了环境容量，对生态环境和人类健康产生危害的现象。县级以上人民政府应组织开展土壤污染的监测、评估和治理工作，采取有效措施减少土壤污染源的排放，修复受污染土壤，保障土壤的质量和农产品的安全。（3）地下水超采是指地下水资源被过度开采和消耗，导致地下水位下降、水量减少等问题。县级以上人民政府应组织开展地下水超采的治理工作，采取限制地下水开采、推广替代水源等措施，保护地下水资源的可持续利用，防止水资源的枯竭和地下水位的下降。

【适用指南】

对于本条的适用，需要注意与以下关联法律规范的衔接：（1）《中华人民共和国水法》：该法是我国关于水资源管理的基本法律，其中规定了水资源的保护、合理利用、水利工程建设、水权管理等内容，与本条的水资源管理密切相关。（2）《中华人民共和国土壤污染防治法》：该法规定了土壤环境保护与修复的原则、目标和措施，与本条中关于土壤污染防治的要求相协调。（3）《农田水利条例》：该条例涉及农田水利建设、农业用水、农田环境保护等内容，与本条中关于农田水利建设和保护农田灌溉排水体系的要求相衔接。（4）《地下水管理条例》：该条例对地下水资源的开发利用、保护与管理进行了规范，与本条中关于地下水超采治理的要求相关联。（5）其他环境保护相关法律法规：例如《中华人民共和国环境保护法》《中华人民共和国水污染防治法》等，这些法律法规与本条中关于水

土流失综合治理、土壤污染防治等要求相呼应。总之，在适用本条时，需要综合考虑以上相关法律的规定，确保水资源管理和农田水利建设的合法性和有效性，推动水资源的可持续利用和农业的可持续发展。

【关联规范】

《中华人民共和国水法》第一条至第八十二条；《中华人民共和国土壤污染防治法》第一条至第九十九条；《中华人民共和国土地管理法》第三十六条；《中华人民共和国黑土地保护法》第十四条；《中华人民共和国水污染防治法》第一条至第一百零三条；《中华人民共和国环境保护法》第三十二条、第三十三条；《农田水利条例》第一条至第四十五条；《地下水管理条例》第一条至第六十四条。

案例评析

某县人民检察院督促保护水资源行政公益诉讼案[①]

一、基本案情

沁河是黄河的一级支流，其发源地沁源县的水资源保护状况对整个流域的水资源保护具有直接影响。沁源县是全国重点产煤县和全省主焦煤基地县，有大小煤矿85座，均分布在沁河沿岸。煤矿生产及矿区生活用水量巨大，部分矿企存在未办理取水许可证、无用水计量装置、取水许可证过期、超批复取水等违法行为。其中A煤矿于2019年和2020年共超许可取水60.2万 m^3，某县水利局虽然对其违法行为作出罚款8万元的行政处罚决定，但未完全履行责令停止违法行为的监督管理职责，致使该企业超许可取用地下水的违法行为持续存在。截至2021年8月，超本年度取水量12.67万 m^3。上述违法行为易引发地下水下降、河流干涸、生态退化等问题，严重破坏沁河流域生态安全，不利于黄河中游地区山水林田湖草沙一体化保护和系统治理。

二、检察机关的调查与督促履职

2021年6月，某省人民检察院将霍某泉域违规开采地下水案件线索逐

[①] 《对话山西省沁源县人民检察院检察长王进军——数字赋能保护地下水安全》，载最高人民检察院网站，https://www.spp.gov.cn/spp/zdgz/202309/t20230928_629620.shtml，最后访问时间：2024年1月30日。

级交由某县人民检察院（以下简称某县检察院）办理。某县检察院开展初步调查后，于同年 8 月 17 日决定立案。经现场勘查，走访税务、水利等部门，调取行政执法资料，询问行政机关、涉案公司负责人，查明 A 煤矿超许可取用地下水损害公益和县水利局履职不到位的事实。

2021 年 8 月 18 日，某县检察院向县水利局发出诉前检察建议，建议其对案涉煤矿超批复许可取用地下水的行为依法处理，并加强全县取水许可管理和水资源执法检查力度。县水利局收到检察建议后，对 A 煤矿超许可取水进行立案调查，要求企业制定整改方案进行节水改造。整改期满后，某县检察院在跟进监督中发现，A 煤矿并未按要求进行节水改造。县水利局在对 A 煤矿 2021 年度超许可取水罚款 10 万元后，未进一步采取有效监管措施，存在以罚代管的情况，致使公共利益持续处于受损状态。

三、诉讼过程

2021 年 12 月 28 日，某县检察院向某县人民法院提起行政公益诉讼，请求判令县水利局依法全面履行法定职责。

案件起诉后，县水利局立即要求 A 煤矿停产整顿，并督促其投资 300 余万元安装节水设备实现节水增效，每日向县水利局汇报用水情况，同时督促 A 煤矿补缴 44.1 万元水资源税。2022 年 1 月，A 煤矿日均取水量、月均水量均在许可范围内。同年 2 月 9 日，某县检察院跟进调查发现，超采地下水问题确已整改到位。经综合研判，某县检察院认为行政机关已经依法履行职责，行政公益诉讼的目的已经实现，经法院裁定准许后，于 2022 年 2 月 23 日撤回起诉。

某县检察院以该案办理为突破口，深入挖掘水资源保护案件背后的共性问题，自主研发水资源保护公益诉讼监督模型，筛查出异常数据 433 条，办理案件 5 件，推动关停自备井 10 余口，30 余家企业安装计量设施，10 余家煤矿投资上千万元安装节水设施，洗车、洗浴等特种行业用水量同比下降 18%，督促收回水资源税费 300 余万元。

四、典型意义

水资源短缺对于耕地保护带来了一些不利影响，包括农业生产困难、土壤退化风险增加，以及生态环境的破坏。因此，需要采取有效的措施来合理利用水资源，保护耕地和农业的可持续发展。本案中，为有效规范流域水资源节约、保护、开发、利用，检察机关在提出检察建议督促后，对未依法全面履行职责的行政机关，依法提起行政公益诉讼，推动有效解决企业违规取水问题，并更新节水设备。同时，结合案件研发大数据法律监督模型，推动类案监督，助力黄河流域水资源集约节约利用。

> **第二十二条 【推进农业机械发展】** 国家推进农业机械产业发展，加强农业机械化作业基础条件建设，推广普及粮食生产机械化技术，鼓励使用绿色、智能、高效的农业机械，促进粮食生产全程机械化，提高粮食生产效率。

【条文主旨】

本条是关于国家推进农业机械发展的规定。

【条文释义】

本条规定了国家推进农业机械发展应当采取的措施及目标。具体措施包括推进农业机械产业发展，加强农业机械化作业基础条件建设，推广普及粮食生产机械化技术，鼓励使用绿色、智能、高效的农业机械，促进粮食生产全程机械化五个方面，目标是提高粮食生产效率。具体来讲，关于本条规定的理解，应当把握以下几个方面。

一是国家推进农业机械产业发展。农业机械产业包括农业机械设备生产、销售、租赁、维修等环节，以及相关服务体系的建设。推进农业机械产业发展，是指国家通过加大对农业机械相关技术和产业的支持力度，促进农业机械化技术的创新和应用，从而提高农业生产效率，降低农业生产成本，推动农业可持续发展的过程。

二是加强农业机械化作业基础条件建设。（1）应当实施农用地"宜机化"整治。加快制定丘陵山区农用地"宜机化"整治技术标准，加大集中连片农用地"宜机化"整治力度。加强高标准农田建设，将机耕道、生产便道、下田坡道、田块长度宽度与平整度等"宜机化"要求纳入项目重点实施内容、重要验收标准。统筹中央和地方各类相关资金及社会资本积极开展农用地"宜机化"整治。推行先建后补、以奖代补等方式，引导各类生产经营主体加大对农用地"宜机化"整治投入力度。（2）应当改善农机作业配套条件。落实设施农用地、新型农业经营主体建设用地、农业生产用电等相关政策，支持农机合作社等农机服务组织生产条件建设。加强农机作业服务配套设施和维修网点建设，提高维修服务能力，切实解决农机存放难、下田难和维修难问题。在年度建设用地指标中，优先安排农机合作社等新型农业经营主体用地，并按规定减免相关税费。鼓励有条件的地区建设区域农机安全应急救援中心，提高农机安全监理执法、快速救援、机具抢修和跨区作业实时监测调度等能力。

三是推广普及粮食生产机械化技术。（1）应当加强农机新机具新技术示范推广。加强特色优势产业所需的农机新机具新技术的试验示范。大力支持绿色高效设施装备和技术的示范推广。支持引进适用、高性能、智能化、特色和多功能农机新装备新技术，坚持大、中、小农机具并举，坚持坝区、坡耕地分类推广，促进农机农艺有效融合。探索智慧农业在丘陵山区的应用。（2）应当提高农机化技术推广能力。坚持农业机械化技术推广机构公益性职能定位，保障编制与资金。逐步建立以政府推广为主导，社会力量广泛参与的农业机械化技术推广服务体系。推行政府购买服务，鼓励农机科研人员、推广人员与农机生产企业、新型农业经营主体开展技术合作，支持农机生产企业、科研教学单位、农机服务及有条件的单位和组织等广泛参与技术推广。加大新技术试验验证力度，建设农业机械化技术推广示范基地。健全农机服务机构，充实县乡农机岗位人员，改善基层农机化公共服务机构基础设施和技术装备。

四是鼓励使用绿色、智能、高效的农业机械。（1）应当加大财政支持力度。各级财政要加大对农业机械化和农机工业发展的投入力度，重点用于农机装备研发、农机购置补贴、农机技术试验示范推广、农机服务组织培育、农机安全生产和农机作业条件改善、农机保险、农机人才培养、县乡农机化公共服务基础设施和技术装备改善等。积极推动农机抵押贷款业务，研究制定对农民和农机服务组织购买大型拖拉机、联合收割机等大中型农业机械和基础设施建设的信贷支持政策。（2）应当落实税费优惠政策。继续对农业机耕、排灌及农机批发零售免征增值税，继续实行农机作业和维修服务项目的企业所得税的优惠政策。对生产国家支持发展的新型、大马力农机装备和产品及确有必要进口的关键零部件和原材料，免征关税和进口环节增值税；进一步落实农机企业研发投入税前扣除等政策。进行跨区作业的联合收割机、运输联合收割机（包括插秧机）的车辆，免交车辆通行费。

五是促进粮食生产全程机械化。（1）应当加快推进主要农作物生产全程机械化。深入实施主要农作物生产全程机械化推进行动，建设示范区，支持有条件的地方率先实现全程机械化。各地要根据当地农作物分布、地形特点、种植习惯等，优化技术集成，形成具有地方特色的全程机械化解决方案。加大适宜山区、丘陵地带的农机研发推广力度。大力推进生产全程机械化，开展从田间到工厂到餐桌的全产业链机械化应用研究。（2）应当补齐全面机械化生产短板。加强农业、农机、园艺多领域联合攻关，推动农机农艺融合、农机化与信息化技术融合。根据现代种业、畜牧、水产、设施农业、农产品初加工等产业需求，完善技术路线，强化装备支撑，推进全面机械化。果蔬产业重点推进温室育苗、秧苗移栽、田园管理、产品收获、清洗分级、包装、保鲜储藏和运输机械化，茶叶产业重点推进采摘、色选机械化，畜牧业重点推进饲料收获、加工储存、养殖、畜禽粪污及病死畜禽无害化处理、畜产品初加工机械化，水产养殖业重点推进水质调控、精准投喂和管控系统机械化，农产品初加工业重点推进高品质节能干燥、农产品检测分级及包装等关键环节机械化。[①]

【适用指南】

《中华人民共和国农业机械化促进法》是我国首部专门关于农业机械化的法律，这部法律的颁布实施，标志着我国农业机械化进入了依法促进的新阶段。该法对农业机械化的科研开发、质量保障、推广使用、社会化服务、扶持措施等方面做出了具体规定。在推进农业机械化的过程中，可以参考和借鉴《中华人民共和国农业机械化促进法》的相关规定，以便更好地落实本条的要求。

【关联规范】

《中华人民共和国农业机械化促进法》第一条至第三十五条；《中华人民共和国黑土地保护法》第十二条；《中华人民共和国乡村振兴促进法》第十八条；《农业机械安全监督管理条例》第一条至第六十条。

> **第二十三条 【加强农业技术推广和农业信息化建设】**
> 国家加强农业技术推广体系建设，支持推广应用先进适用的粮食生产技术，因地制宜推广间作套种等种植方法，鼓励创新推广方式，提高粮食生产技术推广服务水平，促进提高粮食单产。
> 国家鼓励农业信息化建设，提高粮食生产信息化、智能化水平，推进智慧农业发展。

---

① 高芸、钟钰：《再论"藏粮于技"战略：内涵辨识、理论支撑与未来取向》，载《中国农业大学学报》2024年第3期。

【条文主旨】

本条是关于国家加强农业技术推广和农业信息化建设的规定。

【条文释义】

本条强调了国家在农业技术推广和农业信息化建设方面要予以重视和支持，旨在提高粮食单产，从而保障国家的粮食安全。具体来讲，关于本条规定的理解，应当把握以下内容。

一、加强农业技术推广体系建设

本条第一款规定了国家加强农业技术推广体系建设应当采取的措施及目标。其中，措施包括加强农业技术推广体系建设，支持推广应用先进适用的粮食生产技术，因地制宜推广间作套种等种植方法，鼓励创新推广方式，提高粮食生产技术推广服务水平。目的在于提高粮食单产。

确保粮食和重要农产品稳定安全供给，根本出路在科技。[1] 提高农业科技转化效率，关键环节是推广。农业技术推广服务在全面推进乡村振兴、加快农业农村现代化中具有基础性、现实性、社会性的作用，是推动先进农业科技转化为国家农业创新力的关键环节，是建设农业强国必须补齐的短板。做好农业技术推广服务是落实党的二十大精神，加快建设农业强国的重要举措。

长期以来，基层农业技术推广队伍扎根生产一线，承担了大量市场化服务组织不愿干或没能力干的新品种新技术试验示范、动植物疫病监测防控、农产品质量安全检测以及基础性农情数据（耕地质量、土壤墒情、作物苗期、秸秆利用、残膜管理、土壤重金属等）采集报送等农业公益性服务，为保障国家粮食安全和重要农产品有效供给发挥了重要支撑作用。然而，与农业强国建设对农业科技的旺盛需求相比，我国基层农业技术推广体系仍存在短板。为此，国家应支持推广应用先进适用的粮食生产技术，因地制宜推广间作套种等种植方法，鼓励创新推广方式，提高粮食生产技术推广服务水平。

具体而言：（1）应当支持推广应用先进适用的粮食生产技术，提供技术指导、培训和资金支持，帮助农民掌握和应用先进的粮食生产技术。例如，推广高效节水灌溉技术、精确施肥技术、粮食作物良种选育等。（2）应

---

[1] 乔延春：《当好维护国家粮食安全的"压舱石"》，载《农业经济与管理》2021年第3期。

当因地制宜推广间作套种等种植方法。间作套种是农田作物种植所使用的一种方法，是指在上一茬作物采收后期就开始种植下一茬作物。利用这一技术，不仅可以增加土壤中的微生物种类，有效提高土壤肥力；还可以减少病虫害、光照水分不足等问题的发生，有效提高农作物的增产增收。在农田间，最常见的间作套种方法就是将高棵作物与矮棵作物搭配种植，高棵作物行数越少，矮棵作物行数越多，效果越好。（3）为了更好地推广粮食生产技术，还应当鼓励创新推广方式，如利用新媒体、互联网技术等手段，提高农业技术推广的覆盖范围和效果。同时，也需要加强对农民的培训和指导，提高农业技术推广服务的水平，以确保农民能够正确、有效地运用先进的粮食生产技术。（4）应当提高粮食生产技术推广服务水平，采取推广先进农业技术、建立示范基地、开展培训活动、制定技术推广方案等措施。

二、鼓励农业信息化建设

本条第二款规定了国家应当鼓励农业信息化建设，提高粮食生产信息化、智能化水平，推进智慧农业发展。农业信息化是农业现代化的重要标志。国家鼓励农业信息化建设能够提高农业生产效益，降低生产成本，促进农业可持续发展，保障农产品质量安全，推动农村信息化和农民收入增加。

提高粮食生产信息化、智能化水平，是指利用现代信息技术和智能化设备手段，优化粮食生产过程，提高粮食生产效率和质量。（1）对于提高粮食生产信息化，应大力推进"互联网+"农业产业发展，推进农业生产基础设施、装备与信息技术的融合，加快对大田种植、畜禽养殖、设施蔬菜、果树园艺等特色产业进行物联网改造，探索建立粮、果、蔬贮藏、采后商品化处理等初加工的设施监测流程，形成一批好应用、易复制、可推广的农业物联网应用模式。加强农作物种子物联网推广应用，形成以品种"身份证"数据为核心的种子市场监管体系。加快农机及农业装备与互联网的融合，发展智能作业装备，提高农业生产设施装备精准化、数字化、智能化水平。（2）对于提高粮食生产智能化，应围绕集约、高效、安全、持续的现代农业发展需求，重点开展智能农机装备与高效设施、农业智能生产和农业智慧经营等技术和产品研发，实现传统精耕细作、现代信息技术与物质装备技术深度融合。围绕构建新型农业生产经营体系，发挥新型农业生产经营主体作用，利用云计算、大数据、物联网、移动应用、智能控制技术为核心的现代信息技术，搭建连接省、市、县、乡、村五级农业信息服务体系，汇聚农技推广、远程培训、社会服务三大功能，完善农技推广信息服务云平台，提高农技服务相关手机应用程序的应用范围，提高农民知识素养能力、社会参与能力和自我发展能力。

智慧农业是将现代信息技术与农业生产相结合，从而实现无人化、自动化、智能化管理，以提高农业生产效益、降低生产成本、减少资源浪费为目标的一种农业发展模式。在推进智慧农业发展方面，可以采取以下措施：（1）建设农业物联网，通过传感器、无线通信等技术手段，实现对农田、农作物、设备等要素的实时监测和数据采集。（2）引进智能化的农机设备，如无人驾驶拖拉机、无人机等，提高农机作业的精度和效率。这些智能农机可以根据作业需求和环境条件，自动调整作业参数，减少农药和化肥的使用量，提高作业质量。（3）发展农业大数据应用，用大数据技术，对农业生产过程中的各种数据进行收集、分析和挖掘，为农民提供精准的决策支持。（4）推进农产品追溯体系建设，通过使用电子标签、二维码等技术手段，记录农产品的生产、流通、加工等环节的信息，为消费者提供安全可靠的农产品。

【适用指南】

在适用本条时，需要注意与《中华人民共和国农业技术推广法》《农业部关于进一步加强农业信息化建设的意见》[①] 等相关规范的衔接。其中，《中华人民共和国农业技术推广法》规定了农业技术推广的基本原则、组织管理机构、保障措施等内容，对于加强农业技术推广体系建设具有指导性作用。《农业部关于进一步加强农业信息化建设的意见》是针对农业信息化建设专门制定的文件，对于推进农业信息化、提高粮食生产信息化和智能化水平具有重要指导意义。

【关联规范】

《中华人民共和国农业技术推广法》第一条至第三十九条；《中华人民共和国乡村振兴促进法》第十六条、第十七条、第十八条；《中华人民共和国农产品质量安全法》第二十五条；《中华人民共和国黑土地保护法》第十一条；《中华人民共和国农业机械化促进法》第十六条。

[①]《农业部关于进一步加强农业信息化建设的意见》，载农业农村部网站，http://www.moa.gov.cn/nybgb/2006/dsyq/201806/t20180616_6152368.htm，最后访问时间：2024年1月30日。

> **第二十四条　【加强粮食生产防灾减灾救灾能力建设】**
>
> 国家加强粮食生产防灾减灾救灾能力建设。县级以上人民政府应当建立健全农业自然灾害和生物灾害监测预警体系、防灾减灾救灾工作机制，加强干旱、洪涝、低温、高温、风雹、台风等灾害防御防控技术研究应用和安全生产管理，落实灾害防治属地责任，加强粮食作物病虫害防治和植物检疫工作。
>
> 国家鼓励和支持开展粮食作物病虫害绿色防控和统防统治。粮食生产者应当做好粮食作物病虫害防治工作，并对各级人民政府及有关部门组织开展的病虫害防治工作予以配合。

【条文主旨】

本条是关于加强粮食生产防灾减灾救灾能力建设的规定。

【条文释义】

本条是关于加强粮食生产防灾减灾救灾能力建设的规定，共分为两款，第一款针对加强粮食生产防灾减灾救灾能力建设，规定了县级以上人民政府的职责；第二款针对粮食作物病虫害防治工作，强调了粮食生产者的义务。具体来讲，关于本条规定的理解，应当把握以下内容。

一、加强粮食生产防灾减灾救灾能力建设

根据本条第一款的规定，县级以上人民政府应当加强粮食生产防灾减灾救灾能力建设。其中的具体原因和措施，分析如下。

我国地处东亚典型季风气候区，虽有雨热同季、生产潜力高的优势，但也存在气候变率大、灾害性天气频发的问题。特定气候类型和复杂地理条件，决定自然灾害多发频发重发是我国农业生产面对的常态问题，只是灾害发生的种类、区域、危害作物和致灾强度等有所差别。[1] 农业防灾减灾救灾是我国农业生产的重要组成部分，是农业稳产高产的重要保障。我国农业防灾减灾体系经过多年建设，已取得一些突出成就，但与经济社会发展要求和农民群众期待相比还存在差距，体现在以下几方面。

一是农业灾害应急能力不强。灾害预警由"监测—评估—警报—响

---

[1]《提高农业防灾减灾救灾能力》，载《经济日报》2022年9月26日。

应"等环节组成，涉及农业、水利、气象、应急管理等部门信息汇总和协调等工作，灾前预警机制不健全不完善，难以及时响应。灾中物资储备和人员力量不足，由于基层农业应急救灾物资没有统一储备标准，很多储备物资难以应对规模大、影响范围广、持续时间长的灾害。同时，基层存在人员不足问题，尤其是一些农村以妇女、儿童和老人为主。二是灾害防御防控技术研究和应用不足。例如，在洪涝、台风等极端天气事件中，预警系统的准确性和及时性仍然存在一定的不足；灾害防御防控技术研究与应用之间存在较大的滞后性，尽管有一些新技术和解决方案被提出，但由于缺乏有效的技术转化机制、资金投入不足，实际的应用推广相对缓慢；在安全生产管理方面，一些农业生产单位的管理水平和应急处置能力有待提高。三是灾害防治属地责任执行不到位。一些地方政府和相关部门对于灾害防治工作的责任意识不够强烈，工作推进不够主动和有力。四是病虫害防治和植物检疫工作不到位。例如，一些地区病虫害的监测和防治措施不及时，导致病虫害扩散和影响农作物产量；植物检疫措施执行不够严格，导致有害生物的传入和扩散。

为此，本条规定县级以上人民政府应当采取如下措施。

一是建立健全农业自然灾害和生物灾害监测预警体系、防灾减灾救灾工作机制，提高灾害应急能力，提高防救质量。在农业灾害应急管理体系统一指挥下，建立预警信息共享平台，整合各部门信息，及时快速对各类灾害事故生成、演进情况进行迭代分析，重点保障灾害事故多发易发区域的监测预警，依靠现代媒体宣传普及，不断提升农业灾害预警信息在全社会的可接收和可接受程度。加强应急救灾储备物资的管理和信息共享工作，提高物资使用率。在救灾过程中尤其要强化救灾工作的统一有效应对，避免"打乱仗"。

二是加强干旱、洪涝、低温、高温、风雹、台风等灾害防御防控技术研究应用和安全生产管理。一方面，加大对灾害防御防控技术研究的投入，积极推动科技创新，开发新型防灾减灾技术和装备，包括防洪工程、抗旱技术、防风险技术等。另一方面，还应加强对基础设施的建设和维护，提高其抗灾能力和可靠性。特别是在易受灾的地区，加强洪涝、旱灾等防治工程的建设，提高其抗灾能力。此外，加强国际合作交流，推广先进的灾害防御防控技术和管理经验。在应对跨境灾害方面，加强与邻国的合作，共同应对灾害威胁。

三是落实灾害防治属地责任。建立健全灾害防治责任体系，明确各级人民政府、部门和单位在灾害防治工作中的职责，加强这些主体之间的沟通协作。同时，加强对灾害防治工作的组织领导，设立专门的机构或部门负责统筹协调灾害防治工作。此外，加强对灾害防治工作人员的培训和能力建设，提高其在灾害防治方面的专业知识和技能水平。

四是加强粮食作物病虫害防治和植物检疫工作。一方面，建立健全病虫害监测和预警体系，加强对粮食作物病虫害的监测和预警工作。及时发现病虫害的发生和蔓延趋势，采取相应的防治措施，防止病虫害造成严重损失。另一方面，加强对进出口种子、苗木和农产品的植物检疫工作，严格落实检疫标准和措施，防止有害生物的传入和蔓延。加强与相关国际组织和国家的合作，共同开展植物检疫合作，减少病虫害的跨境传播。

二、开展粮食作物病虫害防治工作

本条第二款规定国家鼓励和支持开展粮食作物病虫害绿色防控和统防统治。粮食作物病虫害绿色防控和统防统治是指在粮食作物生产中，采用环保、生态友好的方式来控制病虫害，以及采取综合的、系统化的方法来预防和治理病虫害的工作。其中，绿色防控强调采用对环境友好的方法来控制病虫害，如利用天敌、生物农药、植物提取物等，减少对生态环境的负面影响。统防统治则是指采取综合的、系统化的方法来防治病虫害，对病虫害进行全面的、系统化的防治，提高防治效果。

此外，第二款还规定粮食生产者应当做好粮食作物病虫害防治工作，并对各级人民政府及有关部门组织开展的病虫害防治工作予以配合。此处使用了"应当"一词，强调了粮食生产者对粮食作物病虫害防治工作的义务。粮食生产者应当采取积极有效的措施，如定期的病虫害监测、采用合适的防治措施、及时处理病虫害等工作，保障粮食作物免受病虫害的侵害。此外，粮食生产者要接受政府和专业部门的指导，遵守相关的法律法规和技术规范，及时报告病虫害的发生情况，并积极参与相关的培训和宣传活动。通过粮食生产者和政府部门的共同努力，可以实现病虫害防治工作的协调推进和资源共享，提高防治效果，减少病虫害对粮食生产的影响，保障粮食安全和农业可持续发展。

【关联规范】

《中华人民共和国乡村振兴促进法》第四十九条；《中华人民共和国农产品质量安全法》第二十三条、第二十七条；《中华人民共和国种子法》第五十三条；《中华人民共和国黑土地保护法》第十三条；《中华人民共和国生物安全法》第二十八条；《中华人民共和国土壤污染防治法》第二十九条；《中华人民共和国环境保护法》第三十三条；《中华人民共和国防洪法》第一条至第六十五条;《中华人民共和国进出境动植物检疫法》第一条至第五十条;《农药管理条例》第一条至第六十六条;《中华人民共和国抗旱条例》第一条至第六十五条;《中华人民共和国防汛条例》第一条至第四十九条;《农作物病虫害防治条例》第一条至第四十五条;《植物检疫条例》第一条至第二十四条。

> **第二十五条 【加强粮食生产功能区和重要农产品生产保护区建设】**国家加强粮食生产功能区和重要农产品生产保护区建设,鼓励农业生产者种植优质农作物。县级以上人民政府应当按照规定组织划定粮食生产功能区和重要农产品生产保护区并加强建设和管理,引导农业生产者种植目标作物。

【条文主旨】

本条是关于加强粮食生产功能区和重要农产品生产保护区建设的规定。

【条文释义】

本条规定了国家对粮食生产功能区和重要农产品生产保护区的建设和管理,明确要求县级以上人民政府有按照规定组织划定这些区域,并引导农业生产者种植目标作物的义务和职责。旨在促进农业生产的可持续发展,提高粮食和农产品的产量和质量,确保国家粮食安全和农产品供应。

一、建设粮食生产功能区和重要农产品生产保护区的意义

2017 年印发的《国务院关于建立粮食生产功能区和重要农产品生产保护区的指导意见》[①],提出要划定粮食生产功能区 9 亿亩,重要农产品生产保护区 2.38 亿亩。粮食生产功能区和重要农产品生产保护区(以下简称"两区")包括稻谷、小麦、玉米三大谷物粮食生产功能区和大豆、棉花、油菜籽、糖料蔗、天然橡胶五类重要农产品生产保护区。建立"两区"本质上是把种植粮食和重要农产品的优势区域相对固定下来,以生产粮食等

---

① 《国务院关于建立粮食生产功能区和重要农产品生产保护区的指导意见》,载中国政府网,https://www.gov.cn/zhengce/zhengceku/2017-04/10/content_ 5184613.htm,最后访问时间:2024 年 1 月 31 日。

主要农产品为功能，实施差别化、定向化扶持政策，进一步优化农业生产结构和区域布局。

第一，有助于落实藏粮于地、藏粮于技战略，确保谷物基本自给、口粮绝对安全。以关系国计民生的粮食等重要农产品为重点，以耕地保护红线、永久基本农田为基础，在水土资源环境条件较好、农业基础设施比较完善的优势产区划定并建立"两区"，是落实新时期国家粮食安全战略的迫切需要。

第二，有利于推进供给侧结构性改革，优化农业区域布局。通过建立"两区"，进一步聚焦核心品种和优势产区，将粮食等重要农产品生产用地细化落实到地块，优化区域布局和要素组合，为农业结构战略性调整和提高农产品市场竞争力提供坚实支撑。

第三，裨益于完善农业调控方式，推进农业现代化。以"两区"为平台，推动农业科技集成和推广应用，创新农业发展机制，有利于推动建立现代农业产业体系、生产体系和经营体系，引领全国现代农业建设；有利于完善农业宏观调控方式，实现国家强农惠农政策精准定位、精准施策、精准监测和精准评价，更好地调动地方政府和农民发展粮棉油糖生产积极性。

二、县级以上人民政府建设粮食生产功能区和重要农产品生产保护区的职责

根据本条的规定，县级以上人民政府应当按照规定组织划定粮食生产功能区和重要农产品生产保护区并加强建设和管理。县级以上人民政府是指中国境内的各省（自治区、直辖市）、设区的市（自治州）、县（自治县、市辖区）人民政府以及中央人民政府。此处使用了"应当"一词，这表明，按照规定组织划定粮食生产功能区和重要农产品生产保护区并加强建设和管理是县级以上人民政府的义务。

"按照规定"指的是县级以上人民政府依据相关法律法规、政策性文件的规定进行操作，如《中华人民共和国农业法》《中华人民共和国土地管理法》《全国农业可持续发展规划（2015—2030年）》[①]《"十四五"全

[①] 《全国农业可持续发展规划（2015—2030年）》，载农业农村部网站，http://www.moa.gov.cn/nybgb/2015/liu/201712/t20171219_6103855.htm，最后访问时间：2024年1月31日。

国农产品产地市场体系发展规划》。①"组织划定"指的是县级以上人民政府需要组织相关部门和专家对粮食生产功能区和重要农产品生产保护区进行科学规划和划定。具体而言，包括对区域的土地利用、气候条件、农作物适宜性等因素进行综合评估，制定合理的划定方案，并组织实施划定工作。

"两区"的建设和管理是一项系统工程，其中最主要的抓手、最核心的工作任务，可以分为"划、建、管、护"四个方面。

（一）划：科学合理划定"两区"

第一，科学确定划定标准。粮食生产功能区和大豆、棉花、油菜籽、糖料蔗生产保护区划定应同时具备以下条件：水土资源条件较好，坡度在15度以下的永久基本农田；相对集中连片，原则上平原地区连片面积不低于500亩，丘陵地区连片面积不低于50亩；农田灌排工程等农业基础设施比较完备，生态环境良好，未列入退耕还林还草、还湖还湿、耕地休耕试点等范围；具有粮食和重要农产品的种植传统，近三年播种面积基本稳定。优先选择已建成或规划建设的高标准农田进行"两区"划定。天然橡胶生产保护区划定的条件：风寒侵袭少、海拔高度低于900米的宜胶地块。

第二，自上而下分解任务。根据全国"两区"划定总规模和各省（区、市）现有永久基本农田保护面积、粮食和重要农产品种植面积等因素，将划定任务分解落实到各省（区、市）。各省（区、市）人民政府要按照划定标准和任务，综合考虑当地资源禀赋、发展潜力、产销平衡等情况，将本省（区、市）"两区"面积细化分解到县（市、区）。要将产粮大县作为粮食生产功能区划定的重点县。

第三，以县为基础精准落地。县级人民政府要根据土地利用、农业发展、城乡建设等相关规划，按照全国统一标准和分解下达的"两区"划定任务，结合农村土地承包经营权确权登记颁证和永久基本农田划定工作，明确"两区"具体地块并统一编号，标明"四至"及拐点坐标、面积以及灌排工程条件、作物类型、承包经营主体、土地流转情况等相关信息。依托国土资源遥感监测"一张图"和综合监管平台，建立电子地图和数据库，建档立卡、登记造册。

第四，审核和汇总划定成果。各省（区、市）人民政府要及时组织开展"两区"划定成果的核查验收工作，在公告公示无异议后，将有关情况

---

① 《"十四五"全国农产品产地市场体系发展规划》，载中国政府网，https://www.gov.cn/zhengce/zhengceku/2022-03/04/content_5676878.htm，最后访问时间：2024年1月31日。

报送农业农村部、国家发展改革委、自然资源部，同时抄送财政部、住房城乡建设部、水利部。农业农村部、自然资源部要指导各省（区、市）建立"两区"电子地图和数据库，形成全国"两区"布局"一张图"。农业农村部、国家发展改革委要会同有关部门汇总全国"两区"划定成果并向国务院报告。

（二）建：大力推进"两区"建设

第一，强化综合生产能力建设。依据高标准农田建设规划和土地整治规划等，按照集中连片、旱涝保收、稳产高产、生态友好的要求，积极推进"两区"范围内的高标准农田建设。加强"两区"范围内的骨干水利工程和中小型农田水利设施建设，因地制宜兴建"五小水利"工程，大力发展节水灌溉，打通农田水利"最后一公里"。加强天然橡胶生产基地建设，加快老龄残次、低产低质胶园更新改造，强化胶树抚育和管护，提高橡胶产出水平和质量。

第二，发展适度规模经营。加大"两区"范围内的新型经营主体培育力度，优化支持方向和领域，使其成为"两区"建设的骨干力量。以"两区"为平台，重点发展多种形式的适度规模经营，健全农村经营管理体系，加强对土地经营权流转和适度规模经营的管理服务。引导和支持"两区"范围内的经营主体根据市场需要，优化生产结构，加强粮食产后服务体系建设，增加绿色优质农产品供给。

第三，提高农业社会化服务水平。适应现代农业发展的要求，着力深化"两区"范围内的基层农技推广机构改革，抓紧构建覆盖全程、综合配套、便捷高效的农业社会化服务体系，提升农技推广和服务能力。以"两区"为重点，深入开展绿色高产高效创建，加快优良品种、高产栽培技术普及应用，提升农作物生产全程机械化水平，积极推广"互联网+"、物联网、云计算、大数据等现代信息技术。

（三）管：切实强化"两区"监管

第一，依法保护"两区"。根据《中华人民共和国农业法》《中华人民共和国土地管理法》《基本农田保护条例》《农田水利条例》等法律法规要求，完善"两区"保护相关制度，将宝贵的水土资源保护起来。各省（区、市）要根据当地实际需要，积极推动制定"两区"监管方面的地方性法规或政府规章。严格"两区"范围内永久基本农田管理，确保其数量不减少、质量不降低。

第二，落实管护责任。各省（区、市）要按照"谁使用、谁受益、谁管护"的原则，将"两区"地块的农业基础设施管护责任落实到经营主体，督促和指导经营主体加强设施管护。创新农田水利工程建管模式，鼓励农民、农村集体经济组织、农民用水合作组织、新型经营主体等参与建设、管理和运营。

第三，加强动态监测和信息共享。综合运用现代信息技术，建立"两区"监测监管体系，定期对"两区"范围内农作物品种和种植面积等进行动态监测，深入分析相关情况，实行精细化管理。建立"两区"信息报送制度，及时更新"两区"电子地图和数据库。建立健全数据安全保障机制，落实责任主体，在保证信息安全的前提下，开放"两区"电子地图和数据库接口，实现信息互通、资源共享。

第四，强化监督考核。农业农村部、国家发展改革委要会同自然资源部等部门结合粮食安全省长责任制，对各省（区、市）"两区"划定、建设和管护工作进行评价考核，评价考核结果与"两区"扶持政策相挂钩。各省（区、市）要切实抓好"两区"的监督检查，将相关工作作为地方政府绩效考评的重要内容，并建立绩效考核和责任追究制度。

（四）护：加大对"两区"的政策支持

第一，增加基础设施建设投入。把"两区"作为农业固定资产投资安排的重点领域，现有的高标准农田、大中型灌区续建配套及节水改造等农业基础设施建设投资要积极向"两区"倾斜。创新"两区"建设投融资机制，吸引社会资本投入，加快建设步伐。

第二，完善财政支持政策。完善均衡性转移支付机制，健全粮食主产区利益补偿机制，逐步提高产粮大县人均财力保障水平。进一步优化财政支农结构，创新资金投入方式和运行机制，推进"两区"范围内各类涉农资金整合和统筹使用。率先在"两区"范围内建立以绿色生态为导向的农业补贴制度。

第三，创新金融支持政策。鼓励金融机构完善信贷管理机制，创新金融支农产品和服务，拓宽抵质押物范围，在符合条件的"两区"范围内探索开展粮食生产规模经营主体营销贷款试点，加大信贷支持。完善政府、银行、保险公司、担保机构联动机制，深化小额贷款保证保险试点，优先在"两区"范围内探索农产品价格和收入保险试点。推动"两区"农业保险全覆盖，健全大灾风险分散机制。

三、县级以上人民政府引导农业生产者种植目标作物

根据本条的规定，县级以上人民政府还应当引导农业生产者种植目标作物。目标作物是指在特定地区或特定环境条件下，经过科学选择和培育的具有较高经济价值、市场需求和适应性的农作物。种植目标作物对于提

高农产品附加值、改善农民收入、促进农业的可持续发展和保障粮食安全具有重要意义。目标作物包括高产作物、优质粮食作物、特色农产品、绿色有机农产品等。当然，政府应鼓励、引导农业生产者种植优质目标作物，而不能强制种植。因为这不仅涉及农业生产者的自主权，而且可能会引发一些负面的效应。

为了引导农民种植优质农产品，县级以上人民政府可以采取以下措施：（1）出台税收减免、贷款优惠、奖励资金等政策措施，鼓励农业生产者种植目标作物。（2）为农业生产者提供技术咨询、培训和示范，帮助他们掌握种植目标作物的关键技术和管理方法，提高产量和品质。（3）引导市场对目标作物的需求，如宣传推广、建立品牌、举办展销会等，增加消费者对这些农产品的认可度和购买意愿。（4）建立农产品品牌认证制度，鼓励农民种植优质农产品，并提供品牌宣传和销售渠道支持。

【关联规范】

《中华人民共和国乡村振兴促进法》第十四条。

> 第二十六条 【加强粮食生产】国家采取措施稳定粮食播种面积，合理布局粮食生产，粮食主产区、主销区、产销平衡区都应当保面积、保产量。
>
> 粮食主产区应当不断提高粮食综合生产能力，粮食主销区应当稳定和提高粮食自给率，粮食产销平衡区应当确保粮食基本自给。
>
> 国家健全粮食生产者收益保障机制，以健全市场机制为目标完善农业支持保护制度和粮食价格形成机制，促进农业增效、粮食生产者增收，保护粮食生产者的种粮积极性。
>
> 省级以上人民政府应当通过预算安排资金，支持粮食生产。

【条文主旨】

本条是关于政府以及粮食主产区、主销区、产销平衡区加强粮食生产的规定。

【条文释义】

本条规定了政府以及粮食主产区、主销区、产销平衡区在加强粮食生产方面应当采取的一系列措施。具体来讲，第一款和第二款规定了国家采取措施稳定粮食播种面积和合理布局粮食生产的要求，以及分别对粮食主产区、主销区和产销平衡区提出了不同的要求和目标；第三款规定了国家应当健全粮食生产者收益保障机制；第四款则是针对省级以上人民政府，要求他们通过预算安排资金，支持粮食生产。总之，这四款规定共同构成了国家对粮食生产的全面规划和支持措施，旨在提高粮食生产者的收入水平，促进粮食生产的健康发展。具体来讲，关于本条规定的理解，应当把握以下几个方面：

一、粮食主产区、主销区、产销平衡区加强粮食生产

本条第一款规定国家应采取一系列措施来稳定粮食的播种面积，以确保粮食生产的稳定性和可持续性。这里的"措施"包括政策引导、补贴措施、市场调节等多种手段。合理布局粮食生产，意味着国家应进行合理的粮食生产布局，以确保不同地区的粮食生产能够充分发挥其优势，提高粮食生产效率和质量。

此外，第一款对粮食主产区、主销区、产销平衡区提出了"应当保面积、保产量"的总体要求，第二款则对粮食主产区、主销区和产销平衡区提出了不同的要求和目标。

目前中国共有 13 个粮食主产区、7 个主销区和 11 个产销平衡区。其中，粮食主产区的地理、土壤、气候等自然条件适宜种植粮食作物，粮食产量高、种植比例大，保证自给的同时还能大量调出商品粮，包括黑龙江、吉林、辽宁、内蒙古、河北、河南、山东、江苏、安徽、江西、湖北、湖南和四川。主销区经济相对发达，但人多地少，粮食产量和需求缺口较大，包括北京、天津、上海、浙江、福建、广东和海南。产销平衡区对全国粮食产量贡献有限，但基本能保持自给自足，包括山西、宁夏、青海、甘肃、西藏、云南、贵州、重庆、广西、陕西和新疆。[①]

尽管当下我国粮食安全形势整体趋于稳定，然而囿于国际环境、国内改革现状等诸多因素的影响，我国粮食安全仍面临重重新问题新风险，对粮食生产提出了"保量、提质、增效"的新挑战。聚焦于国内粮食生产领域，以"三大功能区"为代表的主体突出面临供需两个维度的粮食安全困境。

---

① 刘慧：《粮食生产区划分有待完善》，载《经济日报》2023 年 8 月 3 日。

（一）粮食主产区生产责任过重衍生粮食调入风险

粮食主产区作为全国粮食生产的核心区和国家粮食安全的重要保障区，承担了我国绝大部分的粮食生产责任。而当下粮食主产区产能透支较为明显，部分省份耕地生态安全整体水平偏低；[1] 农业水资源总量不足、分布不均、水生态环境恶化问题较严重。同时，农业生产成本刚性增加，粮食主产区存在"财粮倒挂"现象，产粮积极性受到制约。进言之，粮食主产区的粮食产能保障困境亦将直接滞碍其对于粮食主销区及部分产销平衡区的粮食供给。粮食主产区有限的粮食外调省域可能会衍生粮食主销区及相应产销平衡区的粮食调入风险。

（二）粮食主销区与产销平衡区供需不平衡缺口扩张

聚焦于粮食主销区与产销平衡区粮食安全保障现状，尽管现阶段粮食安全形势整体向好，但仍存在较为突出的供需结构性矛盾，产需不平衡缺口呈现扩张趋势。具言之：（1）如前所述，粮食主销区与产销平衡区多依赖主产区的粮食供给，粮食生产积极性相对较低，粮食产粮明显偏低。随着工业化、城镇化进程的加快，粮食主销区与产销平衡区农地转用率不断增加，耕地"非农化"乱象频现。兼及粮食市场价格偏低，种粮比较收益仍相对较低，其种植结构多向经济作物倾斜，耕地"非粮化"倾向凸显。数据表明，2016年至2020年，北京、上海粮食产量分别由52.76万吨、111.78万吨下降到30.5万吨、91.44万吨。[2]（2）受制于粮食流通环节具体运输能力的影响，粮食主产区大规模粮食供给的时效性难以保障。在非常态情形下，粮食需求地的分散性叠加分销系统的复杂性，粮食运输周期进一步拉长，极易引发粮食风险。（3）从粮食储备维度观之，粮食主销区与产销平衡区粮食储备相对薄弱。一方面，粮食主销区粮食社会储备明显不足，囿于比较收益等因素，粮食产销平衡区商品粮储备数量亦普遍偏少。另一方面，考虑到库存成本以及仓储设施等多重因素，粮食主销区与产销平衡区政府储备量亦相对较少。[3]（4）粮食主销区与产销平衡区相对较高的经济社会发展水平，亦导致其过快的人口流入，粮食需求呈持续刚性增长趋势。（5）在"大食物观"引领消费升级背景下，人们对于更为多元化、高质量的食物需求日益强烈，粮食供求结构性差异较为明显。

---

[1] 范树平等：《粮食主产区耕地生态安全障碍诊断及调控策略》，载《水土保持研究》2023年第1期。

[2] 国家统计局：《中国统计年鉴2020》，中国统计出版社2020年版，第387页。

[3] 黄晨舒：《主销区粮食安全风险应对和综合保障能力提升的思考》，载《农村工作通讯》2022年第7期。

由此可见，粮食主销区与产销平衡区对于粮食主产区的过度倚赖已难以适应新形势下国家粮食安全保障的新要求。对此，亟待由粮食主产区生产责任的过重负担，转向粮食主产区、主销区与产销平衡区"三大功能区"粮食生产责任有效共担。2004年《国务院关于进一步深化粮食流通体制改革的意见》[1]即指出，"主销区要保证粮食播种面积，保证必要的粮食自给率；产销平衡地区要继续稳定粮食产需平衡的局面"。2022年中央一号文件再次强调，"主产区、主销区、产销平衡区都要保面积、保产量"[2]。对此，粮食主产区应当不断提高粮食综合生产能力，粮食主销区应当稳定和提高粮食自给率，粮食产销平衡区应当确保粮食基本自给。具体而言：（1）粮食主产区应当不断提高粮食综合生产能力，这意味着粮食主产区需要持续改进和提高其粮食生产的综合能力，包括提高农业生产效率、优化农业生产结构、推广先进的农业技术和管理方法等，以增加粮食产量，满足国家和地区的粮食需求。（2）粮食主销区应当稳定和提高粮食自给率，这表明粮食主销区应通过加强对农业的投入、优化种植结构等方式提高本地区的粮食产量和提高粮食储备水平，减少对外部粮食供应的依赖，提高本地区的粮食供应能力。（3）粮食产销平衡区应当确保粮食基本自给，这要求粮食产销平衡区需要具有一定的自给能力，以维持当地的粮食供应和需求平衡，确保当地居民的粮食供应。

二、国家健全粮食生产者收益保障机制

本条第三款规定国家应健全粮食生产者收益保障机制，包括完善农业支持保护制度和粮食价格形成机制，目的在于促进农业增效、粮食生产者增收，保护粮食生产者的种粮积极性。

目前，在粮食安全形势面临的诸多问题挑战中，粮食生产者的收益少、动力不足、积极性不高，是基本的问题之一。农民是农业的主体，是粮食生产的重要力量。农民愿不愿意种粮、愿意种多少粮，关键是看种粮能给农民带来多少收益。党的二十大报告提出要"健全种粮农民收益保障

---

[1] 《国务院关于进一步深化粮食流通体制改革的意见》，载中国政府网，https://www.gov.cn/zhengce/zhengceku/2008-03/28/content_3641.htm，最后访问时间：2024年1月31日。

[2] 《中共中央 国务院关于做好2022年全面推进乡村振兴重点工作的意见》，载中国政府网，https://www.gov.cn/zhengce/2022-02/22/content_5675035.htm，最后访问时间：2024年1月31日。

机制"。① 党的十八大以来，在一系列强农惠农富农政策的支持下，我国粮食产能稳步提升。但粮食生产成本的刚性增长也压缩了种粮农民的利润空间。稳定发展粮食生产，一定要让粮食生产者觉得种粮有利可图。这既要发挥市场机制作用，也要加强政府支持保护，充分发挥"看得见的手"和"看不见的手"的双重作用。

健全粮食生产者收益保障机制，应完善农业支持保护制度和粮食价格形成机制，稳定农民预期、降低生产成本。具体而言：（1）完善农业支持保护制度，意味着对农业领域的支持和保护制度进一步优化。其一，通过制定和完善各种形式的农业补贴政策，包括直接补贴、生产补贴、价格补贴等，以帮助农民应对市场波动和粮食生产成本上升，保障农业生产的稳定性和可持续性。其二，建立健全农业保险制度，为农业生产者提供保险服务，帮助他们应对自然灾害、疾病、价格波动等风险。其三，完善农业投入品供给保障制度，通过政府采购、储备和供应等方式，保障粮食生产所需的种子、肥料、农药等投入品的供给。（2）完善粮食价格形成机制，旨在通过市场机制和政府的调节，使粮食价格能够在市场供求关系的基础上形成，保障农民的利益。其一，建立健全市场监测和信息发布体系，及时了解粮食市场供需状况，避免市场出现供过于求或供不应求的情况。其二，鼓励和支持多元主体参与粮食市场交易，推动市场竞争，促进价格合理形成。同时，打击垄断和不正当竞争行为，维护粮食市场的秩序和公平竞争环境。其三，加强粮食市场监管，提高信息公开透明度。及时发布粮食市场价格、库存和进出口情况等相关数据，供市场参与者和决策者参考，裨益于价格形成的公正性和有效性。

三、省级以上人民政府应当通过预算安排资金以支持粮食生产

本条第四款针对省级以上人民政府，要求他们通过预算安排资金，支持粮食生产。省级以上人民政府，包括省、自治区、直辖市人民政府和中央人民政府。此处使用了"应当"一词，属于省级以上人民政府的义务性规定。预算安排是政府根据实际情况制定的财政计划，用于安排和调配各项支出，包括农业领域的资金投入。省级以上人民政府应当通过预算编制的方式，将资金专门用于粮食生产方面的支持。这包括但不限于提供农业生产补贴、技术培训、种子、化肥和农药的补贴、农业保险等形式的支持。第四款的制定目的是，为粮食生产者提供有利的生产条件和经济补

---

① 《习近平：高举中国特色社会主义伟大旗帜为全面建设社会主义现代化国家而团结奋斗——在中国共产党第二十次全国代表大会上的报告》，载中国政府网，https：//www.gov.cn/gongbao/content/2022/content_ 5722378.htm，最后访问时间：2024 年 1 月 31 日。

贴，激励他们更加积极地从事粮食生产。

【适用指南】

为促进粮食主产区、主销区与产销平衡区"三大功能区"粮食生产责任有效共担，亟待完备从中央到地方的多元政策激励体系。要言之，在中央层面，应着眼于"三大功能区"粮食生产的现实困境予以针对性制度供给；在地方层面，则应进一步聚焦于粮食生产主体的实践诉求，有效协同小农户与规模性生产经营主体，并综合采取多元激励措施。

针对粮食主销区与产销平衡区粮食生产的客观要素限制，国家层面可以采取以下举措：（1）重点扶持推进粮食主销区与产销平衡区的耕地建设，通过加大财政转移支付力度支持其开展土地综合整治，破解土地碎片化困境。（2）完善农业用水管理体制，对于农田灌溉用水等较为短缺的区域予以倾斜性水权分配，并支持其加强水资源的合理开发与利用。为避免水资源的不当耗费，可配套相应的节水用水监管措施，引导水资源的规范有序利用。（3）加强农业基础设施建设及农技发展的支持力度。通过采取专项补贴、转移支付等措施，重点扶持农业基础设施建设较为落后的省份，完善其粮食生产的必需设施，并支持其推进粮食生产相关机械设备、种植技术等的现代化转型。（4）制定专门的粮食生产激励办法，将激励措施制度化、规范化。例如，2022年广西壮族自治区农业农村厅、广西壮族自治区发展改革委、广西壮族自治区财政厅联合印发《广西壮族自治区粮食生产激励办法（试行）》[1]，构建了较为规范的粮食生产激励机制并配套科学合理的评价标准。

针对粮食主销区与产销平衡区农业生产经营者生产积极性的有效提升，除由中央发放统一的种粮补贴外，各地方也应逐步完善其政策激励机制。（1）为保障水资源缺乏地区的农业用水，省级政府可主导完善农业水费补贴激励机制，由县级以上政府按照相应比例对农业用水费用予以补贴，由此减轻农民的农业用水成本负担。（2）对于丘陵山区较为密集的地区，可以由省级政府重点统筹，由县域政府具体落实，加快对于开发并推广适宜耕作的农业生产机械与设备，并同时加强农田整治与农业基础设施建设，推进粮食生产的高效化。（3）为协同提升小农户与规模性农业生产

---

[1] 《广西壮族自治区粮食生产激励办法（试行）》，载广西壮族自治区农业农村厅网站，http://nynct.gxzf.gov.cn/xxgk/jcxxgk/wjzl/gntf/t11241931.shtml，最后访问时间：2024年1月31日。

经营主体的生产积极性，各地方在倾斜性扶持规模性农业生产经营主体的同时，亦应着力推进小农户与现代农业的有机衔接。对此，建议可由县域政府推动构建规模性农业生产经营主体联农带农促农机制，引导规模性农业生产经营主体与小农户的有机联结。（4）如前所述，各粮食主销区与产销平衡区可参照广西壮族自治区的实践经验，配套制定地方性粮食生产激励办法，以增强具体激励政策的规范效力。

【关联规范】

《中华人民共和国农业法》第三十一条、第三十二条；《中华人民共和国黑土地保护法》第二十四条；《粮食流通管理条例》第四条、第二十九条、第三十一条。

第二十七条 【扶持和培育粮食生产者】国家扶持和培育家庭农场、农民专业合作社等新型农业经营主体从事粮食生产，鼓励其与农户建立利益联结机制，提高粮食生产能力和现代化水平。

国家支持面向粮食生产者的产前、产中、产后社会化服务，提高社会化服务水平，鼓励和引导粮食适度规模经营，支持粮食生产集约化。

【条文主旨】

本条是关于国家对于新型农业经营主体和其他粮食生产者从事粮食生产活动的扶持和培育的规定。

【条文释义】

本条规定了国家对粮食生产者进行粮食生产活动进行扶持和培育的具体措施，目的在于提高粮食生产能力，推动粮食生产的现代化、集约化发展。具体而言，本条共分为两款，其中第一款针对的是粮食生产者中的新型农业经营主体的扶持和培育，第二款则从最宽泛意义上的粮食生产者的角度进行规定。党的二十大报告明确强调，应"发展新型农业经营主体和社会化服务，发展农业适度规模经营"。① 具体来讲，关于本条规定的理解，应当把握以下几个方面：

一、国家扶持和培育新型农业经营主体从事粮食生产

本条第一款规定国家应当扶持和培育新型农业经营主体从事粮食生产。该规定强调了国家在粮食生产中的积极作用，即不仅要扶持，还要参与到新型农业经营主体的培育过程中，旨在促进新型农业经营主体的成长和发展。新型农业经营主体是随着农村改革的深入发展和现代农业的迅速进步而产生的一种新的经济引擎和组织形态，② 主要包括专业大户、家庭农场、农民专业合作社、农业社会化服务组织四种类型。这类主体主要通过专业化生产、集约化经营、市场化运作和社会化服务来实现农业生产和经营活动的高效运行，对保障国家粮食安全和重要农产品供给起重要依托作用。

尽管新型农业经营主体在从事粮食生产方面有很多优势，但也会面临一些困难和挑战，可能会影响他们的生产积极性。具体而言：（1）新型农业经营主体通常需要较大规模的投资，包括土地购置或租赁、设施建设、农机设备等。然而，在直接融资中，可能会面临融资利率的畸高困境；在间接融资中，信用贷款、抵押贷款和担保贷款方式均在一定程度上会受到新型农业生产经营主体弱质性的掣肘。（2）许多新型农业经营主体缺乏先进的农业技术和管理经验，对于粮食生产中的科学种植、病虫害防治、灌溉节水等方面可能存在一定的不足。（3）粮食市场价格波动较大，市场需求不够稳定，新型农业经营主体可能面临市场风险和价格风险。

为保障粮食生产安全，提高新型农业经营主体粮食生产积极性，对其面临的困境应予以纾解，需要进一步加大扶持和培育力度。③ 具体而言：（1）国家应加大对家庭农场、农民专业合作社等新型农业经营主体的财政资金支持力度，通过财政补贴、扶持基金等方式，为其购置设备、改善生产条件提供资金保障；优化农村信用环境，推进农村信用体系建设，以提振金融机构贷款信心，提升借贷双方融资积极性；完备农业政策性金融保障体系，拓宽新型农业生产经营主体融资渠道，以平衡金融支持的供需矛

---

① 《习近平：高举中国特色社会主义伟大旗帜 为全面建设社会主义现代化国家而团结奋斗——在中国共产党第二十次全国代表大会上的报告》，载中国政府网，https://www.gov.cn/gongbao/content/2022/content_5722378.htm，最后访问时间：2024年1月31日。

② 洪霓、于冷：《新型农业经营主体参与乡村治理：发生机制、历史逻辑与提升路径》，载《农业经济问题》2023年第12期。

③ 倪坤晓、何安华：《中国粮食供需形势分析》，载《世界农业》2021年第2期。

盾。(2) 国家应加强对新型农业经营主体的技术指导和培训，组织专业人员对其进行技术培训和管理指导，包括科学种植技术、病虫害防治、水肥一体化等方面的知识；设立技术示范基地，选取一些典型的新型农业经营主体进行示范种植，展示先进的农业技术和管理经验；鼓励新型农业经营主体与科研机构、高校、农业企业等建立合作关系，共同开展技术研发和推广应用；建立新型农业经营主体之间的信息交流平台，促进他们之间的经验分享和合作。(3) 针对市场风险和价格风险，国家可以为新型农业经营主体提供市场风险补偿，针对粮食价格波动大、市场需求不稳定等情况，给予一定的财政补贴或者价格保障，帮助他们度过市场风险期；鼓励新型农业经营主体成立合作联盟，集中优势资源，共享市场信息，共同拓展销售渠道和市场份额；加强对新型农业经营主体的市场引导和扶持，鼓励其开拓市场、扩大销售渠道，提高产品附加值和市场竞争力。

二、国家鼓励新型农业经营主体与农户建立利益联结机制

除了上述国家可以采取的扶持和培育措施，本条第一款还规定了国家应鼓励新型农业经营主体与农户建立利益联结机制，来提高粮食生产能力和现代化水平。

为提高新型农业经营主体的核心竞争力并适应市场变化，同时帮助农户克服其固有的弱质性以提高粮食生产的规模和效率，政府长期以来逐步探索引导和支持新型农业经营主体与小农户的利益联结机制，着力促进产业链条的协同发展。在中央层面，中共中央、国务院印发的《乡村振兴战略规划（2018—2022年）》[1]中提出，不仅要"壮大新型农业生产经营主体"，而且要"促进小农户生产和现代农业发展有机衔接"。2019年中共中央办公厅、国务院办公厅印发了《关于促进小农户和现代农业发展有机衔接的意见》[2]，要求"健全面向小农户的社会化服务体系"，加快促进小农户与现代农业有机衔接。2021年国务院向全国人大常委会提交了《国务院关于加快构建新型农业经营体系推动小农户和现代农业发展有机衔接情

---

[1] 《乡村振兴战略规划（2018—2022年）》，载中国政府网，https：//www.gov.cn/zhengce/2018-09/26/content_5325534.htm？eqid=bf2767bb00108bc20000000364699554，最后访问时间：2024年1月31日。

[2] 《关于促进小农户和现代农业发展有机衔接的意见》，载农业农村部网站，http：//www.moa.gov.cn/hd/zbft_news/xnhxdnyfz/xgxw/201903/t20190301_6173008.htm，最后访问时间：2024年1月31日。

况的报告》①，再次强调"加快构建新型农业经营体系，推动小农户和现代农业发展有机衔接，是深化农村改革的重要任务，是全面实施乡村振兴战略、加快农业农村现代化的必然要求"。由此可见，应通过发挥新型农业经营主体的引领作用，带动农户发展现代农业，促进农户与现代农业发展有机衔接，并逐步构建新型农业经营主体与农户的长效性利益联结机制。虽然我国已针对新型农业经营主体与农户的长效性利益联结机制进行了立法工作，但现阶段该机制仍然存在一些现实问题亟待解决。为此，建议从以下几个方面着手：

第一，规范合同治理以明晰主体利益边界。基于农户与新型农业经营主体在合同履行过程中地位不平等的现状，有学者提出应当在合同收益的分配上更加灵活，创新"兜底收购+多劳多得"的分配机制。② 然而，此种收益分配机制仅可在一定程度上纾解主体利益分配不公的困境，难以有效扭转合同相对方经济地位不平等的客观局面。在创新合同收益分配机制之外再寻求平衡农户与新型农业经营主体地位的具体制度，规范订单合同、社会化服务供给合同等显然是一种成本低、效益高的制度选择。从规范小农户与规模性农业生产经营主体合同目的来看，平衡二者利益的最终目的是要形成稳定的利益共享、风险共担的利益联结机制。对此，可由政府主导制定格式合同，为主体间利益联结合同等提供具有较高参考性的模板，以划清农户与新型农业经营主体之间的利益边界，增强利益联结机制的稳定性。除合同基础条款外，还可以增加设计行之有效的合同失信违约机制。

第二，强化利益联结机制运行的全链条监督。一方面，在传统利益联结模式中，由于新型农业经营主体与农户的经济地位不平等，农户处于突出的劣势地位，难以分享到农业生产及农产品加工和流通环节的实际红利。③ 对此，应当从加强市场监管出发，规制新型农业经营主体利用其规模优势攫取不当利益的行为。通过政府的积极干预，可以强化对于利益联结机制运行过程的监督，确保农户公平地获得生产相关信息，且在分配过

---

① 《国务院关于加快构建新型农业经营体系推动小农户和现代农业发展有机衔接情况的报告——2021年12月21日在第十三届全国人民代表大会常务委员会第三十二次会议上》，载中国人大网，http://www.npc.gov.cn/npc/c2/c30834/202112/t20211221_315449.html，最后访问时间：2024年1月31日。

② 邱爱军、王雪娇：《新型农业经营主体与小农户合作及利益联结机制研究——以国家城乡融合发展试验区济青局部片区为例》，载《中国物价》2023年第1期。

③ 杜洪燕、陈俊红、李芸：《推动小农户与现代农业有机衔接的农业生产托管组织方式和利益联结机制》，载《农村经济》2021年第1期。

程中的利益不被侵犯，促使农户与新型农业经营主体的利益联结机制长效稳定运行。另一方面，针对新型利益联结模式，如"农民专业合作社+小农户"的股份合作模式中，小农户在利益分配上可能缺少参与的机会，难以形成主人翁意识；同时难以分享到合作社的合作利益，掌握现代农业的管理经验和技术。[1] 对此，可以引入行业协会这一中介组织，发挥其上通下联作用，强化利益联结机制的全链条监督。行业协会参与后，可以通过制定行业自治规定，为新型农业经营主体提供行为准则，更好地维护小农户在合作社中的主体地位。此外，行业协会的自治具有异化风险，因此，还应当建立"政府+行业协会"的监督机制，确保行业协会在监督农业主体粮食生产、运输、经营的同时也应当受到政府的全面监督。

第三，完善长效性利益联结的双向制度激励机制。若要建立紧密稳定的长效性利益联结机制，最大限度促进粮食生产主体的生产积极性，仅凭借监督、惩罚等"硬手段"实则难以实现。为此，一方面，可以通过税收优惠等政策促进股份合作形式的利益联结机制，给农户参股入股达到一定比例的新型农业经营主体以税收优惠，以此来鼓励农户积极流转土地，以土地承包经营权等权利入股农业企业，实现农户和新型农业经营主体的股份合作型联结。这一联结形式有利于组建新的企业管理群体，促进利益共同体的形成。[2] 另一方面，在宏观层面上可以采取全过程激励模式的激励机制，激励新型农业经营主体发挥联农带农助农作用。具体可以通过以下几种途径进行激励：其一是鼓励由新型农业经营主体为小农户提供就业岗位，增加小农户的工资性收入；其二是由农村信用担保机构为贫困农户提供信用担保，帮助农户获得生产资金。[3] 农业龙头企业可以为被扶持的农户直接提供资金，或给他们提供信用担保，帮助他们获得农村信用社或银行信贷，解决他们缺乏资金的困境。

三、国家支持面向粮食生产者的产前、产中、产后社会化服务

本条第二款规定了国家应支持面向粮食生产者的产前、产中、产后社会化服务，旨在提高社会化服务水平。粮食生产者是保障粮食安全的关键主体，是建设现代农业经营体系的根基。农业社会化服务强调诸如耕种、

---

[1] 王颜齐、孙瑞遥、班立国：《新型农业经营主体带动小农户与现代农业衔接路径、问题及对策》，载《农业经济》2022年第1期。

[2] 王乐君、寇广增、王斯烈：《构建新型农业经营主体与小农户利益联结机制》，载《中国农业大学学报（社会科学版）》2019年第2期。

[3] 李雪松、甄广雯：《精准扶贫背景下新型农业经营主体与农户的利益联结——以云南省L县为例》，载《现代商业》2020年第17期。

施肥、打药、收割、灭茬、销售等不同环节的专业化服务，可为粮食生产者提供单环节、多环节、全程生产托管等多元化的选择。农业社会化服务组织通过统一购买农业生产资料、实施大规模的农业机械化操作，可以有效降低生产成本，进一步激发粮食生产者的种地积极性，从而不断提高粮食产量。

第一，就产前社会化服务而言，应鼓励建立农业技术推广系统，为粮食生产者提供种子、化肥、农药等农用物资的科学使用指导，提供农业技术咨询和培训服务，帮助粮食生产者制定科学的种植计划和管理方案。第二，就产中社会化服务而言，应支持建设农业社会化服务组织，为粮食生产者提供农业机械、农产品销售、农业保险等服务。同时，鼓励粮食生产者参与农业社会化服务组织，共享资源，提高农业生产的规模化、集约化水平。第三，就产后社会化服务而言，应鼓励建立农产品加工、包装、储运等服务机构，提供农产品的初加工、包装、质量检验等服务，提高农产品的附加值和市场竞争力。同时，支持粮食生产者参与农业产业化龙头企业，推动农产品产业链的延伸和优化。

四、国家鼓励和引导粮食适度规模经营，支持粮食生产集约化

本条第二款规定了国家应鼓励和引导粮食生产者进行粮食适度规模经营，目的在于支持粮食生产集约化。粮食适度规模经营是指在农业生产中，通过合理调整和优化农业生产经营规模，通过适度的规模经营来实现较高的生产效率和经济效益的一种经营方式。国家可以采取多种措施来鼓励和引导粮食适度规模经营，例如，加大财政支持和金融支持、加强科技推广和人才培养、优化土地政策、完善粮食市场体系等。

支持粮食生产者进行粮食适度规模经营是实现粮食生产集约化的重要途径。具体表现在以下几个方面：（1）适度规模经营有助于充分利用农业现代化技术和管理手段，包括精准施肥、科学灌溉、病虫害防治等，提高单位面积的产量和农作物的质量。（2）适度规模经营有利于降低粮食生产和经营的风险。粮食生产者在较大规模下能够更好地分散和应对自然灾害、市场波动等风险。（3）适度规模经营注重生态环境保护和资源可持续利用。通过科学耕作、农药农肥的合理使用、防治土地退化等措施，可以减少对环境的负面影响，实现粮食生产与环境保护的良性循环。（4）适度规模经营可以促进农业产业链的发展，实现农业生产、加工、销售等环节的协调和合作，提高产品附加值。

【关联规范】

《中华人民共和国乡村振兴促进法》第十二条、第十七条、第十八条、

第二十一条;《中华人民共和国黑土地保护法》第十一条、第二十五条;《中华人民共和国农产品质量安全法》第二十六条、第二十七条;《中华人民共和国农业机械化促进法》第二十二条;《农药管理条例》第三十一条。

> **第二十八条 【提升粮食主产区和产粮大县粮食生产积极性】** 国家健全粮食主产区利益补偿机制,完善对粮食主产区和产粮大县的财政转移支付制度,调动粮食生产积极性。
>
> 省、自治区、直辖市人民政府可以根据本行政区域实际情况,建立健全对产粮大县的利益补偿机制,提高粮食安全保障相关指标在产粮大县经济社会发展综合考核中的比重。

【条文主旨】

本条是关于提升粮食主产区和产粮大县粮食生产积极性的规定。

【条文释义】

本条规定了国家和省级人民地方政府在对粮食主产区和产粮大县支持方面的责任和措施,目的在于调动粮食主产区和产粮大县的粮食生产积极性,促进粮食生产安全。具体而言,本条共分为两款,其中第一款是从国家层面规定采取的措施来支持和补偿粮食主产区和产粮大县;第二款是从地方层面规定各省、自治区、直辖市可以根据本地区的实际情况,建立和完善利益补偿机制,将粮食安全纳入综合考核体系。

一、国家健全粮食主产区利益补偿机制

本条第一款规定了国家健全粮食主产区利益补偿机制及其目标。强调国家层面在粮食安全保障领域的领导和协调作用,这是因为粮食主产区的利益问题具有跨区域性,需要国家层面进行统一规划和管理。通过国家的努力,制定统一的政策和措施来支持粮食主产区,可以确保其利益得到公平对待,进而实现调动粮食生产积极性的目标。

粮食主产区是指在全国范围内,粮食生产规模较大、品种较多、品质较好、生产技术水平较高、生产成本较低,并且能够稳定供应国家粮食安全的区域。全国共 13 个粮食主产区,分别为黑龙江、河南、山东、四川、江苏、河北、吉林、安徽、湖南、湖北、内蒙古、江西、辽宁十三个省份。根据国家统计局数据，2023 年，粮食主产区生产粮食占全国粮食总产量的 77.9%。而北京、天津、上海、浙江、福建、广东、海南 7 个主销区粮食产量仅占全国粮食总产量的 4.3%，需要大量调入粮食来满足稳定供给。[1] 粮食主产区为我国粮食安全做出了突出贡献，但同时粮食主产区的第二、三产业的发展也受到了影响。因此，完善粮食主产区利益补偿机制是实现粮食产销区域平衡亟待解决的问题。

当前粮食主产区利益补偿主体仍以中央政府为主，粮食主销区鲜少承担对粮食主产区的补偿责任，中央政府承担较大财政压力。粮食主销区是粮食生产正外部性的受益者，[2] 其往往是第二、三产业较为发达地区，应当为粮食主产区丧失的发展机会进行利益补偿并承担其应尽的利益补偿责任。为此，现阶段国家健全粮食主产区利益补偿机制的总体思路应是坚持"谁受益、谁补偿"的原则，着力推动粮食主销区政府承担粮食安全责任，将补偿资金从中央政府和粮食主销区政府转移给粮食主产区。

二、国家完善对粮食主产区和产粮大县的财政转移支付制度

本条第一款还规定了国家要通过完善对粮食主产区和产粮大县的财政转移支付制度，来调动粮食生产积极性。根据《产粮（油）大县奖励资金管理暂行办法》[3] 的规定，产粮大县的认定标准主要包括以下内容：（1）常规产粮大县入围条件包括，一是近五年平均粮食产量大于 4 亿斤，且粮食商品量大于 1000 万斤的县级行政单位；二是未达到上述标准，但在主产区粮食产量或商品量列前 15 位，非主产区列前 5 位的县级行政单位。（2）对于超级产粮大县，除了满足上述条件外，还需满足近五年平均粮食产量或商品量在全国排名前 100 名。目前我国已经建立对粮食主产区和产粮大县的财政转移支付制度，但该制度仍不十分健全，建议从以下几个方面入手：

第一，就粮食主产区、产粮大县与粮食主销区之间的横向财政转移支付制度完善而言，包括以下两个方面：首先，建议以粮食调出量为依据，即以"多调多补偿，少调少补偿，不调不补偿"的原则进行横向补偿，体现补偿的公平性与合理性。其次，可强制粮食主销区政府等缴纳特定资

---

[1] 《谁来补偿粮食主产区利益？》，载中国新闻周刊网，http://www.inewsweek.cn/society/2024-01-12/21014.shtml，最后访问时间：2024 年 1 月 31 日。

[2] 高昕：《新常态下我国粮食主产区综合利益补偿机制创新研究》，载《中州学刊》2016 年第 10 期。

[3] 《产粮（油）大县奖励资金管理暂行办法》，载财政部网站，http://www.mof.gov.cn/zhuantihuigu/cczqzyzfglbf/ybxzyzf_7774/cldxjlzj_7777/201810/t20181010_3042371.htm，最后访问时间：2024 年 1 月 31 日。

金，以此补偿粮食主产区和产粮大县在粮食生产中的福利损失。[①] 例如，粮食主销区经济发达，土地出让收益高，可由中央负责抽取特定比例的土地出让金以弥补粮食主产区和产粮大县的发展机会的损失成本。

第二，就中央政府对粮食主产区和产粮大县的纵向财政转移支付制度完善而言，包括以下三个方面：首先，制定明确的转移支付政策和标准，确定补偿资金的来源、分配方式和支付标准，确保纵向转移支付的公平性和透明度。其次，政府部门应强化补偿的全过程监督，对用于粮食主产区和产粮大县补偿的财政资金支出效果进行全面的监测和评估，提高补偿资金的使用效率和服务水平，确保用于补偿的资金能够按时按量到位，实现专款专用。最后，逐步增加财政转移支付资金的规模，确保资金的稳定性和可持续性，助益粮食主产区和产粮大县的长期发展。

三、省级人民政府对提升产粮大县粮食生产积极性的做法

本条第二款规定了省级人民政府对于提升产粮大县粮食生产积极性可以采取的措施，具体包括两个方面的内容：一是建立健全对产粮大县的利益补偿机制；二是提高粮食安全保障相关指标在产粮大县经济社会发展综合考核中的比重。值得说明的是，对于省级人民政府提升产粮大县粮食生产积极性的做法，本条规定中所用的措辞是"可以"，反映了中央政府对省级人民政府的信任和授权，赋予省级人民政府一定的灵活性和自主权，使其能够根据本地的实际情况和需求，设计和实施最适合本地区特点的利益补偿机制和考核体系。此外，"可以"一词的使用，也意味着在面对特定情况时，省级人民政府可以根据新的需求和挑战调整和优化措施。

第一，省级人民政府可以根据本地区的实际情况，建立针对产粮大县的利益补偿机制。这一机制可以采取多种形式，包括但不限于以下三个方面：(1) 通过向产粮大县提供资金补贴，帮助其解决生产成本高、市场风险大的问题，提高粮食生产的积极性和效益。(2) 给予产粮大县在税收方面一定的优惠政策，如减免土地使用税等，降低其农业生产成本。(3) 给予产粮大县贷款支持，通过提供贷款利率优惠、信用担保等措施，解决其资金需求，促进农业投入和发展。

第二，省级人民政府可以将与粮食安全保障相关的指标在产粮大县经济社会发展综合考核中的比重适当提高。这样可以鼓励产粮大县更加重视粮食生产和农业发展，将粮食生产纳入本县经济社会发展的总体规划中。为了确保对产粮大县的考核评价公平、客观、科学，省级人民政府应当制

[①] 沈琼：《粮食主产区利益补偿的经济分析》，载《世界农业》2014年第5期。

定合理的考核标准，重点考核粮食生产量、粮食生产稳定性、农业现代化水平、农民收入等方面。同时，加强对考核的监督和评估。

【关联规范】

《中华人民共和国农业法》第三十二条；《粮食流通管理条例》第二十九条、第三十一条。

第四章 粮食储备

> **第二十九条 【政府粮食储备体系的建立和政府粮食储备总体要求】** 国家建立政府粮食储备体系。政府粮食储备分为中央政府储备和地方政府储备。政府粮食储备用于调节粮食供求、稳定粮食市场、应对突发事件等。
>
> 中央政府粮食储备规模和地方政府粮食储备总量规模由国务院确定并实行动态调整。政府粮食储备的品种结构、区域布局按照国务院有关规定确定。
>
> 政府粮食储备的收购、销售、轮换、动用等应当严格按照国家有关规定执行。

【条文主旨】

本条是关于政府粮食储备体系的建立以及政府粮食储备管理的规定。

【条文释义】

本条主要规定了政府粮食储备体系的建立以及具体管理要求，旨在完善政府粮食储备机制，确保国家粮食储备安全。针对政府粮食储备，我国从1990年开始建立专项粮食储备制度。[1] 1995年国务院政府工作报告明确规定"米袋子"省长负责制，强调地方应增加粮食储备。[2] 2000年，我国

---

[1] 《国务院关于建立国家专项粮食储备制度的决定》，载中国政府网，https://www.gov.cn/zhengce/zhengceku/2013-10/22/content_ 3309.htm，最后访问时间：2024年2月1日。

[2] 《1995年政府工作报告——1995年3月5日在第八届全国人民代表大会第三次会议上》，载中国政府网，https://www.gov.cn/test/2006-02/16/content_ 201109.htm，最后访问时间：2024年2月1日。

成立中国储备粮管理总公司具体负责中央政府粮食储备的经营管理，正式建立中央储备粮垂直管理体系，并进一步完备中央和地方政府粮食储备架构。①

本条分为三款：第一款着眼于政府粮食储备体系的总体要求，规定国家建立政府粮食储备体系，并在此基础上明确了政府粮食储备体系的内容包括中央政府储备和地方政府储备，政府粮食储备用于调节粮食供求、稳定粮食市场、应对突发事件等。第二款着眼于政府粮食储备规模、品种结构、区域布局的确定主体和标准，在前款的基础上对政府粮食储备的相关要求作出进一步明确，规定中央政府粮食储备规模和地方政府粮食储备总量规模由国务院确定并实行动态调整，政府粮食储备的品种结构、区域布局按照国务院有关规定确定。第三款着眼于政府粮食储备的管理要求，规定政府粮食储备的收购、销售、轮换、动用等应当严格按照国家有关规定执行。需要说明的是，第三款仍属于对政府粮食储备的总体管理规定，相较于本章其他条款仍更为原则。具体来讲，关于本条规定的理解，应当把握以下几个方面：

一、国家建立政府粮食储备体系，政府粮食储备分为中央政府储备和地方政府储备

本条第一款明确国家建立政府粮食储备体系的总体要求，并明确由中央和地方分级进行政府粮食储备。政府粮食储备即由政府储备的粮食。检视我国粮食储备结构，政府粮食储备长期以来处于十分重要的地位，紧密关涉国家粮食安全底线。针对政府粮食储备，我国已形成以中央储备粮垂直管理制度为主，以地方储备粮分级管理为辅的政府粮食储备管理机制。具体而言，中央粮食储备是指中央政府储备的用于调节全国粮食供求总量、稳定粮食市场以及应对重大自然灾害或者其他突发事件等情况的粮食和食用油。地方政府粮食储备是指地方政府储备的用于调节本地区粮食供求、稳定粮食市场以及应对区域性重大自然灾害或突发事件的粮食和食用油，粮权归各级地方政府。总体观之，中央粮食储备通过适当集中部分粮权，以增强中央对粮食的宏观调控能力；地方粮食储备则有效促使地方政府在一定程度上分担中央对粮食储备安全保障的部分职责，使得中央与地方形成粮食储备安全保障合力。

---

① 《国务院关于组建中国储备粮管理总公司有关问题的批复》，载中国政府网，https://www.gov.cn/zhengce/content/2010-11/12/content_3165.htm，最后访问时间：2024年2月1日。

二、政府粮食储备用于调节粮食供求、稳定粮食市场、应对突发事件等

本条第一款明确政府粮食储备用于调节粮食供求、稳定粮食市场、应对突发事件等。此为政府粮食储备功能定位的规定。一方面,着眼于政府粮食储备的整体功能,政府粮食储备主要具备以下三项核心功能:(1)调节粮食供求。由于粮食供给端易受到气候状况、产业政策、价格变动等诸多因素影响,粮食产量波动幅度较大。而粮食作为赖以生存的必需品,具有极强的消费刚性。通过政府规模性的粮食储备,可以实现对于粮食供给余缺的有效调剂,确保粮食供需两端平衡。(2)稳定粮食市场。依靠一定规模的政府粮食储备,国家可在面临粮食市场失灵风险时,综合运用储备吞吐、政策性收购、定向投放等措施对粮食市场进行有效调控,保持粮食市场的平稳运行。(3)应对突发事件。政府粮食储备能够有效应对自然灾害、国际市场波动等突发事件对粮食供应链造成的冲击。在突发事件发生时,政府可以通过动用粮食储备,保障国家粮食安全,维护社会稳定。另一方面,聚焦于中央粮食储备和地方粮食储备的具体功能,中央政府粮食储备主要用于保障全国范围内的粮食安全,是国家粮食安全的"压舱石";地方政府粮食储备则主要用于区域性的粮食供求调节、粮食市场稳定以及重大自然灾害或突发事件应对,应作为国家粮食安全的第一道防线。[1]

三、中央政府粮食储备规模和地方政府粮食储备总量规模由国务院确定并实行动态调整

本条第二款明确中央政府粮食储备规模和地方政府粮食储备总量规模由国务院确定并实行动态调整。此为政府粮食储备规模调整的规定。(1)明确中央政府粮食储备规模和地方政府粮食储备总量规模应由国务院确定,强调对于具体规模的限制,以确保中央政府粮食储备规模和地方政府粮食储备总量规模的规范调控。(2)实行中央政府粮食储备规模和地方政府粮食储备总量规模的动态调整机制。根据粮食市场的变化和应急需求,国务院应适时调整中央和地方政府粮食储备规模,使得政府粮食储备始终保持合理水平,确保在粮食市场波动或突发事件发生时有足够的储备粮可供调配。(3)该规定未能明确政府粮食储备规模的具体确定主体。对此,可参照《中央储备粮管理条例》第十三条的规定,明确由国务院发展改革部门及国家粮食行政管理部门会同国务院财政部门,根据国家宏观调控需要和财政承受能力提出,并报国务院批准。

---

[1] 参见《中国的粮食安全》,载中国政府网,https://www.gov.cn/zhengce/2019-10/14/content_5439410.htm,最后访问时间:2024年2月1日。

四、政府粮食储备的品种结构、区域布局按照国务院有关规定确定

本条第二款明确政府粮食储备的品种结构、区域布局按照国务院有关规定确定。此为中央政府粮食储备及地方政府粮食储备的品种结构和区域布局的规定。(1) 政府粮食储备的品种结构主要指向各类粮食作物的具体种类及数量状况。对此，国务院应根据国家粮食需求和生产情况合理配置，着重优化小麦、稻谷、玉米等主要粮食作物的储备结构，确保口粮绝对安全。此外，在大食物观指导下，我国还应探索扩大粮食储备品种，并提升具体粮食品种质量，进一步优化政府粮食储备结构。(2) 政府粮食储备的区域布局主要指政府粮食储备在不同地区的分布情况。当前我国政府粮食储备主要布局在粮食主产区，而粮食消费主要集中在粮食主销区。这一粮食储备区域布局安排与居民粮食消费区域分布并不契合，难以保障粮食有效调动。[①] 对此，国务院应根据各地区粮食生产和消费需求、交通运输条件等因素进行合理规划，确保粮食主产区、主销区以及产销平衡区粮食储备的均衡发展。根据粮食供需、市场波动等因素，合理确定政府储备粮的地点和分布范围。

五、政府粮食储备的收购、销售、轮换、动用等应当严格按照国家有关规定执行

本条第三款明确政府粮食储备的收购、销售、轮换、动用等应当严格按照国家有关规定执行。此为政府粮食储备的总体管理规定，并未明确具体制度细则。参照相关法律规范，可作如下理解：(1) 政府粮食储备的收购应严格执行国家粮食质量标准以及政策性价格措施，在确保国家粮食储备的数量和质量安全的同时，保障粮农的合法权益。(2) 政府粮食储备的销售应严格执行国家粮食销售相关规范，维护粮食市场的规范秩序，避免不正当竞争行为。(3) 政府粮食储备的轮换应以遵循粮食市场规律为前提，在轮换过程中应科学制定轮换计划并确定适当的轮换比例，确保国家粮食储备安全。(4) 政府粮食储备的动用应严格遵循具体动用条件，并确保粮食储备的合理调配和有效利用，避免国家粮食储备的不当耗费。

【适用指南】

为确保政府粮食储备安全，在政府粮食储备的具体管理过程中应着重加强对政府粮食储备管理全过程的监督和问责机制。对此，首先，应明确

---

① 高洪洋、胡小平：《我国政府粮食储备区域布局：现状、影响及优化路径》，载《华中农业大学学报（社会科学版）》2021 年第 6 期。

各级政府及相关部门的粮食储备管理职责。对于政府粮食储备的规模、品种结构、区域布局确定以及收购、销售、轮换、动用等的具体环节，均应明确具体主体的职责。其次，应建立粮食储备管理考核制度。对于政府粮食储备的管理工作应由有关部门进行定期考核与评估，确保政府粮食储备的数量及质量安全。在具体监督过程中，可注重发挥智慧化监管工具的赋能，加强对粮食储备数量、质量、分布等方面的实时监控，提升政府粮食储备监管效能，确保粮食储备安全。最后，若发现滥用职权、玩忽职守等违反政府粮食储备相关管理规定的行为，应对相关单位和个人依法依规追究责任，严厉打击与政府粮食储备相关的违法违规行为，牢牢守住国家粮食安全底线。

【关联规范】

《中华人民共和国国家安全法》第二十二条；《中华人民共和国农业法》第三十四条；《粮食流通管理条例》第六条、第七条、第二十七条；《中央储备粮管理条例》第二条、第四条、第六条、第十三条。

> **第三十条　【承储政府粮食储备企业或者其他组织的主体责任及政府粮食储备信息管理机制】** 承储政府粮食储备的企业或者其他组织应当遵守法律、法规和国家有关规定，实行储备与商业性经营业务分开，建立健全内部管理制度，落实安全生产责任和消防安全责任，对承储粮食数量、质量负责，实施粮食安全风险事项报告制度，确保政府粮食储备安全。
>
> 承储中央政府粮食储备和省级地方政府粮食储备的企业应当剥离商业性经营业务。
>
> 政府粮食储备的收购、销售、轮换、动用等应当进行全过程记录，实现政府粮食储备信息实时采集、处理、传输、共享，确保可查询、可追溯。

【条文主旨】

本条是关于承储政府粮食储备企业或者其他组织的主体责任及政府粮食储备信息管理机制的规定。

【条文释义】

本条规定了承储政府粮食储备企业或者其他组织的主体责任及政府粮食储备信息管理机制。总体而言，本条分为三款：第一款规定了对承储政府粮食储备企业或者其他组织的整体要求，明确了承储政府粮食储备的企业或者其他组织确保政府粮食储备安全的义务。强调其应当遵守法律、法规和国家有关规定，实行储备与商业性经营业务分开，建立健全内部管理制度，落实安全生产责任和消防安全责任，对承储粮食数量、质量负责，实施粮食安全风险事项报告制度，确保政府粮食储备安全。第二款规定了对承储中央政府粮食储备和省级地方政府粮食储备的企业的特殊要求。强调承储中央政府粮食储备和省级地方政府粮食储备的企业应当剥离商业性经营业务。第三款规定了政府粮食储备信息管理机制。强调政府粮食储备的收购、销售、轮换、动用等应当进行全过程记录，实现政府粮食储备信息实时采集、处理、传输、共享，确保可查询、可追溯。

一、承储政府粮食储备的企业或者其他组织应当遵守法律、法规和国家有关规定

本条第一款规定，承储政府粮食储备的企业或者其他组织应当遵守法律、法规和国家有关规定。该规定属于总领性要求，统摄第一款的全部内容。(1) 该规定明确了第一款的义务主体为"承储政府粮食储备的企业或者其他组织"。"承储政府粮食储备的企业或者其他组织"，是指由粮食和物资储备行政管理部门依法委托，实际承担政府粮食储备的储存、轮换、调运、投放等工作的企业或者其他组织。根据《政府储备粮食仓储管理办法》[①] 第三条的规定，中国储备粮管理集团有限公司直属企业为专门储存中央储备的企业，[②] 地方储备承储单位根据粮食事权归属由各地具体规定。需要明确的是，本部分在规定义务主体时，对于"承储政府粮食储备的企业或者其他组织"的表述没有特别限定，这意味着所有承储政府粮食储备的企业或者其他组织，都属于第一款的义务主体，应当履行第一款中明确

[①] 《国家粮食和物资储备局关于印发〈政府储备粮食仓储管理办法〉的通知》，载国家粮食和物资储备局网站，http：//www.lswz.gov.cn/html/zcfb/2021-01/29/content_ 264186.shtml，最后访问时间：2024年2月1日。

[②] 需要说明的是，虽然《中央储备粮管理条例》第十八条规定了中央储备粮可以由具备条件的其他企业代储，但《国务院关于取消和下放一批行政许可事项的决定》之"17"，对此作出了修改，明确"取消许可，改变管理方式，禁止中储粮集团公司直属企业以外的市场主体承储中央储备粮"。

的相关义务。（2）该规定要求义务主体在进行政府粮食储备业务活动时，应当遵守法律、法规和国家有关规定。本部分没有明确列举"法律、法规和国家有关规定"的具体内容，属于援引性规定，意味着所有涉及第一款后半部分义务要求的法律、法规和国家有关规定，义务主体都应当遵循，包括但不限于《中华人民共和国粮食安全保障法》《中央储备粮管理条例》《粮食流通管理条例》《政府储备粮食仓储管理办法》《政府储备粮食质量安全管理办法》[①] 等。

二、实行储备与商业性经营业务分开

本条第一款规定，承储政府粮食储备的企业或者其他组织应当实行储备与商业性经营业务分开。该规定旨在保障政府粮食储备的安全性和公益性，防止承储单位利用政府粮食储备谋取私利，损害国家和社会的利益，影响政府粮食储备的有效运行和调控作用。

"实行储备与商业性经营业务分开"，是指承储政府粮食储备的企业或者其他组织在进行政府粮食储备的储存、轮换、调运、投放等工作时，不能将政府委托其储存的粮食用于自己的商业性经营活动，也不能将自己的商业性经营活动与政府粮食储备混淆，要保持政府粮食储备的独立性和专用性。实行储备与商业性经营业务分开，应当确保储备运营业务在人员、实物、财务、账务管理上与企业商业经营业务分开。具体而言：（1）人员管理分开，包括主要负责人、管理人员、业务人员、仓储保管人员、会计、统计人员等。政府储备粮管理工作应当按照业务环节，设置专人专岗，职责明确，分工明晰。（2）实物管理分开，包括仓房、设施设备、库存管理等。（3）财务管理分开。例如，承储单位要在当地农业发展银行单独开立基本户，实行专户管理，专款专用。（4）账务管理分开。独立设账、专人记账，设置专用账户或专用科目，确保地方储备粮业务和企业商业经营业务分开，在收入、成本、费用项下设置储备业务、经营业务明细科目，保证地方储备粮相关收入、成本、费用均可分开单独核算。如发生的费用不能明确归属为政策性业务或经营性业务的，需按照合理方法进行分摊，保证核算规范，账实相符。

三、建立健全内部管理制度

本条第一款规定，承储政府粮食储备的企业或者其他组织应当建立健全内部管理制度。《政府储备粮食仓储管理办法》第七条亦规定："承储单

[①] 《国家粮食和物资储备局关于印发〈政府储备粮食质量安全管理办法〉的通知》，载国家粮食和物资储备局网站，http://lswz.gov.cn/html/zcfb/2021-04/30/content_265550.shtml，最后访问时间：2024年2月1日。

位应当执行相关法律法规、规章、国家标准和相关规定，建立健全内控管理制度，规范政府储备的仓储管理及相关业务，按照'谁储粮、谁负责，谁坏粮、谁担责'的原则对政府储备承担储存安全责任。"该规定所要求的内部管理制度，应当是承储企业或者其他组织为规范和加强政府粮食储备的仓储管理及相关业务，按照国家有关法律法规、规章、标准规范和相关规定，制定或者修订的内部规章制度和操作规范。包括但不限于以下内容：（1）政府粮食储备的收购、储存、轮换、销售、动用等业务流程和操作规范；（2）政府粮食储备的质量检验、粮情监测、储存保管、有害生物防治等技术规范和操作方法；（3）政府粮食储备的账册管理、信息报送、档案管理、资产管理等制度规定；（4）政府粮食储备的安全生产、消防安全、设备维护、环境保护等管理措施；（5）政府粮食储备的监督检查、考核评价、奖惩激励、责任追究等安排制度。

四、落实安全生产责任和消防安全责任

本条第一款规定，承储政府粮食储备的企业或者其他组织应当落实安全生产责任和消防安全责任。该规定主要是规范政府粮食储备的仓储管理及相关业务，防范政府粮食储备的安全风险，保障政府粮食储备的安全运行。

（一）落实安全生产责任

承储政府粮食储备的企业或者其他组织应当建立安全生产检查制度，定期对生产状况进行检查评估，及时消除安全隐患。根据《中华人民共和国安全生产法》第五条、第二十一条、第二十五条，《粮库安全生产守则》"第七章 主要职责与处罚"[①] 等规定，承储政府粮食储备的企业或者其他组织应当履行下列安全生产责任：

第一，承储企业或者其他组织的主要负责人是本单位安全生产第一责任人，对本单位的安全生产工作全面负责。例如，应当建立健全明确的粮库安全生产责任制；制定完善的粮库安全生产规章制度和操作规程；组织制定并实施粮库安全生产教育和培训计划；按标准配齐、按期限更换安全生产设施和装备，保证粮库安全生产各项资金投入；组织开展粮库安全生产检查，督促各项安全生产规章制度的落实，保证各项设施装备的完好，及时消除生产安全事故隐患；组织制定并实施粮库的生产安全事故应急救援预案，每年至少开展两次安全生产应急救援演练；按规定及时、如实报

[①]《国家粮食局关于印发〈粮油安全储存守则〉和〈粮库安全生产守则〉的通知》，载国家粮食和物资储备局网站，http://lswz.gov.cn/html/zcfb/2018-06/12/content_216865.shtml，最后访问时间：2024年2月1日。

告生产安全事故。

第二,其他负责人对职责范围内的安全生产工作负责。(1)粮库管理人员应当落实粮库安全生产教育和培训、应急救援演练等工作,如实记录安全生产教育和培训情况;督促落实粮库重大危险源的安全管理措施;检查粮库安全生产状况,发现并及时排查事故隐患,提出改进安全生产管理的建议;制止和纠正违章指挥、强令冒险作业、违反操作规程的行为;督促落实粮库安全生产整改措施等。(2)粮库作业人员应当严格遵守粮库各项安全生产规章制度,严格按照有关操作规程作业;接受安全生产教育和培训,不断提高安全生产技能,增强事故预防和应急处理能力;发现事故隐患或者其他不安全因素,应当立即向现场安全生产管理人员和粮库负责人报告;发现直接危及人身安全的紧急情况时,停止作业或在采取可能的应急措施后撤离作业场所等。

(二)落实消防安全责任

发生安全生产事故的,承储政府粮食储备的企业或者其他组织应当依法及时进行处理,并立即向所在地粮食行政管理部门报告。根据《中华人民共和国消防法》第十六条、第十七条,《粮库安全生产守则》"第四章 粮库防火防爆"等规定,承储企业或者其他组织应当履行下列消防安全职责:(1)制定本单位的消防安全制度、消防安全操作规程,制定灭火和应急疏散预案;(2)按照国家标准、行业标准配置消防设施、器材,设置消防安全标志,并定期组织检验、维修,确保完好有效;(3)对建筑消防设施每年至少进行一次全面检测,确保完好有效,检测记录应当完整准确,存档备查;(4)保障疏散通道、安全出口、消防车通道畅通,保证防火防烟分区、防火间距符合消防技术标准;(5)组织防火检查,及时消除火灾隐患;(6)组织进行有针对性的消防演练;(7)法律、法规规定的其他消防安全职责。

五、对承储粮食数量、质量负责

本条第一款规定,承储政府粮食储备的企业或者其他组织应当对承储粮食数量、质量负责。这意味着:(1)承储政府粮食储备的企业或者其他组织应当采取措施保障其承储粮食的数量、质量符合要求。例如,在收购政府储备粮源时,应当按照规定的质量等级进行收购,准确计量并制作凭证,及时整理并达到储存安全的要求,按照规定记录与收购有关的信息并存档备查;在储存政府储备粮食时,应当遵守粮食质量安全管理相关法律法规、制度和标准规范,具备与承储任务相适应的仪器设备、检验场地,具备粮食常规质量、储存品质及主要食品安全指标检验能力,定期对政府储备粮食进行质量检验，及时发现并处理质量问题，保证政府储备粮食的数量真实、质量良好。（2）"负责"意味着如果政府储备粮食发生数量或者质量损失，承储政府粮食储备的企业或者其他组织应当按照规定承担相应的责任。

六、实施粮食安全风险事项报告制度

本条第一款规定，承储政府粮食储备的企业或者其他组织应当实施粮食安全风险事项报告制度。按照此要求，承储政府粮食储备的企业或者其他组织发现影响政府储备粮食安全的事项时，应当及时向粮食和物资储备部门报告，并采取有效措施消除或者减轻风险。例如，《政府储备粮食质量安全管理办法》第二十四条规定："政府储备粮食发生严重霉变、食品安全指标超标等质量安全事故（事件），承储单位应及时报告，并按有关要求及时妥善处置。中央储备承储单位，应第一时间报告监管地垂管局及所在地省级粮食和储备部门。地方储备承储单位，应第一时间报告本级粮食和储备部门。"

七、剥离商业性经营业务

本条第二款规定，承储中央政府粮食储备和省级地方政府粮食储备的企业应当剥离商业性经营业务。该规定附加了承储中央政府粮食储备和省级地方政府粮食储备企业相较于一般承储政府粮食储备企业的特殊义务。

第一，该规定明确的义务主体限于"承储中央政府粮食储备和省级地方政府粮食储备的企业"。换言之，承储市级、县级等地方政府粮食储备的企业不需要承担此项特殊义务。第二，该规定附加的特殊义务是"剥离商业性经营业务"，其目的是避免承储企业的商业性经营业务对政府粮食储备的管理和使用产生不利影响，保持政府粮食储备的公益性和专业性。在此，需要明确该规定中"剥离商业性经营业务"与第一款中"实行储备与商业性经营业务分开"的区别。除了两者的义务主体不同以外，该规定中的"剥离"一词相较于第一款中的"分开"一词更为严格。从理论上讲，如果"分开"仅要求将两种业务实行人员、实物、财务、账务管理分开即可，不要求是否处于同一公司内部，那么"剥离"可能要求企业设立两个子公司，分别承担政策性业务和经营性业务；或者将两者彻底分开，限制集团公司同时从事两种业务。①

八、政府粮食储备信息记录和共享

本条第三款规定，政府粮食储备的收购、销售、轮换、动用等应当进行全过程记录，实现政府粮食储备信息实时采集、处理、传输、共享，确保可查询、可追溯。该规定有利于实现政府粮食储备的全程可视、可控、可核，确保政府粮食储备数量和质量。具体而言：（1）政府粮食储备的收购、销售、轮换、动用等业务流程是政府粮食储备的核心内容，涉及国家粮食安全和市场稳定，因此应当进行全过程记录，以便于监督管理、核算结算、统计分析和审计评估；（2）政府粮食储备信息是政府粮食储备的重要组成部分，包括政府粮食储备的数量、质量、储存安全、轮换效果、动用效果等，是国家粮食安全的重要依据，因此应当实现实时采集、处理、传输、共享，以便于及时掌握政府粮食储备的动态变化，提高粮食储备的调节能力和效率；（3）政府粮食储备的可查询、可追溯是政府粮食储备的基本要求，是保障政府粮食储备的透明度和公信力，防止政府粮食储备的损失和浪费，进而维护国家粮食安全和市场秩序的重要手段。

【适用指南】

本条规定的内容较多且较为原则，具体适用过程中可能需要结合其他法律、法规及国家有关规定等进行细化。例如，第一款仅原则性地规定了承储政府粮食储备的企业或者其他组织应当落实安全生产责任和消防安全责任，并未明确如何落实，但《中华人民共和国安全生产法》《中华人民

---

① 从理论上讲，粮食政策性和经营性职能分开改革存在三种模式：一是将政策性职能和经营性职能彻底分开，要求承担政策性业务的企业不得再从事经营性业务；二是企业设立两个子公司，分别承担政策性业务和经营性业务；三是将粮食企业人员、实物、账务、财务管理严格分开，实现企业内部的物理分离。目前，各地正在积极探索政策性业务与经营性业务分离的具体模式，但并未统一。例如，《湖南省地方储备粮管理政策性职能与经营性职能分开指导意见》要求省级储备粮承储企业政策性粮油业务须设立独立储备粮管理公司，单独核算，承担储备粮具体运营管理，不得从事非政策性商业经营活动。参见《湖南省地方储备粮管理政策性职能与经营性职能分开指导意见》，载湖南省粮食和物资储备局网站，https://lshwzcbj.hunan.gov.cn/lshwzcbj/ywpd/fgaq/zcfg/202201/t20220105_21438240.html，最后访问时间：2024年2月22日。《辽宁省地方储备粮管理政策性职能和经营性职能分开实施方案》仅要求地方储备承储企业的储备运营业务在人员、实物、财务、账务管理上与企业商业经营业务实行分离。参见《省粮食和储备局关于印发〈辽宁省地方储备粮管理政策性职能和经营性职能分开实施方案〉的通知》，载辽宁省粮食和物资储备局网站，https://lcj.ln.gov.cn/lswzcb/zfxx/zcwj/8D2CEE9275654F29AB95B0B02F88BD62/index.shtml，最后访问时间：2024年2月22日。本条规定的"分开"与"剥离"，其限度如何，还有待后续进一步细化。

共和国消防法》《粮油仓储管理办法》①《粮库安全生产守则》《粮油储存安全责任暂行规定》② 等法律规范对此作出了细化规定。实践中，承储政府粮食储备的企业或者其他组织在落实安全生产责任和消防安全责任时应当进行参考。又如，比较第一款和第二款关于政策性业务和商业性经营业务分开的规定，可以发现立法对于承储中央政府粮食储备和省级地方政府粮食储备的企业要求更加严格。为此，地方在探索企业政策性业务和商业性经营业务分开的具体模式时，应当予以遵循。

【关联规范】

《中华人民共和国农业法》第三十四条；《中华人民共和国安全生产法》第二十一条；《中华人民共和国消防法》第十六条；《中央储备粮管理条例》第二十一条、第二十二条、第二十七条、第二十八条。

案例评析

上海市某粮食储运有限公司政策性粮食关联交易损害国家利益案③

一、基本案情

上海市粮食和物资储备局对上海市某粮食储运有限公司开展日常检查发现，该公司在2013—2020年度上海市级储备粮轮换中，抬高轮换成本，为其全资子公司输送利益，损害了国家利益。2022年3月，上海市粮食和物资储备局依据《粮食流通管理条例》有关规定，依法分别给予上海市某粮食储运有限公司及上海某某供应站有限公司警告并处20万元罚款的行政处罚。

二、案例评析

此案例涉及一家粮食储运公司在政策性粮食轮换过程中涉嫌关联交

---

① 《粮油仓储管理办法》，载中国政府网，https://www.gov.cn/flfg/2010-01/20/content_1515577.htm，最后访问时间：2024年2月1日。

② 《国家粮食局关于印发〈粮油储存安全责任暂行规定〉的通知》，载国家粮食和物资储备局网站，http://www.lswz.gov.cn/html/tzgg/2018-06/12/content_216768.shtml，最后访问时间：2024年2月1日。

③ 《国家粮食和物资储备局通报十起粮食流通违法违规典型案例》，载中国农网，https://www.farmer.com.cn/2023/03/02/wap_99922602.html?eqid=f7276fbc00026400000000066466f3df，最后访问时间：2024年2月1日。

易，损害国家利益的问题。政策性粮食轮换，是指国家为了保持粮食储备的新鲜和安全，按照一定周期更换储备粮食的活动。在这一过程中，相关企业应当遵循公平、公正、透明的原则，防止通过关联交易等手段抬高轮换成本，从而损害国家利益。上海市粮食和物资储备局在检查中发现的抬高轮换成本和为其全资子公司输送利益的行为，有确凿的证据支持，包括交易记录、价格对比、内部决策文件等能够证明关联交易确实发生并导致成本不当提升的材料。行政处罚的种类和幅度也与违法行为的性质、情节以及造成的后果相适应。综上所述，本案体现了政府对粮食储备轮换工作中企业行为的监管，强调了企业在参与政策性粮食轮换时应当遵守法律规定。

> **第三十一条　【政府粮食储备内部管理机制及质量安全检验监测制度】** 承储政府粮食储备的企业或者其他组织应当保证政府粮食储备账实相符、账账相符，实行专仓储存、专人保管、专账记载，不得虚报、瞒报政府粮食储备数量、质量、品种。
>
> 　　承储政府粮食储备的企业或者其他组织应当执行储备粮食质量安全检验监测制度，保证政府粮食储备符合规定的质量安全标准、达到规定的质量等级。

【条文主旨】

本条是关于政府粮食储备内部管理机制及质量安全检验监测制度的规定。

【条文释义】

本条规定了政府粮食储备内部管理机制及质量安全检验监测制度的内容，其责任主体为承储政府粮食储备的企业或者其他组织。概括而言，本条包括两款：第一款规定了承储政府粮食储备的企业或者其他组织的管理责任，要求保证政府粮食储备账实相符、账账相符，实行专仓储存、专人保管、专账记载，不得虚报、瞒报政府粮食储备数量、质量、品种；第二款规定了承储政府粮食储备的企业或者其他组织的质量安全保障责任，要求其执行储备粮食质量安全检验监测制度，保证政府粮食储备符合规定的质量安全标准、达到规定的质量等级。需要明确的是，本条中的两款均使用了"应当"一词，属于承储政府粮食储备的企业或者其他组织的义务性规定。这意味着如果承储企业违反相关义务，应当承担相应的法律责任。

一、保证政府粮食储备账实相符、账账相符

本条第一款规定，承储政府粮食储备的企业或者其他组织应当保证政府粮食储备账实相符、账账相符。（1）政府粮食储备的账实相符，是指政府粮食储备的实际数量、质量、品种等与账面记录相一致，不存在缺斤少两、变质变味、品种混乱等现象。（2）政府粮食储备的账账相符，是指政府粮食储备的各级账簿、账册、账单等与总账相符，不存在漏报、错报、重复报等现象。政府粮食储备账实相符、账账相符有利于确保政府粮食储备的真实性、准确性、完整性，防止政府粮食储备的损失、浪费、滥用等问题。

二、实行专仓储存、专人保管、专账记载

本条第一款规定，承储政府粮食储备的企业或者其他组织应当实行专仓储存、专人保管、专账记载。（1）政府粮食储备的专仓储存，是指政府粮食储备应当单独存放在符合国家标准的仓库或者其他储存设施中，不得将品种、生产年份、等级和粮权不同的粮食混存。（2）政府粮食储备的专人保管，是指政府粮食储备应当由承储单位指定专门的人员负责保管，不得委托或者转交给其他人员。（3）政府粮食储备的专账记载，是指政府粮食储备应当按照国家有关规定和标准，建立专门的账簿、账册、账单等，记录政府粮食储备的收购、储存、轮换、调运、投放等情况，不得与其他账目混淆或者隐瞒。实行专仓储存、专人保管、专账记载有利于加强政府粮食储备的专业化和规范化管理，提高政府粮食储备的效率和效益。

三、不得虚报、瞒报政府粮食储备数量、质量、品种

本条第一款规定，承储政府粮食储备的企业或者其他组织不得虚报、瞒报政府粮食储备数量、质量、品种。（1）政府粮食储备的虚报，是指承储单位故意夸大政府粮食储备的数量、质量、品种等，以骗取国家的补贴、奖励或者其他利益。（2）政府粮食储备的瞒报，是指承储单位故意隐瞒政府粮食储备的数量、质量、品种等，以掩盖政府粮食储备的损耗、变质、盗窃或者其他问题。

四、储备粮食质量安全检验监测制度

本条第二款规定，承储政府粮食储备的企业或者其他组织应当执行储备粮食质量安全检验监测制度。这意味着承储政府粮食储备的企业或者其

他组织在政府粮食储备收购入库、储存、销售出库等环节，应当按照国家有关规定和标准，自行或委托有资质的粮食检验机构进行质量安全检验。

具体而言，根据《粮食质量安全监管办法》[①] 第十三条、第十八条、第二十四条，《政府储备粮食质量安全管理办法》第七条、第八条、第十条、第十二条等规定，承储政府粮食储备的企业或者其他组织应当做到以下几点：

第一，实行粮食收购入库质量安全检验制度。承储单位采购政府粮食储备，应当按照相关标准和规定进行质量安全检验。不符合政府储备粮食质量安全要求和有关规定，经整理后仍不达标的，不得入库。

第二，建立政府储备粮食质量安全验收检验制度。粮食入库平仓后应进行验收检验，验收检验应包括常规质量指标、储存品质指标和食品安全指标。验收检验合格的，方可作为政府储备粮食。验收检验应遵循客观、公正、科学、合理原则，委托有资质的粮食检验机构承担。中储粮集团公司统一组织中央储备的验收检验，验收检验结果应及时抄送监管地垂管局以及省级粮食和储备部门备案。地方储备的验收检验要求由本级粮食和储备部门确定。各级粮食和储备部门依职责对验收检验结果进行抽查。

第三，储存期间承储单位应严格执行质量管控相关规定，定期开展常规质量指标和储存品质指标检验，根据实际情况开展食品安全指标检验。政府储备粮食每年开展逐货位检验不少于 2 次，检验结果于每年 6 月末、11 月末前统一报粮食和储备部门。中央储备检验结果由中储粮集团公司分公司汇总后报中储粮集团公司，同时抄报监管地垂管局；中储粮集团公司汇总整理后报国家粮食和储备部门。地方储备检验结果按程序报本级和省级粮食和储备部门。需要注意的是，承储单位应具有能够保障政府储备粮食储存安全和质量安全的仓储设施和设备，并符合国家有关规定。具备与承储任务相适应的等级、水分、杂质等指标检验的仪器设备、检验场地以及相应的专业检验人员。建立健全粮食质量管理制度，明确质量管理岗位和责任人。

第四，建立政府储备粮食出库检验制度。出库检验应按规定委托有资质的粮食检验机构，检验结果作为出库质量依据。未经质量安全检验的粮食不得销售出库。出库粮食应附检验报告原件或复印件。出库检验项目应包括常规质量指标和食品安全指标。在储存期间使用过储粮药剂且未满安

[①] 《粮食质量安全监管办法》，载国家发展和改革委员会网站，https://zfxxgk.ndrc.gov.cn/web/iteminfo.jsp? id＝20267，最后访问时间：2024 年 2 月 1 日。

全间隔期的,还应增加储粮药剂残留检验,检验结果超标的应暂缓出库。食品安全指标超标的粮食,不得作为食用用途销售出库。

五、保证政府粮食储备符合规定的质量安全标准、达到规定的质量等级

本条第二款规定,承储政府粮食储备的企业或者其他组织应当保证政府粮食储备符合规定的质量安全标准、达到规定的质量等级。该规定要求承储政府粮食储备的企业或者其他组织在收购入库、储存和销售出库等环节,应当确保政府储备粮食的质量和安全符合国家有关规定和标准的要求,不得低于规定的质量等级。其中,质量安全标准包括粮食的常规质量、储存品质、食品安全等指标,质量等级包括粮食的品种、等级、品相等因素。

从逻辑上看,该规定属于"执行储备粮食质量安全检验监测制度"的目的,换言之,要求承储政府粮食储备的企业或者其他组织应当执行储备粮食质量安全检验监测制度,是为了保证政府粮食储备符合规定的质量安全标准、达到规定的质量等级,防止政府粮食储备的损耗、变质、超标等问题。

【适用指南】

本条明确了承储政府粮食储备的企业或者其他组织对于政府粮食储备承担的质量安全管理和质量安全检验监测的义务。实践中,承储政府粮食储备的企业或者其他组织应当遵循。具体而言:(1)建立完善的账务管理制度,准确记录政府粮食储备的数量、质量、品种等信息,不得有虚假或者隐瞒的情况,定期向相关部门报告并接受监督检查。(2)建立完善的仓储管理制度,专门存放政府粮食储备,不得与商业性粮食混存或者混运,不得将政府粮食储备用于其他用途或者转让,保证政府粮食储备的储存安全。(3)建立完善的保管管理制度,专人负责政府粮食储备的保管,不得有遗失或者损毁的情况,不得有盗窃或者侵占的行为,保证政府粮食储备的保管安全。(4)建立完善的质量安全管理制度,定期对政府粮食储备的质量安全进行检验监测,及时发现并处理质量问题,保证政府粮食储备符合规定的质量安全标准、达到规定的质量等级,保证政府粮食储备的质量安全。

【关联规范】

《中华人民共和国农业法》第三十四条;《粮食流通管理条例》第十七

条;《中央储备粮管理条例》第二十三条、第二十四条、第二十五条。

> 案例评析

中储粮某直属库有限公司中央储备稻谷轮换以陈顶新，套取粮食价差案[①]

一、基本案情

根据12325全国粮食和物资储备监管热线转办线索，国家粮食和物资储备局湖南局核查发现，2021年中央储备粮轮换期间，中储粮某直属库有限公司收购了从中储粮其他直属库、分库轮换出库的2018年产稻谷共计5279.84吨，冒充新粮收购入库，套取新陈粮食价差。该案涉及粮食数量较大，违法情节特别严重。2022年1月，国家粮食和物资储备局湖南局依据《粮食流通管理条例》有关规定，依法给予该公司警告并处500万元罚款的行政处罚，对相关责任人给予12.7万元罚款的行政处罚，涉嫌违法犯罪线索移送司法机关。

二、案例评析

此案例反映了中储粮某直属库有限公司在中央储备粮轮换过程中，进行了以陈代新的行为，即用旧粮代替新粮，并利用新旧粮之间的价格差异来获取非法利益。该公司的行为不仅违反了粮食轮换的规定，而且构成了欺诈和套取利润的行为。这种行为的性质较为恶劣，且涉及的粮食数量较大，违法情节特别严重。在本案中，500万元的罚款和对相关责任人给予12.7万元的罚款能够反映出违法行为的严重性，也能够起到足够的震慑效果。此外，由于该案中的违法情节特别严重，涉嫌违法犯罪线索已被移送司法机关。这表明该行为可能涉及刑事责任，需要司法机关进一步调查和处理。总之，此案例凸显了粮食行业中对于违法行为的严厉打击，以及对于维护粮食市场秩序和保护国家利益的坚定决心。对于相关粮食企业和个人而言，这是一个关于遵守法律法规、诚信经营的重要提醒。

[①] 《国家粮食和物资储备局通报十起粮食流通违法违规典型案例》，载中国农网，https://www.farmer.com.cn/2023/03/02/wap_99922602.html? eqid=f7276fbc00026400000000066466f3df，最后访问时间：2024年2月1日。

> **第三十二条　【社会粮食储备】**县级以上地方人民政府应当根据本行政区域实际情况，指导规模以上粮食加工企业建立企业社会责任储备，鼓励家庭农场、农民专业合作社、农业产业化龙头企业自主储粮，鼓励有条件的经营主体为农户提供粮食代储服务。

【条文主旨】

本条是关于社会粮食储备的规定。

【条文释义】

本条规定了社会粮食储备的相关内容。社会粮食储备作为政府粮食储备的有力补充，是确保区域粮食安全的重要抓手。《关于2020年度认真落实粮食安全省长责任制的通知》[①] 强调，应"积极探索建立企业社会责任储备，推动形成政府储备与企业储备功能互补、协同高效的新格局"。本条要求县级以上地方人民政府应当根据本行政区域实际情况，指导规模以上粮食加工企业建立企业社会责任储备，鼓励家庭农场、农民专业合作社、农业产业化龙头企业自主储粮，鼓励有条件的经营主体为农户提供粮食代储服务，有利于发挥社会主体在保障国家粮食储备安全中的合力，力求形成"政企互补""全社会共担"的粮食储备新格局，进一步保障国家粮食储备安全。

关于本条规定的理解，应当把握以下几个方面：

第一，县级以上地方人民政府应当以本行政区域实际情况为根据。该规定明确了责任主体以及具体适用前提。（1）该规定强调的具体责任主体为"县级以上地方人民政府"，具体体现为各省（自治区、直辖市）、设区的市（自治州）、县（自治县、市辖区）人民政府。（2）前述三级政府应当以本行政区域实际情况为根据。需要强调的是，该规定并非笼统强调县级以上地方人民政府应当要求企业建立社会责任储备，或要求相关主体自主储粮、代储粮。县级以上地方人民政府应当视本行政区域内的粮食储备

[①] 《关于2020年度认真落实粮食安全省长责任制的通知》，载国家粮食和物资储备局网站，http://www.lswz.gov.cn/html/zcfb/2020-04/27/content_250208.shtml，最后访问时间：2024年2月1日。

情况以及粮食加工企业的发展情况等，指导建立企业社会责任储备，并鼓励相关主体开展自主储粮以及粮食代储服务。

第二，指导规模以上粮食加工企业建立企业社会责任储备。该规定提出县级以上地方人民政府"指导规模以上粮食加工企业建立企业社会责任储备"的具体职责。(1) 县级以上地方人民政府应承担指导建立企业社会责任储备的职责。具体而言，县级以上地方人民政府应当结合本地区粮食储备等实际情况，指导相关企业构建符合国家规定要求的企业社会责任储备，重点对粮食储备规模、储备质量、储备结构等予以引导。(2) 指导对象为"规模以上粮食加工企业"。根据国家统计部门的规定，年主营业务收入在2000万元及以上的粮食企业属于"规模以上企业"，[①] 大多数省份在界定粮食企业社会责任储备主体范围时，都采取了此标准。同时，考虑到各地区经济发展水平差异较大，部分地区符合"规模以上"标准的粮食企业很少甚至没有，为此一些地方政府在确定粮食企业社会责任储备承储主体时，对于辖区规模以上企业因市场环境及企业经营情况导致储备规模难以落实的，会选择放宽企业规模要求。例如，根据吉林省粮食和物资储备局发布的《关于建立粮食加工企业社会责任储备的指导意见》[②] "二、储备规模和实施范围"的规定，规模以上粮食加工企业主要指年主营业务收入在2000万元及以上的法人工业企业。各地可根据当地实际情况，扩大企业实施范围或调整企业的规模标准。

第三，鼓励家庭农场、农民专业合作社、农业产业化龙头企业自主储粮。该规定提出县级以上地方人民政府"鼓励家庭农场、农民专业合作社、农业产业化龙头企业自主储粮"的具体职责，以鼓励相关新型农业经营主体积极参与粮食储备，完备国家粮食储备体系。(1) "鼓励"一词表明自主储粮并非家庭农场、农民专业合作社、农业产业化龙头企业的法定义务。政府应结合当地发展实际，通过给予家庭农场、农民专业合作社、农业产业化龙头企业一定的政策支持，激励其参与自主储粮。(2) "家庭农场、农民专业合作社、农业产业化龙头企业"主要指向具备一定发展规模的新型农业经营主体。该类主体应根据自身实际情况，合理规划粮食储备的规模和品种结构，并采取一定措施保障储备粮的数量和质量安全。

[①] 《四、统计制度及分类标准（17）》，载国家统计局网站，https：//www.stats.gov.cn/hd/cjwtjd/202302/t20230207_1902279.html，最后访问时间：2024年2月1日。

[②] 《吉林省粮食和物资储备局关于印发〈关于建立粮食加工企业社会责任储备的指导意见〉的通知》，载吉林省粮食和物资储备局网站，http：//grain.jl.gov.cn/lsj2015/zfxxgk/gfxwj/202205/t20220525_8458359.html，最后访问时间：2024年2月1日。

第四，鼓励有条件的经营主体为农户提供粮食代储服务。该规定提出县级以上地方人民政府"鼓励有条件的经营主体为农户提供粮食代储服务"的具体职责，以进一步拓宽国家粮食储备渠道，提高农户粮食储备水平。（1）如前所述，"鼓励"一词主要指向政府的激励引导责任，而非明确赋予相关经营主体提供粮食代储服务的法定义务。（2）"有条件的经营主体"主要指具备一定发展规模和粮食储备能力的经营主体，如农民专业合作社、粮食加工企业、粮食仓储企业等。相关经营主体可以根据自身发展情况开展粮食代储服务，为农户提供规范化的粮食仓储服务，并保障粮食仓储安全。

【适用指南】

在实际适用中，县级以上地方人民政府应结合当地实际情况，有序推进粮食储备体系建设，并着重加强对相关粮食储备主体的制度激励与约束。（1）规范相关企业的粮食储备要求。对此，政府应结合各地方实际情况，完善相应的储备机制。同时，定期开展粮食储备调查、评估和质量检测，及时掌握各相关企业的粮食储备情况。此外，还应加强企业粮食储备的管理和监督，并规范相关市场秩序，避免粮食储备过程中的质量安全和道德风险。（2）完善对于企业自主储备以及开展粮食代储服务的政策支持。对此，政府可通过完备专项财政补贴、对相关企业给予税收优惠、提供融资支持、加大用地用电支持力度等多种方式，激励相关企业参与粮食储备。在具体粮食储备过程中，可积极提供规范化、专业化的粮食仓储培训指导服务，促进粮食储备质量提升，进一步保障粮食储备安全。由此，推动形成政府储备与企业储备功能互补、协同高效的新格局，提高国家粮食储备安全水平，为我国粮食储备安全提供有力保障。

【关联规范】

本条属于粮食安全保障法重要的创新性规定，现行法律法规中尚没有直接的相关规定。地方层面对于社会责任储备制度、新型农业经营主体自主储粮制度进行了较多探索，在《新疆维吾尔自治区粮食安全保障条例》[①]

[①] 《新疆维吾尔自治区粮食安全保障条例》，载新疆维吾尔自治区农业农村厅网站，http://nynct.xinjiang.gov.cn/xjnynct/c113595/202210/9e83fd0492ce475db8124812d22c4e7a.shtml，最后访问时间：2024 年 2 月 1 日。

第二十一条、《江苏省粮食流通条例》① 第二十九条、《四川省粮食安全保障条例》② 第二十三条等均有所明确。

> **第三十三条　【县级以上人民政府粮食储备基础保障工作】** 县级以上人民政府应当加强粮食储备基础设施及质量检验能力建设，推进仓储科技创新和推广应用，加强政府粮食储备管理信息化建设。

【条文主旨】

本条是关于县级以上人民政府粮食储备基础保障工作的规定。

【条文释义】

本条规定了县级以上人民政府粮食储备基础保障工作的相关内容，目的是提高粮食储备的质量和效率，保障国家粮食安全。总体而言，本条明确了县级以上人民政府在粮食储备安全保障工作中应当采取的一系列措施，包括加强粮食储备基础设施及质量检验能力建设，推进仓储科技创新和推广应用，加强政府粮食储备管理信息化建设。需要注意的是：（1）本条规定的责任主体是"县级以上人民政府"，其范围不但包括各省（自治区、直辖市）、设区的市（自治州）、县（自治县、市辖区）人民政府，也包括国务院。（2）本条前半部分明确的"加强粮食储备基础设施及质量检验能力建设，推进仓储科技创新和推广应用"是针对所有的粮食储备而言，后半部分明确的"加强政府粮食储备管理信息化建设"主要是针对政府粮食储备而言。

一、加强粮食储备基础设施及质量检验能力建设

本条规定，县级以上人民政府应当加强粮食储备基础设施及质量检验能力建设。这意味着，县级以上人民政府应当投入更多的资源和力量，建

---

① 《江苏省粮食流通条例》，载江苏省粮食和物资储备局网站，http：//lsj.jiangsu.gov.cn/art/2021/12/27/art_ 77078_ 10232015.html，最后访问时间：2024 年 2 月 1 日。

② 《四川省粮食安全保障条例》，载四川省粮食和物资储备局网站，https：//lwj.sc.gov.cn/sclwj/qtxx/2021/4/19/2e21304f868445af8d7aa6ff968227da.shtml，最后访问时间：2024 年 2 月 1 日。

设和完善粮食储备所需的仓库、设备、设施等基础条件,以及提高粮食质量检验所需的机构、人员、技术、标准等能力,确保粮食储备的数量和质量安全。

(一) 加强粮食储备基础设施建设

粮食储备基础设施是开展粮食储备活动的基础条件,是确保粮食储备安全的重要物质基础。随着我国粮食产量和储粮需求不断增长,部分地区出现了粮食储备设施不足、收储条件差等问题亟待解决。本条要求县级以上人民政府应当加强粮食储备基础设施建设,有利于提升粮食储备建设水平,强化粮食储备能力。

建设高标准粮仓是粮食储备基础设施建设的核心任务。《粮食绿色仓储提升行动方案(试行)》[1] 提出要建设一批高标准粮仓、改造提升仓房的气密和保温隔热性能、推广应用绿色储粮技术、发展多参数多功能粮情测控系统、提升清理净粮能力、推动粮仓分类分级六项重点任务,着力推动粮食储备高质量发展,更好保障国家粮食安全。《粮食质量安全监管办法》第十六条第三款亦明确国家鼓励建设高标准粮仓,推广使用绿色储粮技术,有效保障储存安全和粮食品质。

根据《高标准粮仓建设技术要点(试行)》[2] 第一条的规定,"高标准粮仓"是指具有良好的仓房保温隔热、气密等建筑结构性能,采用节能环保型建筑材料,配套先进适用的绿色储粮技术和工艺、环保高效的进出仓接发、清理设施设备,采用信息化、智能化装备,实现储存期间粮情稳定可控,促进粮食保质保鲜、长储长新的储备用粮仓。政府应当采取以下措施建设高标准粮仓:(1) 制定和完善高标准粮仓建设的技术要点,明确仓房建筑、接发与储粮工艺、电气与自控、信息化系统等内容的技术要求。(2) 加大财政投入,支持高标准粮仓建设项目的咨询、设计、施工、监理、检测等工作,提高工程质量和效益。(3) 加强项目管理,严格执行工程建设相关法律法规和标准规范,加强工程监督和验收,及时解决工程建设中的问题和困难。(4) 加强技术培训,提高高标准粮仓建设和运行管理人员的技术水平和业务能力,推广高标准粮仓建设的经验和做法。(5) 加强

---

[1] 《国家粮食和物资储备局关于印发优质粮食工程"六大提升行动"方案的通知》附件,载国家粮食和物资储备局网站,http://www.lswz.gov.cn/html/zcfb/2021-11/17/content_268266.shtml,最后访问时间:2024年2月1日。

[2] 《国家粮食和物资储备局办公室关于印发高标准粮仓建设技术要点(试行)的通知》,载国家粮食和物资储备局网站,http://www.lswz.gov.cn/html/zcfb/2022-01/26/content_269224.shtml,最后访问时间:2024年2月1日。

科技创新，促进高标准粮仓建设和运行管理的技术进步和装备更新，提高高标准粮仓的智能化、绿色化、节能化水平。

（二）加强粮食储备质量检验能力建设

加强粮食储备质量检验能力建设是保障国家粮食安全的重要措施，有利于规范粮食储备质量检验行为，提高粮食储备质量检验的准确性和有效性，为粮食储备的收购、储存、轮换、动用等提供精准有效的质量安全信息，为粮食储备的管理和监督提供科学依据。

县级以上人民政府应当从以下几个方面加强粮食储备质量检验能力建设：（1）建立健全粮食储备质量检验制度和标准，规范检验行为和流程，确保检验结果的客观、公正、科学、合理。（2）加强粮食储备质量检验机构的体系建设，提高检验机构的资质认定、管理水平和服务能力，加强对检验机构的监督和考核，严肃查处出具虚假检验数据等违法违规行为。（3）加强粮食储备质量检验人员的能力建设，定期对检验人员进行政策和技术培训，提高检验人员的专业素养和技能水平，落实检验人员的责任制度，确保检验人员履行职责。（4）引进、开发、应用先进的质量检验技术、方法、标准和设备，提高粮食储备质量检验的准确性、灵敏性、快速性和智能性，满足粮食储备质量检验的多样化、个性化、定制化需求。

二、推进仓储科技创新和推广应用

本条规定，县级以上人民政府应当推进仓储科技创新和推广应用。推进仓储科技创新和推广应用，为加强粮食储备基础设施建设提供了技术支撑和动力。仓储科技创新和推广应用包括开发和应用先进的仓储技术、方法、设备等，是提高粮食储备质量和效率，降低粮食储存损耗和成本，保障粮食安全的重要手段。只有推进仓储科技创新和推广应用，才能不断优化和提升粮食储备基础设施的安全性、适用性和节能性，实现粮食储备基础设施的智能化、数字化和绿色化。

县级以上人民政府应当从以下几个方面推进仓储科技创新和推广应用：（1）增加科技投入，支持仓储科技研发和示范，引导和鼓励各类市场主体参与仓储科技创新，培育一批具有自主知识产权的仓储技术装备和标准的市场主体，提高仓储科技创新水平和能力。（2）加快仓储科技成果的转化和应用，推广先进的仓储技术、方法、设备等，提高粮食储藏的效率、效果和节能性，降低粮食储存的损耗和风险，保障粮食质量安全。（3）加强仓储科技人才的培养和引进，建立健全仓储科技人才激励机制，提高仓储科技人才的专业素养和技能水平，落实仓储科技人才的责任制度，确保仓储科技人才履行职责。（4）加强仓储科技创新的管理和服务，建立健全仓储科技创新的规划、指导、协调、监督和评价机制，优化仓储科技创新的政策环境，提高仓储科技创新的效率和效益。

三、加强政府粮食储备管理信息化建设

本条规定，县级以上人民政府应当加强政府粮食储备管理信息化建设。政府粮食储备管理信息化是指利用互联网、大数据、人工智能等新一代信息技术，提高政府粮食储备的储存、监管、调度、应急等管理水平，保障国家粮食安全和储备安全。《政府储备粮食质量安全管理办法》第十三条规定："政府储备粮食入库后，应按规定及时建立逐货位质量安全档案。按时间顺序如实准确记录入库检验、自检、出库检验结果及有关问题整改情况，完整保存检验报告、原始记录的原件或复印件，不得伪造、篡改、损毁、丢失。政府储备粮食应加强信息化管理，承储单位应按照要求实行线上动态更新有关质量信息。"《政府储备粮食仓储管理办法》第三十七条规定："承储单位应当加强信息化建设，提升政府储备信息化管理水平，将政府储备业务相关信息纳入全国粮食储备地理信息系统和政府储备库存监管应用系统。"

加强政府粮食储备管理信息化建设，是提高政府粮食储备管理效率和能力，进而提高粮食安全保障水平的重要举措。通过运用云计算、物联网、人工智能等新一代数字技术，可以实现政府粮食储备的实时监测、动态管理和智能决策，提高政府粮食储备的安全性、透明度和可追溯性。同时，信息化可以优化政府粮食储备的收购、销售、轮换、动用等流程，提高政府粮食储备的效率、效果和节能性，降低粮食储备的损耗和成本。

根据《国家粮食和物资储备局关于统筹推进粮食和物资储备信息化建设的指导意见》[①]，可以从以下几个方面着手加强政府粮食储备管理信息化建设：（1）加快推进储备管理业务规范化和数据标准化，提升仓储作业自动化和智能化水平，突出储备物资数量、质量和安全管理，实现账、卡、表、簿电子化和业务网上办理，提升数据采集、处理、传输、共享、存储、发布等信息化应用水平。（2）完善储备信息统计体系，利用数据安全中心和视频监控系统，动态显示储备布局、数量、品种、性质、质量、年限、来源、流向等情况，实时连线承储企业和库点，实现监管全覆盖、业务全知道、现场能看到。（3）强化储备物资数量、质量和安全监管，加大库存数量在线监测技术的应用研究力度。实时采集粮食储备仓库粮情检测

---

① 《国家粮食和物资储备局关于统筹推进粮食和物资储备信息化建设的指导意见》，载国家粮食和物资储备局网站，http：//www.lswz.gov.cn/html/zcfb/2020-01/15/content_248536.shtml，最后访问时间：2024年2月1日。

等数据，建立动态分析模型，与出入库、轮换计划、春普秋普检查、统计直报等业务数据智能匹配分析，实现业务自动监控和违规自动报警，提高库存动态监管的准确性和实时性。（4）搭建粮食企业信用监管系统，建立并完善粮食企业严重违法失信名单制度、粮食企业信用评价体系和信用档案系统。（5）引入区块链等新技术，逐步完善粮食质量数据库，加强粮食生产环节品质测报，储备粮和政策性粮食收购、储存、出库等环节的质量信息采集，为强化粮食库存质量管理提供信息支撑。（6）完善人才和资金保障措施。一方面，要健全多层次的信息化人才培养体系，充分发挥行业系统相关高等院校和科研、培训基地作用，加快信息化技术创新、转化和人才培养；另一方面，要积极争取和统筹安排国家各类信息化建设资金，提高资金使用效益和信息化建设效能。建立健全信息化投入机制，创新建设投资模式，保障建设和运维所需资金。

【适用指南】

本条明确了县级以上人民政府在粮食储备基础保障工作中的责任。实践中，县级以上人民政府应当予以遵循。具体而言：（1）应当加大财政投入，支持粮食储备基础设施的建设、改造和维护，提高粮食储备的安全性、稳定性和效率。（2）应当加强粮食储备质量检验能力建设，配备必要的检验设备和人员，建立健全粮食储备质量检验制度和标准，定期对粮食储备的质量进行检验、监测和评价，及时发现和处理质量问题。（3）应当推进仓储科技创新和推广应用，支持开展仓储科技研发和示范，鼓励采用先进的仓储技术和设备，提高粮食储备的质量保障和储存效益。（4）应当加强政府粮食储备管理信息化建设，建立健全粮食储备管理信息系统，实现粮食储备的动态监控和数据共享，提高粮食储备的管理水平和服务能力。

【关联规范】

《粮食流通管理条例》第二十五条、第三十一条、第三十八条。

第三十四条　【政府粮食储备列入国有资产报告】 县级以上人民政府应当将政府粮食储备情况列为年度国有资产报告内容，向本级人民代表大会常务委员会报告。

【条文主旨】

本条是关于将政府粮食储备列入国有资产报告的规定。

【条文释义】

本条规定将政府粮食储备列入国有资产报告。国有资产是法律上确定为国家所有并能为国家提供经济和社会效益的各种经济资源的总和。政府粮食储备是国家为了保障粮食有效供给，应对粮食市场波动和突发事件，维护国家粮食安全和社会稳定，而设立的一种由国家拨款或者其他国有资产形成的特殊国有资产。政府粮食储备的所有权归属于政府，实行政府分级监管、各部门及其所属单位直接支配的管理体制。本条明确将政府粮食储备情况列为年度国有资产报告内容，一方面，有利于加强人大对政府粮食储备的监督管理，提高政府粮食储备的透明度和公信力，保障国家粮食安全和社会稳定；另一方面，也可以增强政府粮食储备的法治化和规范化，防止政府粮食储备的浪费、损失、滥用等问题，进而提高政府粮食储备的效率和效益。

总体而言，本条包含以下几点：（1）义务主体是县级以上人民政府，包括各省（自治区、直辖市）、设区的市（自治州）、县（自治县、市辖区）人民政府以及中央人民政府。（2）义务内容是将政府粮食储备情况列为年度国有资产报告内容。（3）将政府粮食储备情况列为年度国有资产报告内容的目的是向本级人民代表大会常务委员会报告，接受人大监督。

一、县级以上人民政府应当将政府粮食储备情况列为年度国有资产报告内容

根据《国有资产报告编报工作暂行办法》[①]第四条、第五条、第六条的规定，国有资产报告采取综合报告和专项报告相结合的方式。其中，综合报告全面反映各级各类国有资产管理情况，专项报告分别反映企业国有资产（不含金融企业）、金融企业国有资产、行政事业性国有资产、国有自然资源四类国有资产管理情况。具体而言：（1）企业国有资产（不含金融企业）专项报告的范围包括各履行出资人职责的部门和机构管理企业、党政机关和事业单位所办企业等国有资产。（2）金融企业国有资产专项报

[①] 《关于印发〈国有资产报告编报工作暂行办法〉的通知》，载中国政府网，https://www.gov.cn/zhengce/zhengceku/2021-10/18/content_5643294.htm，最后访问时间：2024年2月1日。

告的范围包括国家及其授权投资主体直接或间接对金融机构出资所形成的资本和应享有的权益，凭借国家权力和信用支持的金融机构所形成的资本和应享有的权益等国有金融资本。（3）行政事业性国有资产专项报告的范围包括各类行政事业单位依法直接支配的各类资产，包括固定资产、在建工程、无形资产、对外投资以及流动资产等，还包括由行政事业单位用于提供公共服务的公共基础设施、保障性住房、政府储备物资、文物文化资产等。（4）国有自然资源专项报告的范围包括全民所有土地、矿产、森林、草原、湿地、水流、海洋等自然资源资产。

政府粮食储备作为政府粮食和物资储备部门依法直接支配的各类资产，属于行政事业性国有资产专项报告的范畴。换言之，本条要求将政府粮食储备情况列为年度国有资产报告内容，是指在行政事业性国有资产专项报告中明确政府粮食储备相关情况，在此基础上，并入国有资产综合报告。

（一）年度国有资产报告的编制主体

县级以上人民政府应当将政府粮食储备情况列为年度国有资产报告内容。这里的"县级以上人民政府"，既包括省（自治区、直辖市）、设区的市（自治州）、县（自治县、市辖区）人民政府，也包括中央人民政府。更细致地讲，各地政府在编制年度国有资产报告时，主要是财政部门负责编制。例如，根据《国有资产报告编报工作暂行办法》第十条的规定，县级以上地方各级财政部门按照财政部和本级人民政府部署要求，开展本地区综合报告和有关专项报告编制工作；财政部在有关中央部门和单位以及各省级人民政府报送的报告基础上，经过审核汇总，编制全国国有资产综合报告和有关专项报告，按照程序呈报国务院。根据《行政事业性国有资产管理条例》第四十五条的规定，各部门所属单位应当每年编制本单位行政事业性国有资产管理情况报告，逐级报送相关部门。各部门应当汇总编制本部门行政事业性国有资产管理情况报告，报送本级政府财政部门。

（二）年度国有资产报告中应列入的政府粮食储备具体内容

根据《行政事业单位国有资产年度报告管理办法》[①] 第十三条、第十四条、第十五条的规定，以及财政部《关于编报 2023 年度行政事业性国

[①] 《财政部关于印发〈行政事业单位国有资产年度报告管理办法〉的通知》，载中国政府网，https：//www.gov.cn/xinwen/2017-02/14/content_ 5167935.htm#1，最后访问时间：2024 年 2 月 1 日。

有资产报告的通知》① 对于"编报内容"的说明，资产报告由行政事业性国有资产报表、填报说明和分析报告三部分构成：（1）行政事业性国有资产报表包括单户表和汇总表。单户表由各行政事业单位编报，反映本单位国有资产总体情况、存量情况、配置使用处置等管理情况，以及土地、房屋、车辆、公共基础设施、政府储备物资、文物文化资产、保障性住房等重要资产情况。汇总表由各单位、各部门、各地方按照财务管理关系逐级汇总编报。（2）填报说明是对资产年报填报口径、审核情况、数据差异情况以及其他编报相关情况的说明。（3）分析报告是按照国有资产报告制度有关要求，对行政事业性国有资产总体情况进行分析和总结，重点反映行政事业性国有资产管理工作情况、保障单位履职和促进事业发展情况，以及当前资产管理中存在的突出问题，并提出意见和建议。

将政府粮食储备情况列为年度国有资产报告内容，应当注意以下几点：第一，本条中的"政府粮食储备情况"应当包括政府粮食储备的数量、品种、质量、价值、存储地点、轮换情况、投放情况、损耗情况等内容，反映政府粮食储备的规模、结构、安全、效益等状况。第二，政府粮食储备情况应当按照中央储备和地方储备的分类，分别进行统计核算和报告，体现政府粮食储备的层级管理和责任划分。第三，政府粮食储备情况应当与政府粮食储备规划和计划相对应，分析政府粮食储备的实施情况和存在问题，提出改进措施和建议。

二、向本级人民代表大会常务委员会报告

根据本条规定，县级以上人民政府应当将年度国有资产报告内容，向本级人民代表大会常务委员会报告。其目的是接受同级人大的监督检查。在我国，人民代表大会及其常务委员会负责监督本级人民政府对国有资产的管理，各级人民代表大会常务委员会听取和审议本级人民政府关于国有资产管理情况的报告。例如，《行政事业性国有资产管理条例》第四十七条规定，县级以上人民政府应当接受本级人民代表大会及其常务委员会对行政事业性国有资产管理情况的监督，组织落实本级人民代表大会及其常务委员会审议提出的整改要求，并向本级人民代表大会及其常务委员会报告整改情况。《国有资产报告编报工作暂行办法》第十一条、第十二条规定，县级以上各级财政部门商各相关部门、单位配合做好本级人大常委会审议报告相关工作，按照规定程序对报告的数据和内容进行审核。根据本

---

① 《关于编报 2023 年度行政事业性国有资产报告的通知》，载财政部网站，http://bgt.mof.gov.cn/zhuantilanmu/rdwyh/czyw/202312/t20231221_3923340.htm，最后访问时间：2024 年 2 月 1 日。

级人大常委会审议意见任务分工，财政部门商各相关部门汇总梳理关于本级人大常委会审议意见的处理情况和国有资产管理领域审计发现主要问题及整改问责情况，形成审议意见处理情况报告，经本级人民政府同意后报本级人大常委会。

【适用指南】

县级以上人民政府应当按照国家有关规定，每年编制国有资产报告时，将政府粮食储备情况列为年度国有资产报告内容，及时向本级人民代表大会常务委员会报告，并接受其监督。该内容应当包括政府粮食储备的数量、品种、质量、价值、储存地点、储存方式、储存成本、储存损耗等，反映政府粮食储备的规模、结构、质量、安全、效益等情况。

【关联规范】

《行政事业性国有资产管理条例》第四十三条、第四十四条、第四十五条、第四十六条、第四十七条。

第五章 粮食流通

> **第三十五条 【加强粮食市场监管与调控】** 国家加强对粮食市场的管理，充分发挥市场作用，健全市场规则，维护市场秩序，依法保障粮食经营者公平参与市场竞争，维护粮食经营者合法权益。
>
> 国家采取多种手段加强对粮食市场的调控，保持全国粮食供求总量基本平衡和市场基本稳定。县级以上地方人民政府应当采取措施确保国家粮食宏观调控政策的贯彻执行。

【条文主旨】

本条是关于国家加强粮食市场监管与调控的原则性规定。

【条文释义】

本条规定了国家加强粮食市场监管与调控的相关内容，属于政府干预粮食市场的授权。通常而言，政府对粮食市场的干预，可以分为消极干预和积极干预两大类。一方面，消极干预对应政府的监管行为，研究政府如何通过对粮食市场的监督和约束，为充分发挥市场在资源配置中起决定性作用扫除障碍；另一方面，积极干预对应政府的调控行为，研究政府如何以有力的调控手段维持粮食市场稳定。

总体而言，本条分为两款：第一款着眼于政府的监管职能，规定国家加强对粮食市场的管理，充分发挥市场作用，健全市场规则，维护市场秩序，依法保障粮食经营者公平参与市场竞争，维护粮食经营者合法权益；第二款着眼于政府的调控职能，规定国家采取多种手段加强对粮食市场的调控，保持全国粮食供求总量基本平衡和市场基本稳定。县级以上地方人民政府应当采取措施确保国家粮食宏观调控政策的贯彻执行。

一、加强对粮食市场的监管

本条第一款规定，国家加强对粮食市场的管理，充分发挥市场作用，健全市场规则，维护市场秩序，依法保障粮食经营者公平参与市场竞争，维护粮食经营者合法权益。本款中：（1）"加强对粮食市场的管理"属于原则性规定，在本款中起统领作用；（2）"充分发挥市场作用"是国家管理粮食市场时不可突破的界限，换言之，"加强对粮食市场的管理"不能影响"充分发挥市场作用"；（3）"健全市场规则，维护市场秩序，依法保障粮食经营者公平参与市场竞争，维护粮食经营者合法权益"是本款的具体要求，属于政府对粮食市场进行管理的着眼点。

（一）加强对粮食市场的管理

加强对粮食市场的管理意味着国家应当通过制定和实施法律法规、政策措施、行政指令等方式，对粮食市场的主体、行为、价格、质量、安全等方面进行规范和监督，以维护国家粮食安全和社会公共利益。

（二）充分发挥粮食市场作用

充分发挥粮食市场作用意味着国家应当尊重粮食市场的供求关系和价格形成机制，允许粮食经营者依据市场规律和自身利益，自主决定粮食的生产、收购、储存、运输、加工、销售等活动，促进粮食市场的有效运行和资源的优化配置。

（三）健全粮食市场规则

健全粮食市场规则是保障国家粮食安全的重要手段，可以有效防范和化解粮食市场风险，保障市场安全，促进市场资源的优化配置。粮食市场规则包括粮食流通管理规则、粮食质量安全规则、粮食价格监管规则、粮食市场主体监管规则等。国家应当根据粮食市场供求形势和发展变化，及时制定、修订、完善粮食市场规则，加强粮食市场监督管理，依法维护粮食流通秩序，保护粮食经营者合法权益，打击违法违规行为，确保粮食市场的公平、有序、健康运行。

（四）维护粮食市场秩序

市场秩序是市场运行的基本规则和条件，是市场体系的重要组成部分，是市场经济的基本要求。维护市场秩序，可以有效防范和化解市场风险，保障市场安全，维护消费者和社会公共利益，促进市场资源的优化配置，增强市场的活力和竞争力，提高市场的效率和效益，促进市场的创新和发展。为此，国家应当通过行政、司法等手段，打击和惩处粮食市场的违法违规行为，如哄抬粮价、囤积居奇、制售假劣粮食、扰乱粮食收购、垄断粮食流通等，维护粮食市场的正常秩序和稳定发展。

（五）依法保障粮食经营者公平参与市场竞争

发挥市场作用，需要明确粮食经营活动的公平竞争机制，保障粮食经营者公平参与市场竞争。此为从事粮食经营活动的重要原则。根据《粮食流通管理条例》第八条的规定，粮食经营者，是指从事粮食收购、销售、储存、运输、加工、进出口等经营活动的自然人、法人和非法人组织。

（六）维护粮食经营者合法权益

维护粮食经营者合法权益是保障国家粮食安全的重要措施。粮食经营者是粮食流通的主体，对粮食质量安全承担主体责任，也是粮食生产者和消费者的重要服务者。维护粮食经营者合法权益，可以激发粮食经营者的积极性和创造性，促进粮食流通的规范化、现代化和高质量发展，提高粮食利用效率，增加农民收入，满足消费者需求，形成粮食生产、流通、消费的良性循环。

二、加强对粮食市场的调控

本条第二款规定，国家采取多种手段加强对粮食市场的调控，保持全国粮食供求总量基本平衡和市场基本稳定。县级以上地方人民政府应当采取措施确保国家粮食宏观调控政策的贯彻执行。

（一）国家采取多种手段加强对粮食市场的调控

通常而言，粮食宏观调控的手段主要包括经济手段、行政手段和法律手段。其中，经济手段主要包括财政税收、储备粮吞吐、保护性收购、政策性销售、粮食进出口等；法律手段是指运用粮食生产和流通的法律法规来规范约束生产和流通行为；行政手段是指在粮食市场变动异常时，政府通过加强对市场的监督检查，制定最高限价和最低保护价、打击扰乱市场秩序行为等干预措施。在市场经济条件下，我国粮食调控应以财税、金融、保险、补贴等经济手段为主体，法律手段为辅助，必要的行政手段为补充，[1] 综合运用各项政策和措施，共同发挥调控作用。

2004年以来，我国放开粮食购销价格和经营，实施了一系列有力有效的粮食宏观调控政策，保证了粮食供求基本平衡和价格总体稳定。[2] 目前，我国在粮食流通方面采取的调控政策主要包括政策性收储、政策性粮食竞价销售、储备粮吞吐、粮食进出口调控机制等。

---

[1] 程国强、朱满德：《中国粮食宏观调控的现实状态与政策框架》，载《改革》2013年第1期。

[2] 刘冬竹：《我国粮食宏观调控回顾与展望》，载《粮食与油脂》2021年第5期。

(二) 保持全国粮食供求总量基本平衡和市场基本稳定

本规定属于粮食宏观调控的目标。保持全国粮食供求总量基本平衡和市场基本稳定，是指国家通过调控粮食总产量、总库存、总进口、总消费等，使粮食的供给和需求能够基本匹配，避免出现严重的供不应求或供过于求的情况，同时通过调节粮食的区域分布、品种结构、质量标准等，使粮食的供需关系能够适应市场的多样化和差异化的需求，避免出现粮食价格的过度波动或异常变化，维护粮食市场的秩序和信心。具体而言：(1) 粮食流通的宏观调控包括对供应量的调控和对粮食质量安全的规制。宏观调控的着眼点不仅是具体的粮食交易，而是整个粮食交易市场的总体平衡和安全。一方面，粮食生产具有季节性的特点，与粮食消费的全年性特点相矛盾，这要求国家应从宏观层面保障粮食的供应量和需求量的动态平衡，实现粮食供求总量的总体平衡。另一方面，粮食作为一种特殊的商品，与人类的生存息息相关。从保障粮食消费者的角度而言，在流通过程中的粮食质量安全尤为重要，为此，国家应从宏观层面加强粮食质量安全的保障。(2) 供求决定商品的价格，粮食供求总量的平衡对于粮食价格的稳定具有重要的意义。而且，我国的粮食主产区和粮食主销区都相对集中，粮食流通作为沟通和连接粮食生产和粮食消费的环节，地位和作用十分重要。粮食生产可以解决粮食供应的问题，但是粮食的流通可以在粮食生产和粮食消费之间搭建桥梁，促进粮食供求总量平衡的实现。国家采取储备粮吞吐、委托收购、粮食进出口等多种经济手段，加强对粮食市场的调控，保持全国粮食供求总量的基本平衡。只有粮食供求的基本平衡才可以保障粮食价格的总体稳定。

(三) 县级以上地方人民政府应当采取措施确保国家粮食宏观调控政策的贯彻执行

县级以上地方人民政府作为国家粮食宏观调控的重要执行者和监督者，应当根据国家的粮食安全战略和政策要求，结合本地的实际情况，制定和实施相应的粮食管理规划、措施和制度，协调和推动各级各部门、各类市场主体、各种社会力量的参与和配合，确保国家粮食宏观调控政策的落地见效，为国家粮食安全提供有力的地方保障。

【适用指南】

本条规定了国家对粮食市场的管理和调控的原则和目标，以及地方政府的责任和义务。(1) 粮食市场是国家粮食安全的重要组成部分，也是粮食经营者的主要活动场所，国家应当加强对粮食市场的监管和调控，保障粮食市场的健康发展。（2）县级以上地方人民政府作为国家粮食宏观调控政策的执行主体，应当根据国家的统一部署和本地的实际情况，采取有效的措施，确保国家粮食宏观调控政策的贯彻执行。

【关联规范】

《粮食流通管理条例》第三条、第四条、第七条、第二十六条。

案例评析

山东某食品加工有限公司未及时支付售粮款案[①]

一、基本案情

根据 12325 全国粮食和物资储备监管热线转办线索核查发现，山东某食品加工有限公司未及时支付陈某某等多名售粮者售粮款共计 2414.67 万元。2022 年 8 月，有关部门依据《粮食流通管理条例》有关规定，依法给予该企业警告并处 50 万元罚款的行政处罚。

二、案例评析

此案例涉及一家食品加工有限公司未能及时支付购买粮食的款项。在《粮食流通管理条例》第十一条中，对于粮食购销双方的交易行为有明确规定，包括及时支付售粮款以保障售粮者的合法权益。因此，该公司的行为违反了相关法规，受到了行政处罚。未及时支付售粮款对售粮者可能造成重大经济损失，对粮食市场信用体系可能产生不良影响。对此进行处罚能够有效地纠正企业的违法行为，防止类似情况再次发生。当然，对于此类违法行为，有关部门除了处罚外，还应加强对涉案企业的监管和业务指导，帮助其建立合规的交易和支付机制。

总而言之，本案体现了政府对粮食交易市场秩序的监管和保护，强调了粮食加工企业在粮食交易中应当遵守合同约定，及时履行支付义务，以维护市场参与者的合法权益和市场交易秩序。对于粮食加工企业而言，合规经营不仅是法律要求，也是企业信誉和可持续发展的基础。

[①] 《国家粮食和物资储备局通报十起粮食流通违法违规典型案例》，载中国农网，https://www.farmer.com.cn/2023/03/02/wap_99922602.html?eqid=f7276fbc00026400000000066466f3df，最后访问时间：2024 年 2 月 2 日。

> **第三十六条 【粮食流通基础设施的建设和保护】** 县级以上地方人民政府应当加强对粮食仓储、物流等粮食流通基础设施的建设和保护，组织建设与本行政区域粮食收储规模和保障供应要求相匹配，布局合理、功能齐全的粮食流通基础设施，并引导社会资本投入粮食流通基础设施建设。
>
> 任何单位和个人不得侵占、损毁、擅自拆除或者迁移政府投资建设的粮食流通基础设施，不得擅自改变政府投资建设的粮食流通基础设施的用途。

【条文主旨】

本条是关于粮食流通基础设施建设和保护的规定。

【条文释义】

本条规定了粮食流通基础设施建设和保护的相关内容。粮食流通基础设施，是指用于粮食收购、储存、运输、加工、销售等经营活动的仓储设施、物流设施、检验检测设施、信息化设施等，是保障粮食流通安全和效率的重要条件。概括而言，根据主体不同，本条分为两款：第一款着眼于县级以上地方人民政府在粮食流通基础设施建设和保护方面的职责，规定县级以上地方人民政府应当加强对粮食仓储、物流等粮食流通基础设施的建设和保护，组织建设与本行政区域粮食收储规模和保障供应要求相匹配，布局合理、功能齐全的粮食流通基础设施，并引导社会资本投入粮食流通基础设施建设。其中，"加强对粮食仓储、物流等粮食流通基础设施的建设和保护"是总体要求；"组织建设与本行政区域粮食收储规模和保障供应要求相匹配，布局合理、功能齐全的粮食流通基础设施，并引导社会资本投入粮食流通基础设施建设"是具体要求。第二款着眼于所有单位和个人在粮食流通基础设施保护方面的义务，采取禁止性方式，规定任何单位和个人不得侵占、损毁、擅自拆除或者迁移政府投资建设的粮食流通基础设施，不得擅自改变政府投资建设的粮食流通基础设施的用途。

一、县级以上地方人民政府加强对粮食流通基础设施的建设和保护

根据本条第一款规定，县级以上地方人民政府应当加强对粮食仓储、物流等粮食流通基础设施的建设和保护。该规定使用了"应当"一词，明

确了县级以上地方人民政府在粮食流通基础设施的建设和保护方面的责任和义务。具体而言，应当从以下两个方面进行理解：（1）该规定中的责任和义务主体为"县级以上地方人民政府"，即省（自治区、直辖市）、设区的市（自治州）、县（自治县、市辖区）人民政府。（2）该规定明确的责任和义务内容包括粮食仓储、物流等粮食流通基础设施的建设和保护两个层面。换言之，县级以上地方人民政府不但应当加强对粮食仓储、物流等粮食流通基础设施的建设，确保粮食流通基础设施之"生成"，还应当在粮食流通基础设施建设之后，采取措施对其进行保护，确保粮食流通基础设施之"持续"。

二、组织建设与本行政区域粮食收储规模和保障供应要求相匹配，布局合理、功能齐全的粮食流通基础设施

粮食流通基础设施建设应当结合地方实际，有的放矢。为此，本条第一款进一步明确了粮食流通基础设施建设的基本要求，明确地方政府组建的粮食流通基础设施应当与本行政区域粮食收储规模和保障供应要求相匹配，且应当布局合理、功能齐全。

第一，与本行政区域粮食收储规模和保障供应要求相匹配。粮食流通基础设施建设要与粮食收储规模和供应保障要求相匹配，要科学合理地确定粮食储备规模，以此确定储备设施的能力和数量。粮食流通基础设施应与交通运输设施（公路、铁路、水运）等高效协调。要充分考虑不同地区的粮食资源优势、地缘优势、经济优势，把粮食仓储、运输、装卸、信息和检测等基础设施建设与提高粮食流通能力相结合。[1]

第二，布局合理、功能齐全。"布局合理"是指各级政府应当根据本地区的粮食生产、消费、储备等实际情况，合理规划和配置粮食流通基础设施的数量、规模、位置、类型等，满足粮食流通的需求，保障粮食的安全、高效、便捷、低碳流通。"功能齐全"是指各级政府应当建设和完善具有粮食收储、物流、加工、交易、检测、信息等功能的粮食流通基础设施，提高粮食流通的现代化水平，满足市场和消费者的多样化需求。

三、引导社会资本投入粮食流通基础设施建设

全面深化粮食流通领域改革，要使市场在资源配置中起决定性作用。本条第一款明确县级以上地方人民政府应当引导社会资本投入粮食流通基础设施建设，旨在积极引导社会力量、民营企业等多元主体参与粮食流通基础设施建设。需要说明的是，本条对于社会资本投入粮食流通基础设施

---

[1] 张晓强：《构建现代化粮食流通体系》，载《中国粮食经济》2018年第10期。

建设的规定是从政府视角出发的。换言之，本条主要是明确政府的引导责任。

可以着眼于以下三个方面，引导社会资本投入粮食流通基础设施建设：（1）制定相关规划和支持政策，明确粮食流通基础设施建设的目标、任务、标准和要求，提供财政、税收、金融等优惠政策，降低社会资本投资成本和风险。（2）建立健全投融资机制，鼓励社会资本与政府、金融机构开展合作，创新投融资模式，拓宽投资渠道，增加投资回报。（3）加强项目建设和运营管理，优化项目审批和监管流程，提高项目建设和运营效率和质量，保障项目安全和可持续发展等。

四、任何单位和个人不得破坏政府投资建设的粮食流通基础设施

本条第二款规定，任何单位和个人不得侵占、损毁、擅自拆除或者迁移政府投资建设的粮食流通基础设施，不得擅自改变政府投资建设的粮食流通基础设施的用途。本规定属于一种禁止性的法律规范，对任何单位和个人都具有普遍的约束力，旨在保护政府投资建设的粮食流通基础设施不受破坏，维护粮食流通的顺畅和安全，促进粮食流通高质量发展。具体而言：（1）从义务主体看，不破坏粮食流通基础设施是所有主体的义务，包含任何单位和个人。（2）从义务性质看，该义务属于一种消极义务，即要求义务人不作为的义务，表现为义务人不得实施任何破坏粮食流通基础设施的行为。同时，该义务属于一种强制性的法律义务，如果违反，义务人就需要承担不利的法律后果。例如，本法第六十八条明确了侵占、损毁、擅自拆除或者迁移政府投资建设的粮食流通基础设施，或者擅自改变其用途的法律责任，即"违反本法规定，侵占、损毁、擅自拆除或者迁移政府投资建设的粮食流通基础设施，或者擅自改变其用途的，由县级以上地方人民政府有关部门依照职责责令停止违法行为，限期恢复原状或者采取其他补救措施；逾期不恢复原状、不采取其他补救措施的，对单位处五万元以上五十万元以下罚款，对个人处五千元以上五万元以下罚款"。（3）从行为方式看，义务人不得实施的破坏行为包括不侵占、不损毁、不擅自拆除或者迁移政府投资建设的粮食流通基础设施，不擅自改变政府投资建设的粮食流通基础设施的用途。（4）从义务对象看，义务人的禁止性行为指向的是政府投资建设的粮食流通基础设施。政府投资建设的粮食流通基础设施是国家的重要财产，任何单位和个人都应当尊重和保护，不得实施任何损害其功能和价值的行为。

【关联规范】

《粮食流通管理条例》第三十一条。

> **第三十七条 【粮食经营台账建立及数据报送】** 从事粮食收购、储存、加工、销售的经营者以及饲料、工业用粮企业，应当按照规定建立粮食经营台账，并向所在地的县级人民政府粮食和储备主管部门报送粮食购进、储存、销售等基本数据和有关情况。

【条文主旨】

本条是关于粮食经营台账建立及数据报送的规定。

【条文释义】

本条规定了粮食经营台账建立及数据报送的相关内容，目的是加强政府对于粮食经营情况的掌握，进而提高政府对粮食市场的调控能力。本条附加了从事粮食收购、储存、加工、销售的经营者以及饲料、工业用粮企业建立粮食经营台账和报送数据的特别义务。

一、从事粮食收购、储存、加工、销售的经营者以及饲料、工业用粮企业

根据本条规定，建立粮食经营台账及报送数据的义务主体是从事粮食收购、储存、加工、销售的经营者以及饲料、工业用粮企业。具体而言，该义务主体包括两类：一是从事粮食收购、储存、加工、销售的经营者；二是饲料、工业用粮企业。其中，从事粮食收购、储存、加工、销售的经营者是指在粮食市场上进行相关业务的单位或个人，如粮食批发商、零售商、加工厂、物流公司等。饲料、工业用粮企业是指从事饲料或工业用粮的生产、加工、销售等经营活动的企业。其中，饲料是指用于饲养动物的物质，包括粗饲料、精饲料、添加剂等。工业用粮是指用于工业生产的粮食，包括淀粉、酒精、饲料原料等。

二、建立粮食经营台账

根据本条规定，建立粮食经营台账是从事粮食收购、储存、加工、销售的经营者以及饲料、工业用粮企业特别义务的内容之一。所谓"粮食经营台账"，是指粮食企业根据粮食经营原始记录，对粮食购进、销售和库存等情况，按照国家粮食统计制度要求进行记载的专门账簿。粮食经营台账是统计工作的基础，是填报统计报表的基础资料。建立粮食经营台账有利于保障统计数据真实准确，提高粮食企业统计基础数据质量。

对于粮食经营台账的具体内容，本条并未明确。但本条规定，义务主体"应当按照规定"建立粮食经营台账。对于"规定"的理解，因本法并未限制其效力层级，为此可以将其做广义解释，包括中央及地方制定的相关规定。首先，在中央层面，除本法以外，《粮食流通管理条例》第二十三条对粮食经营台账的义务主体、保存期限等方面做出规定，属于本条"规定"的范围；作为粮食经营台账的上位概念，"统计台账"更有专门的《中华人民共和国统计法》对其作出详细规定，为此《中华人民共和国统计法》及其实施条例亦属于本条"规定"的范围；在此基础上，国家粮食和物资储备局印发的《国家粮食流通统计调查制度》①《国家粮食流通统计调查制度实施细则》② 对于粮食经营台账作了更加细化的规定，亦属于本条"规定"的范围。其次，在地方层面，各级地方政府及其相关部门制定的粮食经营台账相关规定亦属于本条"规定"的范围，粮食企业应当遵守。

三、报送数据

本条规定，从事粮食收购、储存、加工、销售的经营者以及饲料、工业用粮企业，应当向所在地的县级人民政府粮食和储备主管部门报送粮食购进、储存、销售等基本数据和有关情况。如前所述，粮食企业建立粮食经营台账的目的是加强政府对于粮食经营情况的掌握，进而提高政府对粮食市场的调控能力。为此，粮食企业应当主动向政府报送粮食经营台账记录的内容，以便政府及时、准确了解情况。对于本部分的理解，应着眼于以下两个方面：

第一，义务主体向谁报送。根据本条规定，从事粮食收购、储存、加工、销售的经营者以及饲料、工业用粮企业，应当向其所在地的县级人民政府粮食和储备主管部门报送。此处需与粮食经营台账范本的制定主体有所区分：粮食经营台账范本是由省级粮食和储备主管部门制定的，粮食企业按照规定填写相关内容后，其记录的数据应当向县级粮食和储备主管部门报送。

---

① 《国家粮食和物资储备局关于印发〈国家粮食流通统计调查制度〉等3项制度的通知》，载国家粮食和物资储备局网站，http://www.lswz.gov.cn/html/zcfb/2021-12/02/content_268403.shtml，最后访问时间：2024年2月2日。

② 《国家粮食和物资储备局关于印发〈国家粮食流通统计调查制度〉等3项制度的通知》，载国家粮食和物资储备局网站，http://www.lswz.gov.cn/html/zcfb/2021-12/02/content_268403.shtml，最后访问时间：2024年2月2日。

第二，数据报送的内容。根据本条规定，从事粮食收购、储存、加工、销售的经营者以及饲料、工业用粮企业向其所在地的县级人民政府粮食和储备主管部门报送的数据为粮食购进、储存、销售等基本数据和有关情况，即粮食经营台账记录的内容。需要说明的是，有些粮食经营台账记录的内容可能涉及企业商业秘密，对此，根据《粮食流通管理条例》第二十三条的规定，粮食经营者报送的基本数据和有关情况涉及商业秘密的，粮食和储备行政管理部门负有保密义务。

四、建立经营台账和报送数据的义务性质

本条使用了"应当"一词，表明从事粮食收购、储存、加工、销售的经营者以及饲料、工业用粮企业建立粮食经营台账是一种法定义务。换言之，如果义务主体没有履行相应义务，应当承担不利的法律后果。对此，本法第六十七条规定了相应的法律责任，明确从事粮食收购、储存、加工、销售的经营者以及饲料、工业用粮企业未按照规定建立粮食经营台账，或者报送粮食基本数据和有关情况的，依照有关行政法规的规定处罚。

【适用指南】

本条对于粮食经营台账规定得较为原则，在具体适用时，还应当参考其他相关规定，以明确粮食经营台账的具体要求。具体而言，粮食经营台账包括以下内容：（1）粮食经营台账的制定范本。粮食经营台账样式或范本由省级粮食和物资储备局统一制定。（2）粮食经营台账的记录内容。通常而言，粮食经营台账应当记录粮食购进、销售、加工和储存等基础数据。有些省份对粮食经营台账的记录内容作出了更细致的规定，例如，根据《江西省粮食流通条例》[①] 第十七条第一款的规定，粮食经营台账应当记录粮食品种、粮食产地、收获年度、收购数量、质量等级、销售数量以及流向、出库时间等信息。（3）粮食经营台账的保存期限。根据《中华人民共和国统计法实施条例》第二十三条中的规定，统计台账应当至少保存2年；根据《粮食流通管理条例》第二十三条中的规定，粮食经营台账的保存期限不得少于3年。按照特别法优于一般法的原则，粮食经营台账的保存期限应当遵循《粮食流通管理条例》的规定，保存期限不得少于3年。此处需要说明的是，粮食经营台账保存时间过短容易影响其作用发

[①] 《江西省粮食流通条例》，载江西省人民政府网站，https://www.jiangxi.gov.cn/art/2023/9/28/art_ 396_ 4610817.html，最后访问时间：2024年2月2日。

挥，保存时间过长又会增加粮食企业负担，为此，设置合理的粮食企业经营台账保存期限是一个值得慎重考虑的问题。

【关联规范】

《中华人民共和国统计法》第二十一条、第三十五条、第三十六条、第四十一条、第四十二条；《中华人民共和国统计法实施条例》第二十三条、第四十七条；《粮食流通管理条例》第二十三条。

第三十八条 【政策性收储】 为了保障市场供应、保护粮食生产者利益，必要时国务院可以根据粮食安全形势和财政状况，决定对重点粮食品种在粮食主产区实行政策性收储。

【条文主旨】

本条是关于粮食政策性收储的规定。

【条文释义】

本条规定了粮食政策性收储的相关内容。政策性收储是粮食宏观调控的手段之一，是国家为了实现宏观调控目标，在特定区域和特定时段内的特定条件下，委托具备资质条件的粮食企业，以规定的价格收购符合质量要求的粮食的收购方式。我国目前实行的政策性收储主要是小麦和稻谷最低收购价政策。[①]

概括而言，本条主要规定了政策性收储的目的、实施条件、决定主体和实施范围。

一、粮食政策性收储是为了保障市场供应、保护粮食生产者利益

根据本条规定，粮食政策性收储的启动目的是保障市场供应、保护粮食生产者利益。

（一）保障市场供应

"保障市场供应"是粮食政策性收储的主要目的。粮食市场供应影响

---

① 国家粮食和物资储备局：《〈粮食流通管理条例〉释义》，法律出版社2021年版，第77页。

市场中的供求关系稳定，关系国家粮食安全。具体而言，政策性收储主要通过两种方式保障市场供应：（1）着眼于生产领域，政策性收储可以通过稳定粮食市场价格，保障粮食生产供应充足。通过实施最低收购价政策，国家为粮食生产者提供了价格保底，避免了市场价格过低导致的粮食生产者损失，进而有利于提高粮食生产者积极性，增加粮食市场供应。（2）着眼于储备和流通领域，政策性收储形成了国家政策性粮食储备。在粮食市场供应不足时，政府可以向市场投放粮食储备，满足粮食市场需求。

（二）保护粮食生产者利益

粮食生产者包括种粮农民及其生产者。首先，种粮农民作为粮食生产的直接执行者和主要投入者，是粮食生产的核心力量。保护种粮农民利益，一方面，有利于提升农民种粮的积极性，促进粮食生产；另一方面，也充分体现了以人为本、立法为民的法治理念。为此，《粮食流通管理条例》第二十九条第一款将政策性收储的目标确定为"保障市场供应、保护种粮农民利益"。其次，除种粮农民以外，其他粮食生产者的利益保护对于粮食生产亦具有重要作用。为此，在立法时，本条相较于《粮食流通管理条例》第二十九条第一款而言，在政策性收储的目标方面有所改进，将利益保护主体由"种粮农民"扩展至"粮食生产者"。

二、必要时国务院根据粮食安全形势和财政状况决定实行政策性收储

（一）政策性收储的适用条件

根据本条规定，政策性收储的实施需要满足"必要时"的前提条件。同时，还应考虑粮食安全形势和财政状况。

第一，根据本条规定，政策性收储是在"必要时"采取的宏观调控措施。本条并未明确"必要时"的具体情形，仅规定国务院根据粮食安全形势和财政状况决定。新修订的《粮食流通管理条例》第二十九条第一款亦未对此进行明确，但在修订以前，2004年《粮食流通管理条例》规定的政策性收储适用情形是"当粮食供求关系发生重大变化时"。同时，本法第四十条规定，粮食供求关系和价格显著变化或者有可能显著变化时，县级以上人民政府及其有关部门可以按照权限实行政策性粮食收储和销售。可以看出，粮食供求关系仍然是政策性收储适用条件的主要参考标准。当然，粮食供求变化通常会影响粮食市场价格，为此粮食市场价格亦是政策性收储的重要参考。

第二，本条规定的"粮食安全形势"和"财政状况"是国务院在决定是否采取政策性收储的重要标准。国务院决定是否实行政策性收储时，要考虑粮食安全形势和财政状况，主要是综合平衡国家粮食安全和经济发展的需要，合理确定政策性收储的品种、规模、时机、价格等，避免过度干预或者不及时干预粮食市场，造成粮食供需失衡、价格波动、财政负担等不利后果。（1）"粮食安全形势"是指一个国家或地区在一定时期内，能够保障本国或本地区人口的粮食需求和消费水平，以及应对粮食供需波动和突发事件的能力和水平。粮食安全形势受多种因素的影响，如粮食生产、储备、流通、贸易、消费、价格、政策、环境、灾害等。国务院决定是否实行政策性收储时，要根据粮食安全形势，判断粮食市场的供求状况，预测粮食价格的走势，评估粮食安全的风险，确定政策性收储的必要性和紧迫性。（2）"财政状况"是指一个国家或地区在一定时期内，政府的财政收入和支出的规模、结构、平衡和效益，以及政府的财政资产、负债和净资产的状况。财政状况反映了一个国家或地区的经济实力、发展水平和财政可持续性。国务院决定是否实行政策性收储时，要根据财政状况，考虑政策性收储的财政可承受能力，合理安排政策性收储的财政支出，平衡政策性收储的成本和收益，优化政策性收储的投融资机制。

（二）政策性收储的决定主体

根据本条规定，粮食政策性收储的决定主体为国务院。一方面，国务院作为国家行政机关的最高机构，具有全面掌握国家粮食供需、储备、贸易、价格等信息的优势，能够及时准确地判断粮食市场的形势和趋势，科学制定和调整政策性收储的品种、规模、时机、价格等，有效应对粮食市场的异常波动和突发事件；另一方面，国务院拥有充足的财政资源和政策工具，能够根据粮食安全形势和财政状况，合理安排政策性收储的财政支出，平衡政策性收储的成本和收益，优化政策性收储的投融资机制，保障政策性收储的顺利实施。

三、政策性收储的实施范围是粮食主产区内的重点粮食品种

根据本条规定，粮食政策性收储的启动范围是粮食主产区内的重点粮食品种。

（一）政策性收储仅在粮食主产区实施

粮食主产区是指地理、土壤、气候、技术等条件适合种植某些作物并具有一定的资源优势、技术优势和经济效益等比较优势的粮食重点生产区。我国的粮食生产布局是2003年至2004年确立的。[①] 根据2003年财政

[①] 刘慧：《粮食生产区划分有待完善》，载《经济日报》2023年8月3日。

部印发的《关于改革和完善农业综合开发若干政策措施的意见》（已失效）① 中"二、严格控制开发范围，突出开发重点"的规定，我国共有13个粮食主产区，分别为黑龙江（含省农垦总局）、河南、山东（不含青岛）、四川、江苏、河北、吉林、安徽、湖南、湖北、内蒙古、江西、辽宁（不含大连）。2023年，农业农村部发布对十四届全国人大一次会议第6802号建议的答复摘要，指出"下一步，相关部门将结合全国粮食生产供需格局变化，统筹研究完善全国粮食生产区划分和调整"。②

一方面，粮食主产区是粮食生产的重要区域，在粮食主产区实行政策性收储，既有利于保护粮食主产区种粮农民利益，也有利于相关企业对产区粮食就地采取收购和储备措施，保障粮食市场供应；另一方面，政策性收储是政府对市场的干预行为，与市场化收购相违背，仅在粮食主产区实行政策性收储，也是对政策性收储范围的限缩。

（二）政策性收储仅对重点粮食品种实施

重点粮食品种属于重要农产品范畴，相较于一般粮食作物，重点粮食品种主要包括小麦、水稻、玉米等谷物粮食作物，以及大豆等豆类粮食作物。将政策性收储对象限定在重点粮食品种，主要是考虑重点粮食品种种植范围广、产量大，能够保障人们的基本口粮需求。自我国政策性收储制度确立以来，政府主要针对稻谷、小麦、玉米、油菜籽、大豆等粮食品种实施政策性收储。

2004年，国务院发布《关于进一步深化粮食流通体制改革的意见》，明确提出"转换粮食价格形成机制""必要时可由国务院决定对短缺的重点粮食品种，在粮食主产区实行最低收购价格"。2005年，我国率先在南方稻谷主产区启动稻谷（包括早籼稻、中晚籼稻和粳稻）最低收购价预案，当粮食市场价格低于国家公布的最低收购价格时，由国家指定的粮食企业以最低价进行收购；2006年，第一次在小麦主产省启动小麦最低收购价执行预案。③ 目前，我国每年粮食收购涉及多个品种，覆盖全国大部分地区，时间贯穿全年。2008年起，国家开始在部分粮食主产区对玉米、油

---

① 《财政部关于印发〈关于改革和完善农业综合开发若干政策措施的意见〉的通知》，载中华人民共和国财政部网站，http://www.mof.gov.cn/gp/xxgkml/gjnyzhkfbgs/200806/t20080625_2502826.htm，最后访问时间：2024年2月2日。

② 《对十四届全国人大一次会议第6802号建议的答复摘要》，载农业农村部网站，http://www.moa.gov.cn/govpublic/ZZYGLS/202307/t20230720_6432508.htm，最后访问时间：2024年2月2日。

③ 谭砚文等：《中国粮食市场调控政策的实施绩效与评价》，载《农业经济问题》2014年第5期。

菜籽、大豆以及新疆小麦实行临时收储政策，即在指定区域和时段内，对未纳入最低收购价政策范围的粮食品种，委托符合资质条件的库点按照规定价格和品质要求进行临时收储，以稳定农产品价格。但随着市场形势的发展变化，粮食供给更加充裕，我国积极稳妥推进粮食收储制度和价格形成机制改革：2014年起先后取消了大豆、油菜籽、玉米等粮油品种国家临时收储政策，全面实行市场化收购；2016年起逐步完善了稻谷和小麦最低收购价格政策，进一步降低了政策性收购比例，实现了以市场化收购为主。①

【关联规范】

《粮食流通管理条例》第二十九条。

> 第三十九条 【特定情况下的粮食库存量】从事粮食收购、加工、销售的规模以上经营者，应当按照所在地省、自治区、直辖市人民政府的规定，执行特定情况下的粮食库存量。

【条文主旨】

本条是关于特定情况下粮食库存量的规定。

【条文释义】

本条规定了特定情况下执行粮食库存量的相关内容，目的是明确省级人民政府在特定情况下，通过对粮食库存量进行制度安排，更好地发挥粮食库存"蓄水池"的作用，维护粮食流通的正常秩序，进而提高粮食安全保障能力。

"特定情况下的粮食库存量"是指粮食市场供求或粮食价格出现异常，或者发生突发事件时，从事粮食收购、加工、销售的规模以上经营者，按照规定所维持的最低或最高库存量。

---

① 《中国的粮食安全》，载中国政府网，https://www.gov.cn/zhengce/2019-10/14/content_5439410.htm?ssp=1&setlang=en-US&safesearch=moderate，最后访问时间：2024年2月2日。

一、执行特定情况下粮食库存量的义务主体

根据本条规定，执行特定情况下粮食库存量的义务主体应当为从事粮食收购、加工、销售的规模以上经营者。

第一，从经营活动范围角度理解，执行特定情况下粮食库存量的义务主体应当为粮食收购企业、粮食加工企业和粮食销售企业。根据《粮食流通管理条例》第八条的规定，粮食经营者包括从事粮食收购、销售、储存、运输、加工、进出口等经营活动的自然人、法人和非法人组织。本条在规定特定情况下的粮食库存量时，将义务主体限定在收购、加工、销售三个环节，是对粮食经营者范围的限缩。

第二，从企业规模角度理解，执行特定情况下粮食库存量的义务主体应当为规模以上经营者。何谓"规模以上经营者"，从事不同经营活动的企业，其标准有所区别。根据国家统计局划分标准，规模以上工业企业是指年主营业务收入在2000万元及以上的工业企业；规模以上商业企业是指年商品销售额在2000万元及以上的批发业企业（单位）和年商品销售额在500万元及以上的零售业企业（单位）。[1] 需要说明的是，各地在界定规模以上经营者时有所不同。例如，吉林省参照国家统计局对于规模以上企业的划分标准，明确规模以上工业企业指年主营业务收入在2000万元及以上的工业企业，规模以上商业企业指年商品销售额在2000万元及以上的批发业企业（单位）和年商品销售额在500万元及以上的零售业企业（单位）；[2] 海南省结合当地实际情况，明确规模以上粮食经营者是指省内年收购量大于1000吨（含）的收购企业、年加工量大于2000吨（含）的加工企业、年销售量大于3000吨（含）的批发零售企业。[3]

二、执行特定情况下粮食库存量的依据

根据本条规定，执行特定情况下粮食库存量的依据应当是所在地省、自治区、直辖市人民政府的规定。换言之，特定情况下粮食库存量的具体标准等内容，遵循属地管辖原则，由地方省级人民政府决定。

---

[1]《四、统计制度及分类标准（17）》，载国家统计局网站，https：//www.stats.gov.cn/hd/cjwtjd/202302/t20230207_1902279.html，最后访问时间：2024年2月5日。

[2]《〈吉林省粮食经营者最低和最高库存量标准实施办法〉政策解读》，载吉林省农业农村厅网站，http：//agri.jl.gov.cn/zwgk/zcjd/202211/t20221125_8637477.html，最后访问时间：2024年2月5日。

[3]《海南省特定情况下粮食经营者最低和最高库存量标准实施办法》第三条。参见《关于印发〈海南省特定情况下粮食经营者最低和最高库存量标准实施办法〉的通知》，载海南省发展和改革委员会网站，http：//plan.hainan.gov.cn/sfgw/lszcfg/202212/fedf3f72eb3349a69d880db76799131e.shtml，最后访问时间：2024年2月5日。

本条之所以没有对特定情况下粮食库存量具体标准进行"一刀切"规定，反而授权由省、自治区、直辖市人民政府自主决定，主要是考虑到我国地域辽阔，粮食主产区、主销区、产销平衡区粮食经营者的数量、规模、经营模式存在较大差异，各地粮食供需情况不同和粮食安全保障水平等亦不相同。将具体标准制定权下放到省级地方政府，有利于各地因地制宜对粮食市场进行调控，提高粮食保障水平。

【适用指南】

本条是关于特定情况下粮食库存量的规定，在具体适用过程中，应当注意以下几点：

一、特定情况下粮食库存量的启动条件

对粮食企业库存量进行限制是为了确保粮食供给平衡和价格基本稳定，维护粮食流通秩序，进而保障粮食安全，其根本目的是维护社会公共利益。但不可否认的是，这种做法增加了企业储备压力，容易影响企业的经济利益。2004 年《粮食流通管理条例》第二十条第一款要求"从事粮食收购、加工、销售的经营者，必须保持必要的库存量"，这种对粮食经营者日常情况库存进行限制的做法，是对粮食企业自主经营行为的过度限制，不利于粮食企业经营发展。为此，2021 年《粮食流通管理条例》修订时，对第十九条进行了较大幅度的修订，删除了"必须保持必要的库存量"的表述，将粮食库存量规定限制在特定情形。换言之，政府只有在必要时才可以对企业库存进行限制。这有利于缓解公益与私益之间的矛盾，促使其达到平衡。

本条在确定粮食经营者特定库存时，可视为吸收了《粮食流通管理条例》的思路，规定粮食经营者的库存量制度是在特定情况下执行的。对此，有必要明确何谓"特定情况"。

本条中的"特定情况"主要包括两种情形：一种是粮食市场供求出现严重异常或者粮食价格出现较大幅度变动时；另一种是发生重大或者特别重大突发事件时。具体而言：（1）在粮食市场严重供过于求、粮食价格出现较大幅度下跌时，应当启动最低库存量标准。即从事粮食收购、加工、销售的规模以上经营者粮食库存量不能低于省、自治区、直辖市人民政府规定的最低库存量。规定最低库存量，是为了防止在粮食供过于求、价格下跌时，粮食经营者不收购、存储粮食，造成农民卖粮难，损害种粮农民利益。（2）在粮食市场严重供不应求、粮食价格出现较大幅度上涨，发生重大或者特别重大突发事件时，从事粮食收购、加工、销售的规模以上经营者粮食库存量不应高于省、自治区、直辖市人民政府规定的最高库存量。本条规定了最高库存量，是为了防止在粮食供不应求、价格上涨时，粮食经营者囤积居奇、垄断或者操纵粮食价格，损害消费者利益。

二、特定情况下粮食库存量的具体标准

合理确定粮食经营者最低和最高库存量，不仅关系到粮食宏观调控的成效，而且关系到粮食经营者的切身利益。对于粮食经营者最低和最高库存量标准的制定，既要注重保护生产者和消费者的利益，又要注重维护粮食经营者的合法权益。目前，特定情况下粮食库存量的具体标准是由省、自治区、直辖市人民政府自主决定的，本条并未对此进行明确。根据《国家发展改革委、国家粮食局关于尽快规定并公布粮食经营者最低和最高库存量具体标准的通知》[①] 中"二、合理确定粮食经营者最低和最高库存量的具体标准"的规定，各地在制定粮食经营者最低和最高库存量标准时，应当统筹兼顾、因地制宜，在确定粮食主产区、主销区和产销平衡区粮食经营者最低、最高库存量标准时，应结合本行政区域内的粮食产量、消费量、社会库存量和仓容等实际情况确定，并注意搞好毗邻地区的衔接，促进企业公平竞争等。

由于《粮食流通管理条例》于 2021 年 2 月 15 日修订，各地于 2021 年之前出台的粮食库存量相关规定有待调整，现已有部分失效。在此，本书仅列举个别地方确定的库存量标准以辅助读者理解：

第一，广东省规定的最低、最高库存标准。根据《广东省发展和改革委员会、广东省粮食和物资储备局关于粮食经营者最低和最高库存量标准的实施办法》[②] 中"二"的规定，最低库存标准为：（1）粮食收购经营者为上年度正常经营情况下月平均收购量的 10%。（2）粮食加工经营者为上年度正常经营情况下月平均加工量的 30%。（3）粮食销售经营者为上年度正常经营情况下月平均销售量的 10%。根据《广东省发展和改革委员会、广东省粮食和物资储备局关于粮食经营者最低和最高库存量标准的实施办法》中的规定，最高库存标准为：（1）粮食收购经营者为上年度正常经营情况下月平均收购量的 50%。（2）粮食加工经营者为上年度正常经营情况

---

① 《国家发展改革委、国家粮食局关于尽快规定并公布粮食经营者最低和最高库存量具体标准的通知》，载国家发展和改革委员会网站，https：//www.ndrc.gov.cn/fgsj/tjsj/jjmy/zyspqk/200802/t20080218_1116773.html，最后访问时间：2024 年 2 月 5 日。

② 《广东省发展和改革委员会、广东省粮食和物资储备局关于印发粮食经营者最低和最高库存量标准实施办法的通知》，载广东省人民政府网，http：//www.gd.gov.cn/zwgk/gongbao/2022/4/content/post_3814656.html，最后访问时间：2024 年 2 月 5 日。

下月平均加工量的100%（以进口方式采购原料的，在整体满负荷生产的前提下，原料库存数量不受限制）。（3）粮食销售经营者为上年度正常经营情况下月平均销售量的50%。

第二，吉林省规定的最低、最高库存标准。根据《吉林省粮食经营者最低和最高库存量标准实施办法》①第三条的规定，最低库存标准为：（1）从事粮食收购的经营者的最低库存量应保持不低于上年度月均收购量的20%；新粮集中上市期间（稻谷以最低收购价执行预案的执行期间为限，玉米、大豆以11月1日至次年4月30日为限），最低库存量应保持不低于上年度月均收购量的25%。（2）从事粮食加工的经营者的原粮最低库存量应保持不低于上年度月均加工量的20%；成品粮油最低库存量应保持不低于上年度月均销售量的10%。（3）从事原粮销售的经营者的最低库存量应保持不低于上年度月均销售量的20%；从事成品粮销售的经营者的最低库存量应保持不低于上年度月均销售量的10%。根据《吉林省粮食经营者最低和最高库存量标准实施办法》第四条的规定，最高库存标准为：（1）从事粮食收购的经营者的最高库存量应保持不高于上年度月均收购量的30%；新粮集中上市期间，最高库存量应保持不高于上年度月均收购量的35%。（2）从事粮食加工的经营者的原粮最高库存量应保持不高于上年度月均加工量的30%；成品粮油最高库存量应保持不高于上年度月均销售量的20%。（3）从事原粮销售的经营者的最高库存量标准应保持不高于上年度月均销售量的30%；从事成品粮销售的经营者的最高库存量应保持不高于上年度月均销售量的20%。

第三，海南省规定的最低、最高库存标准。根据《海南省特定情况下粮食经营者最低和最高库存量标准实施办法》②第四条的规定，最低库存标准为：（1）粮食收购经营者为上年度正常经营情况下月平均收购量的20%。如值新粮集中上市期间，为上年度正常经营情况下月平均收购量的25%。（2）粮食加工经营者为上年度正常经营情况下月平均加工量的15%。（3）粮食销售经营者为上年度正常经营情况下月平均销售量的20%。（4）同时从事粮食收购、加工、销售两种业务以上（含）的，执行

---

① 《吉林省人民政府办公厅关于印发〈吉林省粮食经营者最低和最高库存量标准实施办法〉的通知》，载吉林省人民政府网站，http://xxgk.jl.gov.cn/szf/gkml/202211/t20221118_8632761.html，最后访问时间：2024年2月5日。

② 《关于印发〈海南省特定情况下粮食经营者最低和最高库存量标准实施办法〉的通知》，载海南省发展和改革委员会网站，http://plan.hainan.gov.cn/sfgw/lszcfg/202212/fedf3f72eb3349a69d880db76799131e.shtml，最后访问时间：2024年2月5日。

各最低库存量标准中的最高标准。根据《海南省特定情况下粮食经营者最低和最高库存量标准实施办法》第五条的规定，最高库存标准为：（1）粮食收购经营者为上年度正常经营情况下月平均收购量的30%。如值新粮集中上市期间，为上年度正常经营情况下月平均收购量的35%。（2）粮食加工经营者为上年度正常经营情况下月平均加工量的35%（以进口方式采购原料的，在整体满负荷生产的前提下，原料库存数量不受限定）。（3）粮食销售经营者为上年度正常经营情况下月平均销售量的40%。（4）同时从事粮食收购、加工、销售两种业务以上（含）的，执行各最高库存量标准中的最低标准。

三、特定情况下粮食库存量与政策性粮食、社会责任储备的关系

需要说明的是，本法第三十二条明确了规模以上粮食加工企业的社会责任储备制度。目前各地均在推进规模以上粮食加工企业建立社会责任储备工作。对此，有必要厘清最低和最高库存量与企业社会责任储备之间的关系。同时，政策性粮食企业可能还承担了政策性粮食业务，在此亦有必要明确其与粮食经营者特定库存量的关系。

第一，对政策性粮食的规定。根据《国家发展改革委、国家粮食局关于尽快规定并公布粮食经营者最低和最高库存量具体标准的通知》中"二、合理确定粮食经营者最低和最高库存量的具体标准"的规定，粮食经营者承担的中央和地方粮食储备等政策性业务，不纳入必要库存量和最低、最高库存量标准的核定范围。各地均采取了此标准。

第二，对社会责任储备的规定。鉴于社会责任储备是近年来的制度规定，《国家发展改革委、国家粮食局关于尽快规定并公布粮食经营者最低和最高库存量具体标准的通知》出台时间较早，并未对此进行明确。着眼于地方层面，《吉林省粮食经营者最低和最高库存量标准实施办法》第七条第一款规定："粮食经营者按规定建立的企业社会责任储备，启动最低库存量标准时，可充抵要求达到的最低库存量；启动最高库存量标准时，不纳入最高库存量计算范围。企业社会责任储备下限要求高于最高库存量标准要求的，按企业社会责任储备下限要求执行最高库存量。"

【关联规范】

《粮食流通管理条例》第十九条。

> **第四十条　【调控粮食市场的措施】**粮食供求关系和价格显著变化或者有可能显著变化时，县级以上人民政府及其有关部门可以按照权限采取下列措施调控粮食市场：
> （一）发布粮食市场信息；
> （二）实行政策性粮食收储和销售；
> （三）要求执行特定情况下的粮食库存量；
> （四）组织投放储备粮食；
> （五）引导粮食加工转化或者限制粮食深加工用粮数量；
> （六）其他必要措施。
> 必要时，国务院和省、自治区、直辖市人民政府可以依照《中华人民共和国价格法》的规定采取相应措施。

【条文主旨】

本条是关于政府及其有关部门调控粮食市场时可以采取的具体措施的规定。

【条文释义】

本条规定了政府及其有关部门调控粮食市场时可以采取的具体措施。本条包括两款：第一款规定的是县级以上人民政府及其有关部门调控粮食市场时可以采取的措施；第二款规定的是国务院和省、自治区、直辖市人民政府依照《中华人民共和国价格法》的规定可以采取相应措施。需要明确的是，本条第一款中的调控措施具有一般性，是所有县级以上人民政府及其有关部门都可以采取的措施，包括国务院和省、自治区、直辖市人民政府及其有关部门；第二款中的调控措施具有特殊性，只限于国务院和省、自治区、直辖市人民政府。

一、粮食供求关系和价格显著变化或者有可能显著变化

根据本条第一款的规定，粮食供求关系和价格显著变化或者有可能显著变化时，县级以上人民政府及其有关部门可以按照权限采取措施调控粮食市场。同时，第二款规定，必要时国务院和省、自治区、直辖市人民政府可以依照《中华人民共和国价格法》的规定采取相应措施调控市场。虽然第二款并没有明确"必要时"的具体情形，但《粮食流通管理条例》第二十九条第二款规定："当粮食价格显著上涨或者有可能显著上涨时，国务院和省、自治区、直辖市人民政府可以按照《中华人民共和国价格法》的规定，采取价格干预措施。"可见，第二款中的"必要时"应当指的是"粮食价格显著上涨或者有可能显著上涨时"。

本款明确的调控粮食市场触发条件，既包括已经发生的事实，也包括可能发生的预期；既包括粮食供给和需求的数量变化，也包括粮食价格的变化，体现了一定的灵活性和预见性，有利于县级以上人民政府及其有关部门根据粮食市场的实际情况和发展趋势，及时采取调控措施。具体而言：一方面，着眼于时间角度，政府采取措施调控市场的情况包括两种，一种是粮食供求关系和价格已经显著变化，此为事后调控；另一种是粮食供求关系和价格有可能显著变化，此为事前调控。需要明确的是，事前调控发生在粮食供求关系和价格发生显著变化之前，需要政府结合粮食市场情况综合考虑。另一方面，着眼于具体类型，政府采取措施调控市场的情况亦包括两种，一种是粮食市场供求关系发生显著变化或者可能发生显著变化；另一种是粮食市场价格发生显著变化或者可能发生显著变化。

需要说明的是，在本条明确的具体措施中，不少涉及对粮食企业自主经营权的干预，如要求执行特定情况下的粮食库存量以及限制粮食深加工用粮数量等。为避免政府行使粮食市场调控权时侵害粮食企业利益，以及更好平衡粮食市场消费者与经营者的关系，应当注重政府干预粮食市场的前提条件和力度。例如，应当尤其注意本条中"显著"一词的适用条件以及"有可能"的判断标准。

二、县级以上人民政府及其有关部门可以采取的具体措施

根据本条第一款的规定，县级以上人民政府及其有关部门在调控粮食市场时可以按照权限采取的措施有：发布粮食市场信息、实行政策性粮食收储和销售、要求执行特定情况下的粮食库存量、组织投放储备粮食、引导粮食加工转化或者限制粮食深加工用粮数量、其他必要措施。其中，第一款中的"其他必要措施"属于兜底款项，在此不做赘述。本款规定的措施涵盖了粮食市场的各个环节，既有直接干预粮食供需和价格的措施，也有间接影响粮食供需和价格的措施；既有强制性的措施，也有引导性的措施；既有具体的措施，也有开放性的措施。这些措施具有一定的广泛性和灵活性，可以根据粮食市场的不同情况和需要，选择适当的措施进行调控。

（一）发布粮食市场信息

发布粮食市场信息，是指县级以上人民政府及其有关部门在粮食供求关系和价格显著变化或者有可能显著变化时，及时向社会公开粮食市场的相关数据和情况，如粮食收购进度、市场价格、供需平衡、库存量、贸易流向等。发布粮食市场信息可以从以下几个方面调控粮食市场：（1）增加粮食市场的透明度，减少信息不对称，提高市场主体的信心和预期，促进粮食市场的有效运行；（2）反映粮食市场的供求状况，预测粮食价格的走势，为政府有关部门制定和调整粮食宏观调控政策提供依据和参考；（3）科学引导粮食生产者、经营者和消费者的生产经营和消费行为，稳定粮食市场的供求平衡，平抑粮食价格的波动，保护粮食生产者和消费者的合法权益。

（二）实行政策性粮食收储和销售

政策性粮食是国家粮食宏观调控的重要物质基础，其所有权属于中央和地方各级人民政府。根据《粮食流通管理条例》第五十四条的规定，政策性粮食，是指政府指定或者委托粮食经营者购买、储存、加工、销售，并给予财政、金融等方面政策性支持的粮食，包括但不限于政府储备粮。具体而言，我国的政策性粮食主要包括以下几种：（1）中央储备粮。即中央人民政府储存的用于调节全国粮食供求总量，稳定粮食市场，以及应对重大自然灾害或者其他突发事件的粮食和食用油。（2）最低收购价粮。即国家根据最低收购价政策收购的粮食。（3）国家临时存储粮。即国家根据有关政策，通过收购、进口、划转等方式形成的粮食。（4）地方储备粮。即地方人民政府储存的用于调节辖区内粮食供求总量，稳定辖区内粮食市场，以及应对重大自然灾害或者其他突发事件的粮食和食用油，主要分为省级、市级和县级储备粮。（5）地方政策性粮。即根据有关政策通过收购、划转等方式形成的粮食。

政策性粮食收储和销售包括政策性粮食收储和政策性粮食销售。第一，政策性粮食收购。本法第三十八条明确了政策性收储制度。政策性收储主要包括最低收购价收购和国家临时收储两种方式。其中，国家临时收储已随着粮食收储制度的市场化改革进程而被逐步取消。作为重要的宏观调控措施，粮食收储制度能够有效保护和调动广大农民种粮积极性，促进我国粮食生产稳定发展。需要说明的是，本法第三十八条中政策性收储形成的粮食属于政策性粮食的一种。鉴于政策性粮食还包括中央储备粮和地方储备粮等，政策性粮食收储亦不宜局限于第三十八条。根据国家发展和改革委员会、国家粮食和物资储备局、财政部、中国农业发展银行印发的

《关于切实加强国家政策性粮食收储和销售出库监管的意见》[1] 中"二、加强重点环节监管",收储企业应当严格执行国家粮食收购政策和"五要五不准"收购准则[2],在显著位置张贴粮食收购政策,公示收购品种、质量要求、量(价)折扣规则等相关信息;在收购过程中发现疑似陈粮或掺混陈粮等异常粮食的,不得作为国家政策性粮食收购入库。第二,政策性粮食销售。根据《粮食流通管理条例》第二十七条第二款的规定,政策性粮食的采购和销售,原则上通过规范的粮食交易中心公开进行,也可以通过国家规定的其他方式进行。一方面,通过粮食交易中心销售的方式属于竞价销售,是政策性粮食销售的主要方式。"粮食交易中心"包括国家粮食交易中心和各省级交易中心。根据《粮食竞价销售交易规则》[3] 第二条的规定,国家粮食交易中心负责搭建全国粮食统一竞价交易平台、协调粮食交易和出库、组织粮食交易资金结算。经批准组建的各省(区、市)联网的粮食交易中心,承担辖区内粮食交易会员管理、交易组织、商务处理、办理地方粮食交易资金结算等工作。政策性粮食购销公开交易,有利于充分发挥市场在资源配置中的作用,确保购销公平、公正、透明,有利于保证粮食市场供应和价格基本稳定。另一方面,根据《关于做好政策性粮食销售出库监管工作的通知》[4],除竞价销售以外,政策性粮食销售也可能采取定向销售和邀标销售的方式进行。

当粮食供求关系和价格显著变化或者可能显著变化时,县级以上人民政府可以通过政策性粮食收储和销售制度调控粮食市场,包括以下几种方式:(1)根据粮食市场供求形势,科学确定政策性粮食收购价格,合理安排收购数量和时间,稳定粮食生产者的收入预期,鼓励粮食生产,增加粮食供给。(2)根据粮食市场供求形势,科学确定政策性粮食储备规模、结构和布局,确保数量和质量安全,及时进行轮换和动用,调节市场供需,稳定市场价格,防范和化解粮食市场风险。(3)根据粮食市场供求形势,

---

[1] 《关于切实加强国家政策性粮食收储和销售出库监管的意见》,载国家粮食和物资储备局网站,http://www.lswz.gov.cn/html/c100180/2018-11/13/content_240757.shtml,最后访问时间:2024年2月5日。

[2] "五要五不准"收购准则具体包括:要敞开收购,随到随收,不准折腾农民;要公平定等,准确计量,不准克扣农民;要依质论价,优质优价,不准坑害农民;要现款结算,不打白条,不准算计农民;要优质服务,排忧解难,不准怠慢农民。

[3] 《粮食竞价销售交易规则》,载国家粮食和物资储备局网站,http://www.lswz.gov.cn/html/xinwen/2018-06/11/content_205912.shtml,最后访问时间:2024年2月5日。

[4] 《关于做好政策性粮食销售出库监管工作的通知》,载国家粮食和物资储备局网站,http://www.lswz.gov.cn/html/zfxxgk/2020-11/14/content_262371.shtml,最后访问时间:2024年2月5日。

科学确定政策性粮食销售价格，合理安排销售数量和时间，满足市场需求，保障粮食消费者的利益，引导粮食消费结构优化，促进粮食产业发展。

(三) 要求执行特定情况下的粮食库存量

本法第三十九条规定，从事粮食收购、加工、销售的规模以上经营者，应当按照所在地省、自治区、直辖市人民政府的规定，执行特定情况下的粮食库存量。如前所述，在粮食市场严重供过于求、粮食价格出现较大幅度下跌时，启动最低库存量标准，能够防止粮食经营者不收购、存储粮食，造成农民卖粮难、谷贱伤农，损害种粮农民利益；在粮食市场严重供不应求、粮食价格出现较大幅度上涨，发生重大或者特别重大突发事件时，启动最高库存量标准，能够防止粮食经营者囤积居奇、垄断或者操纵粮食价格，损害消费者利益。

(四) 组织投放储备粮食

本项中的"投放储备粮食"与第二项中的"政策性粮食收储和销售"具有异曲同工之处，两者共同发挥作用，稳定粮食市场价格。具言之，当粮食市场价格较低时，粮食生产最低收购价政策启动，中储粮和地方收储公司按照最低收购价敞开收购，从而起到托市的作用；当粮食市场价格较高时，中央和地方政府通过储备粮投放增加粮食市场供给，平抑粮食价格过快上涨，从而起到"平高"的作用。在"托低平高"双向粮食价格调控政策的作用下，我国粮食生产、粮食价格与粮食市场能够保持极大的稳定，有利于保障国家粮食安全。

(五) 引导粮食加工转化或者限制粮食深加工用粮数量

粮食加工是指通过处理将原粮转化成半成品粮、成品粮以及其他食用或者非食用产品的活动。从环节来看，粮食加工包括粮食初加工和粮食深加工等。党的十八大以来，党中央把粮食安全作为治国理政的头等大事，提出确保谷物基本自给、口粮绝对安全的新粮食安全观。[1] 尽管我国粮食生产连年丰收，但原粮转化为口粮还需经过粮食加工处理，政府通过引导粮食加工转化，可以有效调整市场中的口粮数量，保障口粮绝对安全。同时，粮食生产首当其冲要保证居民日常口粮，接着是牲畜饲料粮、未来生

---

[1] 《牢牢把住粮食安全主动权——以习近平同志为核心的党中央带领人民干好这件头等大事》，载中国政府网，http：//www.gov.cn/xinwen/2022-09/22/content_5711153.htm，最后访问时间：2024年2月5日。

产所需的种子用粮,还要保证军粮供应,① 但粮食深加工需要消耗大量的粮食,且可能因为技术、设备等不足造成浪费等问题。为此,有必要通过宏观调控引导粮食合理加工和综合应用,适当限制粮食深加工用粮规模,警惕盲目扩大生物能源加工,保障粮食供给充足。

三、国务院和省、自治区、直辖市人民政府采取的价格调控措施

本条第二款是关于中央和省级人民政府价格调控措施的规定。稳定市场价格总水平是国家重要的宏观经济政策目标。为此,国家应当根据国民经济发展的需要和社会承受能力,确定市场价格总水平调控目标,并采取相应措施对市场价格进行调控。根据《中华人民共和国价格法》第十八条、第二十九条、第三十条、第三十一条的规定,目前政府采取的价格调控措施主要包括以下几种:

(一)政府定价和政府指导价

政府指导价是指依照价格法规定,由政府价格主管部门或者其他有关部门,按照定价权限和范围规定基准价及其浮动幅度,指导经营者制定的价格。政府定价是指依照价格法规定,由政府价格主管部门或者其他有关部门,按照定价权限和范围制定的价格。我国实行并逐步完善宏观经济调控下主要由市场形成价格的机制,因此价格的制定应当符合价值规律,大多数商品和服务价格实行市场调节价,只有极少数商品和服务价格实行政府指导价或者政府定价。

根据《中华人民共和国价格法》第十八条的规定,对于下列商品和服务的价格,政府在必要时可以实行政府指导价或者政府定价:一是与国民经济发展和人民生活关系重大的极少数商品价格;二是资源稀缺的少数商品价格;三是自然垄断经营的商品价格;四是重要的公用事业价格;五是重要的公益性服务价格。

(二)政府收购中的价格保护

根据《中华人民共和国价格法》第二十九条的规定,政府在粮食等重要农产品的市场购买价格过低时,可以在收购中实行保护价格,并采取相应的经济措施保证其实现。

(三)价格干预措施

价格干预措施是指当重要的商品和服务价格显著上涨时,中央和省级人民政府依法采取的临时性价格管控措施。《中华人民共和国价格法》第

---

① 曾晓昀:《新时代协调发展理念下粮食安全的宏观调控法治化》,载《江西社会科学》2018年第10期。

三十条规定:"当重要商品和服务价格显著上涨或者有可能显著上涨,国务院和省、自治区、直辖市人民政府可以对部分价格采取限定差价率或者利润率、规定限价、实行提价申报制度和调价备案制度等干预措施。省、自治区、直辖市人民政府采取前款规定的干预措施,应当报国务院备案。"

价格干预措施的适用应当注意以下几点:(1)价格干预措施的适用前提是"重要商品和服务价格显著上涨或者有可能显著上涨"。(2)价格干预措施的决定主体限于"国务院和省、自治区、直辖市人民政府"。价格干预措施作为重要的价格调控手段,往往过于严厉。为了避免其被滥用,价格法设置了较高的实施门槛,明确只有中央和省级政府才有权采取干预措施。同时,省、自治区、直辖市人民政府采取前款规定的干预措施,应当报国务院备案。[①](3)价格干预措施的主要方式包括限定差价率或者利润率、规定限价、实行提价申报制度和调价备案制度等。

(四)紧急措施

紧急措施是指当市场价格总水平出现剧烈波动等异常状态时,中央人民政府依法采取的临时性价格管控措施。《中华人民共和国价格法》第三十一条规定:"当市场价格总水平出现剧烈波动等异常状态时,国务院可以在全国范围内或者部分区域内采取临时集中定价权限、部分或者全面冻结价格的紧急措施。"

紧急措施的适用应当注意以下几点:(1)紧急措施的适用前提是"市场价格总水平出现剧烈波动等异常状态"。相较于前述价格干预措施而言,紧急措施的适用提前更加严格。(2)紧急措施的决定主体限于"国务院"。紧急措施是比价格干预措施更加严厉的手段,只有国务院才有权决定实施。(3)紧急措施的主要方式包括临时集中定价权限、部分或者全面冻结价格。

【适用指南】

本条规定了粮食市场出现或者可能出现供需失衡和价格波动时,政府可以采取的调控措施。适用本条需要注意:第一款规定的措施具有一般性,是所有县级以上人民政府及其有关部门调控粮食市场时均可以采取的措施;第二款规定的措施具有特殊性,只限于国务院和省、自治区、直辖市人民政府。不同层级人民政府应当按照法定程序和权限,依据客观数据

---

① 郭宗杰:《深化改革背景下价格法修订的若干问题研究》,载《政治与法律》2015年第8期。

和科学分析,合理确定实施的时机、范围、对象、方式和标准,避免干扰市场的自然调节。

【关联规范】

《中华人民共和国农业法》第二十六条、第三十三条;《中华人民共和国价格法》第十八条、第二十九条、第三十条、第三十一条;《粮食流通管理条例》第四条、第二十六条、第二十九条、第三十二条。

> **第四十一条 【粮食风险基金】**国家建立健全粮食风险基金制度。粮食风险基金主要用于支持粮食储备、稳定粮食市场等。

【条文主旨】

本条是关于粮食风险基金制度的规定。

【条文释义】

本条规定了粮食风险基金制度的相关内容,主要明确了粮食风险基金的建立和用途。其目的是通过设置粮食风险基金,更好地支持粮食储备、稳定粮食市场等,保障粮食宏观调控的实施。

粮食风险基金是指中央和地方政府用于平抑粮食市场价格,维护粮食正常流通秩序,实施经济调控的专项资金,是我国针对关系国计民生的重要商品而建立的第一个专项宏观调控基金。粮食风险基金作为一种风险补贴政策,通过保证粮食储备制度的有效运作和粮食价格支持政策的落实,实现稳定粮食市场和保障粮食安全的政策目标。[①] 对于本条的理解,应当从以下几个方面入手:

一、粮食风险基金的建立

根据本条规定,国家建立健全粮食风险基金制度。可以看出,本条明确了建立健全粮食风险基金制度的责任主体是国家。进一步讲,根据《粮

[①] 邓亦武、亢霞:《进一步完善我国粮食风险基金制度》,载《宏观经济管理》2010年第9期。

食流通管理条例》第二十八条的规定，具体由国务院和地方人民政府负责建立健全粮食风险基金制度。

粮食风险基金由国务院和地方人民政府建立，地方政府包干使用，是稳定粮食市场、保护农民利益、确保粮食安全的重要经济手段。1994年，针对我国大部分地区放开粮食经营主体，市场粮价出现较大波动的现状，国务院决定建立粮食风险基金。粮食风险基金的设立基础在于中央和地方政府对市场粮价风险的共同负担，因此，粮食风险基金的资金来源于中央和地方政府的财政资金以及地方财政的预算外资金。但中央和地方政府所负担的财政资金比例并不固定，而是依据粮食主产区、主销区财政情况的变化而变化。实践中，大部分需要粮食风险基金发放农业补贴的地方政府是财政基础较为薄弱的主产区地方政府，因此，虽然这些地方政府得到的来自中央政府财政资金的数额较大，但是相对应地，配套资金的数额也较大，往往会造成农业补贴资金出现缺口的现象。为解决这一问题，有效减轻主产区地方政府的财政负担，2009年中央一号文件明确提出"逐步取消主产区粮食风险基金配套"，并于两年之后实现了全面取消粮食主产区粮食风险基金地方配套计划。[1]

二、粮食风险基金的用途

根据本条规定，粮食风险基金主要用于支持粮食储备和稳定粮食市场等。此规定明确了粮食风险基金的用途。

关于粮食风险基金的用途，《中华人民共和国农业法》《粮食流通管理条例》等法律规范中均有规定，但表述有所不同。例如，根据《中华人民共和国农业法》第三十五条的规定，粮食风险基金用于支持粮食储备、稳定粮食市场和保护农民利益；2016年《粮食流通管理条例》（已失效）第二十六条规定，粮食风险基金主要用于对种粮农民直接补贴、支持粮食储备、稳定粮食市场等；2021年《粮食流通管理条例》修订，相应删除了粮食风险基金用途关于"对种粮农民直接补贴"的表述，于第二十八条明确粮食风险基金主要用于支持粮食储备、稳定粮食市场等；《国务院办公厅转发财政部、中国农业发展银行关于完善粮食风险基金管理办法的通知》[2]，明确粮食风险基金专项用于两种情况：（1）支付省级储备粮油的

---

[1] 《中央财政取消粮食主产区粮食风险基金地方配套》，载中国政府网，http://www.gov.cn/gzdt/2011-03/18/content_1827398.htm，最后访问时间：2024年2月6日。

[2] 《国务院办公厅转发财政部、中国农业发展银行关于完善粮食风险基金管理办法的通知》，载中国政府网，https://www.gov.cn/xxgk/pub/govpublic/mrlm/201011/t20101117_62835.html，最后访问时间：2024年2月6日。

利息、费用补贴。(2)粮食企业执行敞开收购农民余粮的政策,致使经营周转粮库存增加,流转费用提高,而又不能通过顺价出售予以弥补的超正常库存粮食的利息、费用补贴。

现行法律规范关于粮食风险基金用途的规定,其区别主要表现在"是否用于对种粮农民的直接补贴"。2015年发布的《关于调整完善农业三项补贴政策的指导意见》(已失效)[1] 将粮食风险基金中的种粮农民直接补贴及相关工作经费与农作物良种补贴、农资综合补贴合并为农业支持保护补贴,相关资金也从粮食风险基金中分离出来。[2] 本条强调粮食风险基金主要用于支持粮食储备和稳定粮食市场等,有利于使粮食风险基金更加专注用于支持粮食储备和促进粮食流通。

【适用指南】

本条规定了国家建立和完善粮食风险基金的制度和用途。实践中,应当按照国务院的规定,依据粮食市场的实际情况和风险评估,合理确定粮食风险基金的规模、来源、分配、使用和管理等方面的具体办法,确保粮食风险基金的有效运行,发挥粮食风险基金的作用。

【关联规范】

《中华人民共和国农业法》第三十五条;《粮食流通管理条例》第二十八条。

---

[1] 《财政部、农业部关于调整完善农业三项补贴政策的指导意见》,载农业农村部网站,https://www.moa.gov.cn/nybgb/2015/qi/201712/t20171219_6103732.htm,最后访问时间:2024年2月6日。

[2] 国家粮食和物资储备局:《〈粮食流通管理条例〉释义》,法律出版社2021年版,第76页。

第六章　粮 食 加 工

> **第四十二条　【保障粮食加工产品有效供给和质量安全】**
> 国家鼓励和引导粮食加工业发展，重点支持在粮食生产功能区和重要农产品生产保护区发展粮食加工业，协调推进粮食初加工、精深加工、综合利用加工，保障粮食加工产品有效供给和质量安全。
> 　　粮食加工经营者应当执行国家有关标准，不得掺杂使假、以次充好，对其加工的粮食质量安全负责，接受监督。

【条文主旨】

本条是关于保障粮食加工产品有效供给和质量安全的规定。

【条文释义】

本条规定了保障粮食加工产品有效供给和质量安全的相关内容。本条分为两款：第一款强调国家鼓励和引导粮食加工业发展，从国家角度确保粮食加工产品有效供给和质量安全；第二款强调粮食加工经营者对其加工的粮食质量安全负责，从经营者角度确保粮食加工产品质量安全。具体来讲，关于本条规定的理解，应当把握以下几个方面：

一、国家鼓励和引导粮食加工业发展

本条第一款是关于国家鼓励和引导粮食加工业发展的原则性规定。鼓励和引导粮食加工业发展，主要是保障粮食加工产品有效供给和质量安全。具体而言，第一款明确了国家鼓励和引导粮食加工业发展的两条重要举措：一是重点支持在粮食生产功能区和重要农产品生产保护区发展粮食加工业；二是协调推进粮食初加工、精深加工、综合利用加工。

（一）重点支持在粮食生产功能区和重要农产品生产保护区发展粮食加工业

粮食生产功能区是指以永久基本农田为基础，水土资源条件较好、基础设施较为完善、相对集中连片的地块，包括稻谷、小麦、玉米生产功能区，是确保粮食产能的核心区域。[1] 重要农产品生产保护区是指以永久基本农田为基础，水土资源条件较好、基础设施较为完善、相对集中连片的地块，包括大豆、棉花、油菜籽、糖料蔗、天然橡胶生产保护区，是稳定棉油糖胶自给水平的重要基础。[2] 根据《国务院关于建立粮食生产功能区和重要农产品生产保护区的指导意见》[3] 中"二、科学合理划定'两区'"的规定，粮食生产功能区和大豆、棉花、油菜籽、糖料蔗生产保护区划定应同时具备以下条件：水土资源条件较好，坡度在15度以下的永久基本农田；相对集中连片，原则上平原地区连片面积不低于500亩，丘陵地区连片面积不低于50亩；农田灌排工程等农业基础设施比较完备，生态环境良好，未列入退耕还林还草、还湖还湿、耕地休耕试点等范围；具有粮食和重要农产品的种植传统，近三年播种面积基本稳定。优先选择已建成或规划建设的高标准农田进行"两区"划定。天然橡胶生产保护区划定的条件：风寒侵袭少、海拔高度低于900米的宜胶地块。

粮食生产功能区和重要农产品生产保护区具有良好的资源条件和生产优势，承担着粮食生产的主要任务。国家重点支持在粮食生产功能区和重要农产品生产保护区发展粮食加工业，有利于粮食实现就地加工转化，减少粮食流通环节的损耗和浪费，保障粮食有效供给。

（二）协调推进粮食初加工、精深加工、综合利用加工

粮食加工业的主要形式包括初加工、精深加工、综合利用加工等。总体而言，统筹推进初加工、精深加工、综合利用加工协调发展，有利于提高粮食的附加值和市场竞争力，促进农业结构调整和农民增收，提升粮食安全保障能力。

---

[1] 《"十四五"规划〈纲要〉名词解释之116｜粮食生产功能区》，载国家发展和改革委员会网站，https：//www.ndrc.gov.cn/fggz/fzzlgh/gjfzgh/202112/t20211224_1309374.html，最后访问时间：2024年2月6日。

[2] 《"十四五"规划〈纲要〉名词解释之117｜重要农产品生产保护区》，载国家发展和改革委员会网站，https：//www.ndrc.gov.cn/fggz/fzzlgh/gjfzgh/202112/t20211224_1309375.html？state=123，最后访问时间：2024年2月6日。

[3] 《国务院关于建立粮食生产功能区和重要农产品生产保护区的指导意见》，载中国政府网，https：//www.gov.cn/zhengce/zhengceku/2017-04/10/content_5184613.htm，最后访问时间：2024年2月6日。

1. 粮食初加工

粮食初加工是指根据粮食籽粒结构特点，采用物理方法实现的粮食籽粒结构组分的分离，加工产品与原料相比未发生化学性质的改变。[1] 根据《国务院办公厅关于进一步促进农产品加工业发展的意见》[2]，应当加快农产品初加工发展，通过大力支持农户和农民合作社等主体改善储藏、保鲜、烘干、清选分级、包装等设施装备条件，促进商品化处理，减少产后损失。通过实施相关项目和推广适用技术，推动粮食初加工水平整体提升。

2. 粮食精深加工

粮食精深加工是指采用化学、物理或生物等方法，对原粮或初加工产品进行两次以上加工，产生化学性质、分子结构改变的过程。[3] 粮食精深加工是延长粮食产业链、提升价值链、优化供应链、构建利益链的关键环节。促进粮食精深加工高质量发展，对于农业提质增效、农民就业增收和农村一、二、三产业融合发展，推动粮食产品加工技术装备提升，实施乡村振兴战略，保持国民经济平稳较快增长，都具有十分重要的意义。根据《国务院办公厅关于进一步促进农产品加工业发展的意见》，应当注重提升农产品精深加工水平，加大生物、工程、环保、信息等技术集成应用力度，加快新型非热加工、新型杀菌、高效分离、节能干燥、清洁生产等技术升级，开展精深加工技术和信息化、智能化、工程化装备研发，提高关键装备国产化水平。适应市场和消费升级需求，积极开发营养健康的功能性食品。

3. 粮食综合利用加工

粮食综合利用加工是指将粮食或粮食加工过程中产生的副产品和废弃物，通过再加工或利用，制成有价值的产品的加工过程，如制成酒糟、酒精、醋、酵母、饲料、肥料、生物质能源等。根据《国务院办公厅关于进一步促进农产品加工业发展的意见》，应当选择一批重点地区、品种和环节，主攻农产品及其加工副产物循环利用、全值利用、梯次利用。采取先

---

[1] 《粮食加工业发展规划（2011—2020年）》中"附录：名词解释"。参见《〈粮食加工业发展规划（2011—2020年）〉发布》，载工业和信息化部网站，https：//www.miit.gov.cn/xwdt/gxdt/ldhd/art/2020/art_ e0c1e1af010545fdb882a87d7e95667d.html，最后访问时间：2024年2月6日。

[2] 《国务院办公厅关于进一步促进农产品加工业发展的意见》，载中国政府网，https：//www.gov.cn/zhengce/content/2016-12/28/content_ 5153844.htm，最后访问时间：2024年2月6日。

[3] 《粮食加工业发展规划（2011—2020年）》中"附录：名词解释"。

进的提取、分离与制备技术，集中建立副产物收集、运输和处理渠道，加快推进秸秆、稻壳米糠、麦麸、油料饼粕、果蔬皮渣、畜禽皮毛骨血、水产品皮骨内脏等副产物综合利用，开发新能源、新材料、新产品等，不断挖掘农产品加工潜力、提升增值空间。

二、粮食加工经营者对其加工的粮食质量安全负责

本条第二款强调，粮食加工经营者应当对其加工的粮食质量安全负责，保障粮食加工产品质量安全。保障粮食供给，既要保数量，也要保质量。粮食质量安全是社会关注的一个重要问题，要在保障人民群众吃得饱的基础上，让群众吃得安全、吃得健康。明确粮食加工经营者应当执行国家有关标准，不得掺杂使假、以次充好，对其加工的粮食质量安全负责，接受监督，有利于从源头确保粮食加工产品质量安全。

（一）执行国家有关标准

本条第二款规定，粮食加工经营者应当执行国家有关标准。其目的是保证粮食加工的合法性、规范性、卫生性。根据《中华人民共和国标准化法》第二条的规定，"标准（含标准样品）"是指农业、工业、服务业以及社会事业等领域需要统一的技术要求，包括国家标准、行业标准、地方标准和团体标准、企业标准。本条第二款明确的标准仅限于其中的国家标准。国家标准进一步分为强制性标准和推荐性标准，其中强制性标准必须执行，国家鼓励采用推荐性标准。在此，有必要明确本款中的"国家有关标准"。粮食加工用途多样，可食用、可饲用，也可用于生产燃料乙醇，根据粮食加工用途的不同，粮食加工经营者执行的国家标准亦有所区别。

1. 饲料加工企业执行的国家有关标准

《饲料和饲料添加剂管理条例》第十七条第一款规定："饲料、饲料添加剂生产企业应当按照国务院农业行政主管部门的规定和有关标准，对采购的饲料原料、单一饲料、饲料添加剂、药物饲料添加剂、添加剂预混合饲料和用于饲料添加剂生产的原料进行查验或者检验。"第十八条规定："饲料、饲料添加剂生产企业，应当按照产品质量标准以及国务院农业行政主管部门制定的饲料、饲料添加剂质量安全管理规范和饲料添加剂安全使用规范组织生产，对生产过程实施有效控制并实行生产记录和产品留样观察制度。"

目前，饲料行业执行的国家有关标准有两类：（1）国家强制性标准，如《饲料卫生标准》（GB 13078-2017）、《饲料标签》（GB 10648-2013）、《饲料添加剂 磷酸二氢钠》（GB 34456-2017）、《饲料添加剂 磷酸三钙》（GB 34457-2017）等。强制性标准必须执行。（2）国家推荐性标准，

如《饲料工业通用术语》（GB/T 10647-2008）、《天然植物饲料原料通用要求》（GB/T 19424-2018）、《饲料中钙的测定》（GB/T 6436-2018）、《饲料中维生素 B1 的测定》（GB/T 14700-2018）等。推荐性标准是为规范企业生产行为鼓励企业积极采用的标准，不具有强制性。但如果企业采用了推荐性国家标准，应当严格遵守。

2. 粮食食品加工企业执行的国家有关标准

第一，食用农产品。对于食用农产品的质量安全管理，应遵守《中华人民共和国农产品质量安全法》的规定。根据《中华人民共和国农产品质量安全法》第十六条的规定，农产品质量安全标准包括以下与农产品质量安全有关的要求：一是农业投入品质量要求、使用范围、用法、用量、安全间隔期和休药期规定；二是农产品产地环境、生产过程管控、储存、运输要求；三是农产品关键成分指标等要求；四是与屠宰畜禽有关的检验规程；五是其他与农产品质量安全有关的强制性要求。

根据国家粮食和物资储备局标准质量中心编制的《现行粮油国家标准目录》[①]，当前主要的几种原粮执行标准分别为《稻谷》（GB 1350-2009）、《小麦》（GB 1351-2023）、《大豆》（GB 1352-2023）、《玉米》（GB 1353-2018）；主要的几种粮油制品执行标准分别为大米（GB/T 1354-2018）、小麦粉（GB/T 1355-2021）、玉米粉（GB/T 10463-2008）、大豆油（GB/T 1535-2017）、菜籽油（GB/T 1536-2021）。

第二，其他粮食食品。食品加工经营者应确保粮食符合食品安全标准。根据《中华人民共和国食品安全法》第二十六条的规定，食品安全标准应当包括下列内容：一是食品、食品添加剂、食品相关产品中的致病性微生物，农药残留、兽药残留、生物毒素、重金属等污染物质以及其他危害人体健康物质的限量规定；二是食品添加剂的品种、使用范围、用量；三是专供婴幼儿和其他特定人群的主辅食品的营养成分要求；四是对与卫生、营养等食品安全要求有关的标签、标志、说明书的要求；五是食品生产经营过程的卫生要求；六是与食品安全有关的质量要求；七是与食品安全有关的食品检验方法与规程；八是其他需要制定为食品安全标准的内容。

根据《食品安全国家标准目录（截至 2023 年 9 月共 1563 项）》[②]，目

[①] 《现行粮油国家标准目录》，载国家粮食和物资储备局网站，http：//www.lswz.gov.cn/html/ywpd/bzzl/2023-07/06/content_ 275395.shtml，最后访问时间：2024 年 2 月 6 日。

[②] 《食品安全国家标准目录（截至 2023 年 9 月共 1563 项）》，载国家卫生健康委员会网站，http：//www.nhc.gov.cn/sps/s3594/202309/c359451fa15f4b3cab00c038333e81d2.shtml，最后访问时间：2024 年 2 月 6 日。

前食品安全标准包括以下几种：（1）通用标准，如《食品安全国家标准 食品添加剂使用标准》（GB 2760-2014）、《食品安全国家标准 预包装食品标签通则》（GB 7718-2011）等；（2）食品产品标准，如《食品安全国家标准 速冻面米与调制食品》（GB 19295-2021）、《食品安全国家标准 豆制品》（GB 2712-2014）等；（3）特殊膳食食品标准，如《食品安全国家标准 婴儿配方食品》（GB 10765-2021）、《食品安全国家标准 幼儿配方食品》（GB 10767-2021）等；（4）食品添加剂质量规格及相关标准，如《食品安全国家标准 食品用香精》（GB 30616-2020）、《食品安全国家标准 食品用香料通则》（GB 29938-2020）等；（5）生产经营规范标准，如《食品安全国家标准 谷物加工卫生规范》（GB 13122-2016）、《食品安全国家标准 糕点、面包卫生规范》（GB 8957-2016）等。需要明确的是，食品安全与人们身体健康息息相关，其标准均是国家强制执行的标准。

（二）不得掺杂使假、以次充好

"掺杂使假"是指在产品中掺入杂质或者异物，致使产品质量不符合国家法律、法规或者产品明示质量标准规定的质量要求，降低、失去应有使用性能的行为。"以次充好"是指以低等级、低档次产品冒充高等级、高档次产品的行为。"掺杂使假""以次充好"均属于欺诈行为。明确粮食加工经营者不得掺杂使假、以次充好的义务，一方面，有利于保护粮食消费者的合法权益，防止粮食加工经营者利用消费者对粮食质量不了解，采取欺诈、误导手段损害消费者健康和利益；另一方面，也可以避免掺杂使假、以次充好造成的粮食损失和污染。

（三）对其加工的粮食质量安全负责

根据粮食的来源与去向不同，粮食加工经营者对其加工的粮食质量负责包含两个层面的内容：一是从来源看，粮食加工经营者应当对作为加工产品的原材料（原粮）质量安全负责；二是从去向看，粮食加工经营者应当对其加工的产品成品质量安全负责。具体而言：（1）实行粮食收购入库质量安全检验制度，确保加工原料符合质量安全标准。粮食加工经营者要依法查验粮食原料供货者的产品合格证明，无法提供合格证明的应当按照相关安全标准进行检验，严把进厂原料的质量安全关，不得采购或者使用不符合安全标准的原粮、副产品等进行加工，更不得为谋取利益而故意使用不符合安全标准的原粮、油料和副产品进行加工。所生产的粮油产品应符合强制性国家标准及相关标准的规定。（2）严格按照规定使用添加剂。在粮食加工过程中，可以针对加工工艺的需要合理使用添加剂，但应严格按照国家有关规定使用，不得超标准、超剂量、超范围使用，同时还应加强添加剂品种的管理。（3）确保包装材料符合安全标准。包装是粮食加工的最后一道工序，保证包装材料的卫生是防止粮食加工产品被污染的关键一环。包装粮食加工产品成品或盛装回机物料的包装物，均应符合要求。（4）加强粮食质量安全检测，定期对加工的粮食进行抽样检测，及时发现和处理不合格产品。（5）实行粮食销售出库质量安全检验制度，严把粮食出库的质量安全关。粮食加工经营者在粮食销售出库时，必须按照粮食质量标准和食品安全标准及有关规定进行检验并出具检验报告，销售的粮食应当与检验报告相一致；检验报告随货同行；检验报告有效期为3个月，超过有效期的，应当重新检验并出具检验报告。（6）实行粮食召回制度。粮食加工经营者发现其销售的粮食有害成分含量超过食品安全标准限量的，应当立即停止销售，通知相关经营者和消费者，召回已售粮食，并记录备查；同时将召回和处理情况向县级以上粮食行政管理部门报告。

（四）接受监督

本条第二款明确粮食加工经营者应当接受监督。这意味着粮食经营者应当接受国家和社会的粮食质量安全监督管理，按照规定建立粮食质量安全管理制度、档案、台账等，按照规定进行粮食质量安全检验、标识、追溯等，按照规定报告粮食质量安全信息、情况、事件等，配合有关部门进行粮食质量安全的检查、调查、处理等。根据《粮食质量安全监管办法》第三十八条第一款的规定，县级以上粮食行政管理部门履行粮食质量安全监督管理职责，有权采取下列措施：（1）进入粮食经营者经营场所检查粮食质量安全情况，对检验仪器设备和扦样、检验的规范性进行检查；（2）向有关单位和人员调查、了解相关情况；（3）查阅、复制与粮食经营活动中与质量安全有关的合同、票据、账簿、检验报告以及其他资料、凭证；（4）对粮食经营者经营的粮食进行扦样检验；（5）检查粮食仓储设施、设备是否符合有关标准、技术规范和安全生产要求；（6）查封、扣押非法收购或者不符合国家粮食质量安全标准的粮食，用于违法经营或者被污染的工具、设备以及有关账簿资料；（7）查封违法从事粮食经营活动的场所。

【关联规范】

《中华人民共和国标准化法》第二条；《中华人民共和国产品质量法》第七条、第十六条、第三十四条、第三十五条、第三十六条；《中华人民共和国食品安全法》第四条、第二十五条、第二十六条；《饲料和饲料添加剂管理条例》第十七条、第十八条。

> **第四十三条 【粮食加工结构优化】** 国家鼓励和引导粮食加工结构优化，增加优质、营养粮食加工产品供给，优先保障口粮加工，饲料用粮、工业用粮加工应当服从口粮保障。

【条文主旨】

本条是关于粮食加工结构优化的规定。

【条文释义】

本条规定了粮食加工结构优化的相关内容。目的是通过对粮食加工结构的调整和优化，提高粮食加工产品的质量、营养和多样性，满足人民群众的消费需求，保障国家粮食安全。概括而言，本条前半部分是关于粮食加工结构优化的原则性规定，强调国家鼓励和引导粮食加工结构优化。后半部分主要从两个方面提出粮食加工结构优化的基本目标：一是增加优质、营养粮食加工产品供给；二是强调口粮加工的优先地位，明确饲料用粮、工业用粮加工应当服从口粮保障的原则。

"粮食加工结构优化"是指根据市场需求和区域特点，合理安排粮食加工品种和产品结构，提高粮食加工产品的质量、营养和多样性，满足人民群众的消费需求，同时也促进粮食加工业的高质量发展。具体而言，实现粮食加工结构优化应当着眼于以下两个方面：

一、增加优质、营养粮食加工产品供给

本条强调"增加优质、营养粮食加工产品供给"，旨在保障人民"吃得好""吃得营养"。

根据第二次世界粮食首脑会议的阐释，粮食安全乃是所有人在任何时候都有物质的和经济的能力，获得充足的、安全的和富有营养的粮食，以满足为保持健康而富有朝气的生活需要对饮食的需求和食物的偏好。[1] 可以看出，粮食安全囊括粮食供给安全和粮食质量安全，不但要求保障人们获得"充足的粮食"，亦要求保障人民获得"富有营养的粮食"。传统的"粮食观"主要从数量层面关注稻谷、小麦、玉米等谷物的供给能力，而目前居民粮食消费早已逐渐升级。具体而言，改革开放以来，随着人民生活水平不断提高，对粮食的需求也在提高。例如，人们对粮食品种多样化

---

[1] 王耀媛：《评世界粮食安全首脑会议》，载《世界经济》1997年第2期。

的需求逐渐增加，更加关注粮食产品的口味和质量，追求更加丰富和多样化的饮食体验；又如，人们对健康和饮食的意识不断增强，更加关注营养均衡、天然有机食品和功能性食品等方面，进而对粮食产品的质量提出了更高的要求。如今，人民对粮食的需求已经由"吃得饱"转变为"吃得好""吃得营养"。

二、优先保障口粮加工，饲料用粮、工业用粮加工应当服从口粮保障

口粮是指直接用于人类食用的粮食，如大米、面粉、玉米等，是国家粮食安全的基础和核心；饲料用粮是指用于饲养动物的粮食，如玉米、豆粕、麸皮等，是畜牧业和水产业的重要原料；工业用粮是指用于工业生产的粮食，如酒精、淀粉、糖等，是轻工业和化工业的重要原料。此内容主要包含两个方面：

第一，从口粮重要性角度而言，明确保障口粮加工的重要性，强调口粮加工的优先地位。口粮是直接用于人类食用的粮食，是国家粮食安全的核心内容，也是人民群众的基本生活需要。口粮加工是粮食流通的重要环节，影响粮食的品质、营养和安全，亦有利于提高粮食的附加值，促进粮食产业的发展，增加农民收入。为此，国家应当保障口粮加工的稳定供给，提高口粮加工的质量和安全水平，满足人民群众的口粮需求。优先保障口粮加工应做到以下几点：一是优化粮食加工结构，饲料用粮、工业用粮加工应当服从口粮保障，不得影响口粮加工的正常生产和供应；二是科学布局粮食加工业，确保区域粮食加工能力，合理配置加工设施和设备，提高加工效率和水平；三是鼓励产销合作，稳定产销关系，促进区域粮食供求平衡，建立健全口粮加工质量监管和追溯体系，保障口粮加工的质量和安全；四是加强科技创新和人才培养，推广应用先进的口粮加工技术和设备，开发适应市场需求的口粮加工产品，提高口粮加工的附加值和竞争力等。

第二，从口粮与饲料用粮、工业用粮关系角度而言，明确粮食加工的优先序，要求饲料用粮、工业用粮加工应当服从口粮保障。饲料用粮、工业用粮加工是粮食的次要用途，虽然也有其重要性，但应当在不影响口粮保障的前提下进行，不能占用口粮的粮食资源，也不能降低口粮的质量和安全标准。口粮是人民群众的基本生活需求，关系到国家粮食安全和社会稳定，应当优先保障。

【关联规范】

《中华人民共和国乡村振兴促进法》第八条；《粮食流通管理条例》第三十六条。

> **第四十四条　【粮食加工布局优化】** 县级以上地方人民政府应当根据本行政区域人口和经济社会发展水平,科学布局粮食加工业,确保本行政区域的粮食加工能力特别是应急状态下的粮食加工能力。
>
> 　　县级以上地方人民政府应当在粮食生产功能区和重要农产品生产保护区科学规划布局粮食加工能力,合理安排粮食就地就近转化。

【条文主旨】

本条是关于粮食加工布局优化的规定。

【条文释义】

本条规定了粮食加工布局优化的相关内容。概括而言,本条分为两款:第一款着眼于所有区域,明确县级以上地方人民政府应当根据本行政区域人口和经济社会发展水平,科学布局粮食加工业;第二款着眼于粮食生产功能区和重要农产品生产保护区,明确县级以上地方人民政府应当科学规划布局粮食加工能力,实现粮食就地就近转化。本条明确的责任主体为县级以上地方人民政府,具体包括各省(自治区、直辖市)、设区的市(自治州)、县(自治县、市辖区)人民政府。

一、着眼于所有区域的粮食加工业布局

本条第一款规定,县级以上地方人民政府应当根据本行政区域人口和经济社会发展水平,科学布局粮食加工业,确保本行政区域的粮食加工能力特别是应急状态下的粮食加工能力。

(一)根据本行政区域人口和经济社会发展水平科学布局粮食加工业

粮食加工业是粮食产业和食品工业的重要组成部分,是连接粮食生产、流通与消费的重要环节。县级以上地方人民政府应当根据本行政区域的人口数量、人口结构、人口分布等因素,以及本行政区域的经济总量、经济结构、经济增长、经济效益等因素,综合考虑本行政区域的粮食需求和供给的变化和平衡。在此基础上,县级以上地方人民政府应当按照科学的原则和方法,合理安排和分配粮食加工业的发展方向、规模、区域、结构等,保障粮食加工产品的有效供给和质量安全。

根据《粮食加工业发展规划（2011—2020 年）》，粮食加工业主要包括稻谷加工业、小麦加工业、玉米加工业、薯类加工业、大豆食品加工业、杂粮加工业、传统主食品加工业、饲料加工业以及粮机装备制造业。该规划"四、产业布局和发展方向"中指出，要坚持产区为主、兼顾销区，综合考虑区域主体功能定位、资源禀赋、发展潜力和市场空间等因素，优化粮食加工业布局，形成协调发展、优势互补、特色鲜明的新格局。具体而言：

1. 稻谷加工业。在长江中下游、东北稻谷主产区和长三角、珠三角、京津唐等大米主销区以及重要物流节点，大力发展稻谷加工产业园区，重组和建设一批年处理稻谷 20 万吨以上的大型龙头企业，培育若干个年处理稻谷 100 万吨以上的大型企业集团。

2. 小麦加工业。结合国家优质小麦生产基地建设和消费需求，在黄淮海、西北、长江中下游等地区建设强筋、中强筋、弱筋专用粉生产基地。

3. 玉米加工业。适度发展黑龙江、吉林、辽宁、内蒙古、河北、河南、山东、安徽等省区的玉米加工业，控制玉米非食用深加工产能和用粮规模过快增长。

4. 薯类加工业。在东北、华北、西北和西南地区，发展一批年处理鲜马铃薯 6 万吨以上的加工基地；在中、西部地区，发展一批年处理鲜甘薯 4 万吨以上的加工基地；在广西、广东和海南等省区，适度发展年处理鲜木薯 20 万～30 万吨的加工厂和变性木薯淀粉生产基地。

5. 大豆食品加工业。加快推进传统豆制品工业化，促进豆制品生产标准化、规模化和优质化；支持东北大豆产区建设大豆食品加工基地、黄淮海大豆产区发展大豆深加工；鼓励沿海地区加强对大豆加工副产品综合利用，建设一批优质饲用蛋白、精制磷脂等生产基地。

6. 杂粮加工业。在西北、西南地区建设以主食为主的荞麦加工基地和青稞加工基地；在西北等地区建设以燕麦片、燕麦米、燕麦主食面粉等为主的加工基地；在东北、华北和西北地区建设以速食快餐等为主的谷子和糜子、小米主食面粉、杂豆类主食面粉和红小豆、绿豆等杂豆加工基地；在东北和华北等地区建设高粱米和高粱主食面粉加工基地。

7. 主食品加工业。在北方地区大力推动面制主食品工业现代化；在南方地区大力发展米制主食品工业现代化。

8. 饲料加工业。东部沿海地区和大城市郊区重点发展附加值高和创汇能力强的饲料加工业、饲料添加剂工业和饲料装备工业；东南沿海地区和大城市郊区重点发展高附加值的饲料加工业；西部地区加快发展以玉米为原料的饲料加工业，积极发展浓缩饲料和饲料添加剂工业。

（二）确保本行政区域的粮食加工能力特别是应急状态下的粮食加工能力

根据本条第一款的规定，科学布局粮食加工业的目的是"确保本行政区域的粮食加工能力特别是应急状态下的粮食加工能力"。所谓"粮食加工能力"是指粮食加工业在一定时期内，按照一定的技术标准和质量要求，能够加工出的粮食产品数量和质量，其反映了粮食加工业的生产水平和效率；"应急状态下的粮食加工能力"是指在遇到自然灾害、战争或其他突发事件，导致粮食供应中断或紧张的情况下，粮食加工业能够及时、有效地满足粮食需求的能力。

二、聚焦粮食生产功能区和重要农产品生产保护区的粮食加工能力布局

本条第二款规定，县级以上地方人民政府应当在粮食生产功能区和重要农产品生产保护区科学规划布局粮食加工能力，合理安排粮食就地就近转化。

粮食生产功能区和重要农产品生产保护区是国家为了保障粮食和重要农产品的稳定生产，划定的具有特定功能和保护要求的区域。"粮食就地就近转化"是指在粮食生产地或附近地区，利用当地的粮食加工设施和资源，将粮食加工成符合市场需求的粮食产品。粮食就地就近转化有利于提高粮食生产者的收入，激发种粮积极性，保障粮食安全；亦有利于节约粮食资源，减少粮食损耗和浪费，降低物流成本和环境污染，实现粮食绿色发展；还有利于促进粮食加工业的发展，增加就业岗位，带动农村经济和社会发展等。为此，县级以上地方人民政府应当在粮食生产功能区和重要农产品生产保护区，科学规划布局粮食加工能力，合理安排粮食就地就近转化，在粮食产地或附近地区，将粮食加工成适合储存、运输、消费的产品，以减少粮食损耗、降低物流成本、提高粮食利用率和附加值。

【关联规范】

《中华人民共和国农业法》第二十九条。

第四十五条 【建立稳定的产销关系】 国家鼓励粮食主产区和主销区以多种形式建立稳定的产销关系，鼓励粮食主销区的企业在粮食主产区建立粮源基地、加工基地和仓储物流设施等，促进区域粮食供求平衡。

【条文主旨】

本条是关于粮食主产区和主销区建立稳定产销关系的规定。

【条文释义】

本条规定了粮食主产区和主销区建立稳定产销关系的相关内容。我国粮食生产逐步向优势区域集中，跨省粮食流通量不断增加，进一步加强产销合作、建立稳定的产销关系，是有效配置粮食资源，引导粮食有序流通，促进区域粮食供求平衡的重要途径。首先，着眼于粮食主销区，建立稳定的产销关系，有利于缓解粮食主销区的粮食供应压力，提高粮食主销区的粮食自给率，降低粮食主销区的粮食进口依赖度，保障粮食主销区的粮食安全。其次，着眼于粮食主产区，建立稳定的产销关系，有利于促进粮食主产区的粮食产业化发展，提高粮食主产区的粮食附加值和品质，提高粮食主产区的收入水平，激发粮食主产区的生产积极性，保持粮食主产区的稳定增产。最后，着眼于产销平衡，建立稳定的产销关系，有利于形成粮食产销区的利益联结机制，实现粮食产销区的互利共赢，增强粮食产销区的协作能力，提高粮食市场的调控效率，维护粮食市场的稳定和有序。

概括而言，本条包含以下内容：（1）粮食主产区和主销区建立稳定的产销关系是总体目标。（2）为实现前述目标，国家采取多种形式进行鼓励，其中鼓励粮食主销区的企业在粮食主产区建立粮源基地、加工基地和仓储物流设施等是重要的方式。（3）建立稳定的产销关系的目的是促进区域粮食供求平衡。

一、国家鼓励粮食主产区和主销区以多种形式建立稳定的产销关系

根据国家发展和改革委员会等九部门印发的《关于深化粮食产销合作提高安全保障能力的指导意见》[1]，应主要从以下几个方面着手建立稳定的产销关系。

（一）鼓励产销区加强政府层面战略合作

国家粮食行政管理部门牵头组织各省（区、市）粮食部门，做好各品种粮食供需平衡调查，全面梳理各地粮食产销余缺情况，定期发布粮食供

---

[1] 《关于深化粮食产销合作提高安全保障能力的指导意见》，载国家粮食和物资储备局网站，http://lswz.gov.cn/html/zfxxgk/2020-11/13/content_262238.shtml，最后访问时间：2024年2月10日。

求信息，引导粮食生产和购销活动，为产销区政府间开展产销合作提供科学依据。各产销区要加强统筹谋划，根据本地区粮食品种产销余缺状况，合理制定粮食购销中长期规划和年度计划，明确合作对象、合作目标、合作粮源，保障区域粮食供应。在此基础上，按照互惠互利的原则，签订政府间长期稳定的粮食产销合作战略协议，并组织有关粮食企业认真履行协议，签订购销合同，按期保质保量完成购销任务。要不断总结经验、完善措施，逐步扩大政府间产销合作规模，提高省际粮食流通的组织化程度。对于通过其他渠道实现粮食跨省流通的，要加强跟踪监测并合理引导，使之成为政府间产销合作的重要补充。

（二）建立健全粮食产销合作平台

各级政府有关部门要充分发挥粮食产销合作平台的桥梁纽带作用，扩大辐射范围，更好地服务粮食产销合作。各地应根据粮食品种、区域布局、合理流向等，整合优化各类粮食交易协作会、洽谈会，充分发挥黑龙江、福建、长三角等区域性粮食产销合作洽谈会、交易会品牌效应。各级粮食行政管理部门应大力发展电子商务，持续推进贸易粮网上交易，探索建立全国性粮食产销合作平台，适时举办中国粮食交易大会，深化粮食产销合作内容，打造一批"中国好粮油"优质品牌。

（三）培育粮食产销合作重要载体

积极引导各类市场主体参与粮食产销合作，培育一批活力强、效益好、特色优势明显的全国性和区域性粮食企业集团，作为粮食产销合作的骨干力量和重要依托，逐步形成多元化、规模化、现代化的粮食产销合作新格局。鼓励地方国有粮食企业通过改革改制，不断增强企业综合竞争力，建成粮食宏观调控和产销合作的有效载体。鼓励中央粮食企业利用仓储、加工、资金、营销渠道等优势，在产销区之间组织开展市场化粮食购销，发挥产销合作引领带动作用。

（四）大力发展粮食订单收购

深入贯彻乡村振兴战略，结合实施"优质粮食工程"，鼓励和支持各类粮食企业到产区开展绿色优质粮食订单生产、订单收购；以市场需求为导向，提高粮食标准化水平，实现以需定产、以销定购。指导企业与种粮大户、农业合作社等新型经营主体签订规范的订单生产收购合同，明确双方权利义务，巩固和完善利益共享、风险共担的合作机制，推动新型经营主体紧密对接市场。

（五）积极开展代购代销

充分发挥产销区企业熟悉本地粮食市场的优势，鼓励产区企业为销区企业开展粮食代购代储代加工等业务，销区企业为产区企业开展代销业务，不断扩大合作规模和范围。鼓励销区粮食企业积极参与产区"优质粮食工程"建设，满足高品质、多元化的粮食消费需求，通过在产区组建专业化的粮食产后服务中心，为新型农业经营主体和种粮农民提供粮食代清理、代干燥、代储存、代加工、代销售等服务。

（六）规范建立异地储备

支持销区在确保区域粮食安全的前提下，到产区建立一定数量的异地粮食储备，有效利用产区仓储资源。产区和销区要加强沟通、密切配合，制定异地储备监管办法，建立轮换、费用拨付等机制，签订委托代储合同；必要时，可通过企业担保、引入第三方机构等措施加强监管，共同做好异地储备的轮换、调运、监管等工作，确保异地粮食储备安全，在需要时调得动、用得上。

（七）推动产销区企业深度融合发展

鼓励销区企业到产区建立粮食生产基地、仓储物流设施，搞产地加工、收储，并适时将粮食运回销区。鼓励产区企业在销区建设仓储物流设施和营销网络，开展粮食储、加、销一体化经营。鼓励产销区企业以资产为纽带，利用产区资源优势和销区市场优势，通过合资、并购、控股、参股、租赁设施等多种形式深度融合，加强人才、技术、管理等方面合作，跨区域建立商品粮生产和收储基地、加工园区、营销网络，建立更加紧密的利益联结机制，形成利益共同体，促进粮食高效流通和产销合作深入发展。

（八）创新粮食产销合作形式

产销区要因地制宜，不断探索创新产销合作形式，夯实合作基础，拓宽合作领域，丰富合作内容，提高合作水平。积极发展"互联网+粮食"等新模式，通过物联网、电子商务等新途径开展网上粮食交易，推进线上线下互动。通过中国好粮油、主食厨房连锁店等新载体，创新"网上粮店"零售新业态，利用微博、微信、微店等方式，开展精准营销，促进产销合作进入智能交易、智能支付、智能仓储、智能物流、智能配送的新时代。

二、鼓励粮食主销区的企业在粮食主产区建立粮源基地、加工基地和仓储物流设施等

本条强调鼓励粮食主销区的企业通过在粮食主产区建立粮源基地、加工基地和仓储物流设施等，参与粮食主产区的粮食生产和流通，实现产销合作，形成粮食产业链，同时解决粮食主销区的粮食供需不平衡问题，增强粮食市场的调控能力，保障粮食安全。

第一，粮源基地是指由粮食主销区的企业在粮食主产区建立的粮食生产和收购基地，以保证粮食的稳定供应。粮源基地的建设应当符合国家相关规定，不得损害粮食生产者的利益，不得影响粮食主产区的粮食安全。

第二，粮食加工基地是指由粮食主销区的企业在粮食主产区建立的粮食加工基地，以提高粮食的附加值和品质。粮食加工基地主要涉及粮食的加工和销售环节，如烘干、清选、碾磨、深加工等，可以生产不同品种、规格、等级的粮食产品，满足不同市场和消费者的需求。粮食加工基地的建设不得占用耕地，不得污染环境，不得降低粮食质量安全。

第三，仓储物流设施是指从事粮食仓储活动所需的经营场地、仓房、油罐等存储设施，专用道路、铁路、码头等物流设施，以及烘干设施、器材库、清理维修车间等附属设施。仓储物流设施是粮食流通体系的重要组成部分，为粮食的收购、储存、运输、加工、销售等环节提供基础保障。

总体来看，粮源基地主要是为了保证粮食的数量供应，加工基地则是为了提升粮食的质量水平。同时，粮源基地需要配备仓储物流设施，以实现粮食的收储、保管、转运等功能；加工基地也需要配备仓储物流设施，以实现粮食的加工、包装、出库等功能。因此，仓储物流设施是粮源基地、加工基地的共同需求，也是产销合作的重要支撑。

【适用指南】

本条是关于粮食主产区和主销区建立稳定产销关系的规定。根据本条规定，粮食主产区和主销区的地方人民政府，应当制定相应的政策措施，引导和支持粮食产销双方建立稳定的合作关系，提供必要的服务和保障。粮食主销区的企业，应当积极与粮食主产区的农民、农业合作社、农业龙头企业等建立合作关系，投资建设粮源基地、加工基地和仓储物流设施等，提高粮食流通效率和质量。

【关联规范】

《中华人民共和国农业法》第三十二条；《粮食流通管理条例》第三十一条。

第四十六条 【粮食加工支持体系建设】国家支持建设粮食加工原料基地、基础设施和物流体系，支持粮食加工新技术、新工艺、新设备的推广应用。

【条文主旨】

本条是关于粮食加工支持体系建设的规定。

【条文释义】

本条规定了粮食加工支持体系建设的相关内容，目的是支持粮食加工产业的高质量发展，满足人民群众粮油消费升级的需求，保障国家粮食安全，促进乡村振兴。本条主要包含两个方面：一是支持建设粮食加工原料基地、基础设施和物流体系；二是支持粮食加工新技术、新工艺、新设备的推广应用。需要说明的是，"国家支持"是指国家通过制定和完善相关的法律法规、政策规划、标准规范、财政税收、金融信贷、科技创新、人才培养、市场监管、信息服务等方面的措施，为粮食加工领域的发展提供有力的保障和支持。相较于"鼓励"凸显的倡导性规定而言，本条中的"支持"一词体现的力度更强，更能彰显国家对于粮食加工业发展的重视。

一、支持建设粮食加工原料基地、基础设施和物流体系

总体而言，粮食加工原料基地建设、基础设施建设和物流体系建设是相互支持、相互促进的，共同服务于粮食产购储加销一体化建设。支持建设粮食加工原料基地、基础设施和物流体系，有利于保障粮食加工的原料供应和流通效率，降低粮食损耗和成本。

第一，支持建设粮食加工原料基地。国家应当通过制定相关政策和提供资金支持，促进在一定区域内建设专门用于粮食加工的优质原料生产基地，如种植高品质的小麦、玉米、大豆等，为粮食加工企业提供稳定的原料供应。其目的是建设优质粮油原料基地，提高粮食加工的效率和质量，增加粮食的附加值和市场竞争力，降低粮食的损耗和成本。国家支持建设粮食加工原料基地，既有利于保障粮食有效供给和国家粮食安全，又有利于促进粮食产业高质量发展和乡村振兴。具体而言，应当着眼于以下几个方面：一是出台有利于粮食精深加工转化的政策，鼓励和引导粮食加工企业适度向产业链上游延伸，与种植户、合作社等建立稳定的利益联结机制，开展优质品种研发和示范种植，带动优质粮食集中连片种植；二是通过制定和执行相关的财政、税收、信贷、标准等政策，加大对优质粮食工程、粮食产业化龙头企业、粮食订单生产等的扶持力度，形成"优粮优产、优粮优购、优粮优储、优粮优加、优粮优销"的"五优联动"机制；三是加强粮食加工原料基地的规划和管理，优化粮食品种结构和区域布局，因地制宜、分类推进撂荒地治理，推动盐碱地综合利用，加强耕地质量保护和水利基础设施建设，提升粮食加工原料的产量和质量。

第二，支持建设粮食加工基础设施。国家加强粮食加工设施的建设和改造，提升粮食加工的技术水平和装备水平，发展粮食精深加工和转化，延长产业链，增加产品附加值。完善的粮食主产区基础设施建设，能够提高粮食的储存、运输、加工能力，保障粮食的质量安全和流通效率，因此粮食加工基础设施的建设和改造是提高粮食加工能力和水平，满足人民群众对优质粮食产品的需求，促进粮食产业高质量发展的重要措施。具体而言，国家应当通过加大财政投入，支持粮食加工生产的各种设备、设施和建筑物，包括粮食清理、干燥、仓储、运输、加工、检测等环节的机械、仪器、仓库、车辆、厂房、管道、线路等方面的建设。

第三，支持建设粮食物流体系。国家完善粮食物流设施和服务网络，提高粮食物流的效率和安全性，降低粮食物流的成本和损失，保障粮食市场的供应和稳定。粮食物流体系对于加强产销衔接，提高粮食流通效率十分重要，是确保粮食供给的重要基础。完善粮食的物流体系，如信息平台、配送网络、冷链设备等，能够加强粮食的信息沟通和协调，促进粮食的市场透明和公平，提高粮食的供应保障能力。《粮食物流业"十三五"发展规划》[1]中"三、主要任务"提出："围绕'一带一路'建设、京津冀协同发展、长江经济带发展三大战略，大力推进东北、黄淮海、长江中下游、华东沿海、华南沿海、京津、西南和西北八大粮食物流通道建设，突出大节点，强化主线路，重点完善和发展'两横、六纵'八条粮食物流重点线路，重点布局50个左右一级节点，110个左右二级节点，推动火车散粮运输系统工程、港口散粮运输提升工程建设，形成节点层次清晰、线路结构优化、通道发展平衡的粮食现代物流格局……"

二、支持粮食加工新技术、新工艺、新设备的推广应用

根据本条的规定，国家支持粮食加工新技术、新工艺、新设备的推广应用。该规定中，国家支持是前提，粮食加工新技术、新工艺、新设备是对象，推广应用是目的。通过国家的支持，推广应用粮食加工新技术、新工艺、新设备，可以提高粮食加工的能力和水平，满足人民群众对优质粮食产品的需求，促进粮食产业高质量发展，保障国家粮食安全和经济社会发展。

"新技术、新工艺、新设备"是指在粮食加工领域，具有创新性、先

---

[1] 《国家发展改革委 国家粮食局关于印发〈粮食物流业"十三五"发展规划〉的通知》，载中国政府网，https：//www.gov.cn/xinwen/2017-03/10/content_5176120.htm，最后访问时间：2024年2月10日。

进性、高效性、节能性、环保性等特点，能够提高粮食加工质量、效率、安全、营养等方面的技术、工艺和设备，如绿色加工、适度精炼技术，高附加值制造技术，质量安全控制技术，智能化、自动化、数字化生产技术，节粮减损装备等。"推广应用"是指将粮食加工新技术、新工艺、新设备在生产实践中广泛使用，提高其普及率和覆盖率，形成规模效应和示范效应，促进粮食加工行业的技术进步和产业升级。推广应用的主体包括国家、地方、企业、科研机构、农技推广部门、社会服务组织等，推广应用的方式包括试验示范、技术培训、政策扶持、市场激励、信息传播等。

目前，国家已经制定了相关的法律法规、政策规划、标准规范等，支持粮食加工新技术、新工艺、新设备的研发和推广应用，开展了优质粮食工程等重大工程，取得了一些成效。例如，根据财政部和国家粮食和物资储备局发布的《关于深入推进优质粮食工程的意见》[1]，国家以"六大提升行动"为重点，深入推进优质粮食工程，其中之一就是粮食机械装备提升行动。《粮食机械装备提升行动方案（试行）》[2] 中"一、总体要求"指出，要大力推动粮油加工先进装备研发和产业化，大力推广应用具有自主知识产权和核心技术的粮油加工成套装备、粮食清理烘干装备、粮食仓储物流机械、粮食检测仪器等，促进粮机装备制造技术与数字化、智能化等技术深度融合，推动粮机装备产业转型升级，增强粮机装备制造业竞争优势，更好地服务粮食产业高质量发展。今后，应进一步加大国家的支持力度，完善相关的政策措施，增加投入，加快科技创新，突破关键核心技术，培育具有自主知识产权的新技术、新工艺、新设备，加强科技成果转化和推广应用，构建梯次分明、分工协作、适度竞争的农业科技创新体系，充分发挥市场和政府的作用，调动各方面的积极性，形成粮食加工新技术、新工艺、新设备的创新推广应用的良好局面。

【关联规范】

《粮食流通管理条例》第二十五条、第三十一条。

---

[1] 《关于深入推进优质粮食工程的意见》，载中国政府网，https：//www.gov.cn/zhengce/zhengceku/2021-06/29/content_ 5621465.htm，最后访问时间：2024 年 2 月 10 日。

[2] 《国家粮食和物资储备局关于印发优质粮食工程"六大提升行动"方案的通知》附件 4，载中国政府网，https：//www.gov.cn/zhengce/zhengceku/2021-11/18/content_ 5651565.htm，最后访问时间：2024 年 2 月 10 日。

第七章 粮食应急

> **第四十七条 【粮食应急管理体制与应急体系建设】** 国家建立统一领导、分级负责、属地管理为主的粮食应急管理体制。
>
> 县级以上人民政府应当加强粮食应急体系建设,健全布局合理、运转高效协调的粮食应急储存、运输、加工、供应网络,必要时建立粮食紧急疏运机制,确保具备与应急需求相适应的粮食应急能力,定期开展应急演练和培训。

【条文主旨】

本条是关于粮食应急管理体制与应急体系建设的规定。

【条文释义】

本条规定了粮食应急管理体制和应急体系建设的相关内容。概括而言,本条分为两款:第一款着眼于国家层面,规定国家建立统一领导、分级负责、属地管理为主的粮食应急管理体制,属于原则性规定;第二款着眼于政府层面,规定县级以上人民政府应当加强粮食应急体系建设,健全布局合理、运转高效协调的粮食应急储存、运输、加工、供应网络,必要时建立粮食紧急疏运机制,确保具备与应急需求相适应的粮食应急能力,定期开展应急演练和培训。相较于第一款而言,第二款对于县级以上人民政府的职责做了进一步明确,但仍属于相对原则性的内容。

一、统一领导、分级负责、属地管理为主的粮食应急管理体制

本条第一款规定,国家建立统一领导、分级负责、属地管理为主的粮食应急管理体制。该规定强调国家在粮食应急管理方面实行国家统一领

导，各级人民政府按照职责分工负责，各地区根据本地粮食安全状况和应急需求进行管理的体制。建立统一领导、分级负责、属地管理为主的粮食应急管理体制既可以保证粮食应急管理的高效协调，又可以充分发挥地方的主动性和灵活性。具体而言：

（一）统一领导

根据《国家粮食应急预案》中"1.4　工作原则"的规定，"统一领导"是指统一于国务院的领导。换言之，国务院负责统一协调和规划全国范围内的粮食应急管理工作。为加强国务院统一领导，我国成立了国家层面的粮食应急工作指挥部，负责具体的粮食应急管理工作。具体而言，国家粮食应急工作指挥部的具体职责为：（1）掌握粮食市场形势，向国务院提出启动或终止实施应急措施的建议，经国务院同意后组织实施。（2）对省级人民政府和有关部门开展粮食应急工作进行督查和指导。（3）及时向国务院及有关部门报告（通报）事态发展变化情况，并根据需要向军队和武警部队通报有关情况。（4）完成国务院交办的其他事项。[1]

（二）分级负责

分级负责是指对不同等级的粮食应急工作，由中央和地方人民政府按照中央和地方的粮食事权各负其责。换言之，按照突发事件的性质、范围、危害程度的不同，分别由不同层级的政府负责应急处置。例如，《中华人民共和国突发事件应对法》第八条第一款、第二款规定，国务院在总理领导下研究、决定和部署特别重大突发事件的应对工作；根据实际需要，设立国家突发事件应急指挥机构，负责突发事件应对工作；必要时，国务院可以派出工作组指导有关工作。县级以上地方各级人民政府设立由本级人民政府主要负责人、相关部门负责人、驻当地中国人民解放军和中国人民武装警察部队有关负责人组成的突发事件应急指挥机构，统一领导、协调本级人民政府各有关部门和下级人民政府开展突发事件应对工作；根据实际需要，设立相关类别突发事件应急指挥机构，组织、协调、指挥突发事件应对工作。

（三）属地管理为主

属地管理为主意味着县级以上人民政府是应对突发公共卫生事件的首要责任主体。一方面，根据《中华人民共和国突发事件应对法》第七条第一款中的规定，县级人民政府对本行政区域内突发事件的应对工作负责。

---

[1] 参见《国家粮食应急预案》中"2.1　国家粮食应急工作指挥部"，载中国政府网，https://www.gov.cn/zhengce/zhengceku/2018-12/03/content_5345459.htm，最后访问时间：2024年2月25日。

这意味着县级人民政府是应对所有级别突发公共卫生事件的责任主体，只要发生在县级人民政府管辖的地域范围内，县级人民政府就应当承担应对责任。[①] 另一方面，《中华人民共和国突发事件应对法》第七条第三款进一步明确，突发事件发生地县级人民政府不能消除或者不能有效控制突发事件引起的严重社会危害的，应当及时向上级人民政府报告。上级人民政府应当及时采取措施，统一领导应急处置工作。

突发事件发生地距离现场近，能够第一时间了解情况，迅速指挥应对和最快到达现场实施处置。为此，确立属地管理原则，由发生地主要负责应对突发事件更能保证效率。[②]

二、县级以上人民政府应当加强粮食应急体系建设

县级以上人民政府应当加强粮食应急体系建设，提升粮食安全保障能力，构建高层次、高质量、有效率、可持续的粮食应急保障体系。本条第二款着眼于以下几个方面加强粮食应急体系建设：

（一）健全布局合理、运转高效协调的粮食应急储存、运输、加工、供应网络

根据《粮食应急保障能力提升行动方案（试行）》中"一、总体要求"的规定，到2025年，我国要基本建成布局合理、设施完备、运转高效、保障有力的粮食应急保障体系。应急加工、储运、配送、供应网络更为健全，应急设施布局更加优化完善，应急响应更加迅速高效，风险防控更加精准，粮食应急保障信息系统更加通畅，粮食应急保障能力全面提升。

1. 粮食应急储存、运输、加工、供应网络

"粮食应急储存、运输、加工、供应网络"是指在发生突发事件或者粮食供需紧张时，能够及时调动和运送粮食的系统。包括以下几个方面：一是粮食应急储存。国家和地方政府建立专门用于应对粮食紧急情况的储备库，主要储存成品粮和种子，以满足粮食供应和生产的需要。二是粮食应急运输。国家和地方政府建立的专门用于应对粮食紧急情况的储运企业，主要负责粮食应急储备的调运和配送，以及粮食应急加工的原料和产品的运输。三是粮食应急加工。国家和地方政府建立专门用于应对粮食紧急情况的加工企业，主要负责将粮食应急储备的成品粮加工成符合消费者需求的粮食产品，如面粉、米面、食用油等。四是粮食应急供应。国家和

---

① 戚建刚：《论突发公共卫生事件的"属地管理原则"》，载《当代法学》2020年第4期。

② 李一行、陈华静：《突发事件属地管理为主的异化及其对策》，载《行政管理改革》2021年第2期。

地方政府建立专门用于应对粮食紧急情况的供应网点，主要负责将粮食应急加工的产品销售给消费者，或者直接向受灾地区和困难群众提供粮食救助。目前，我国基本建立了涵盖储运、加工、配送、供应等各个环节的粮食应急保障体系，链条优化、衔接顺畅、运转高效、保障有力。

2. 粮食应急储存、运输、加工、供应网络的基本要求

根据本条第二款，粮食应急储存、运输、加工、供应网络的基本要求是布局合理、运转高效协调。具体而言："布局合理"是指要根据不同地区的粮食需求和供应情况，合理分布粮食应急储备库、加工厂、配送中心、供应网点等设施，形成覆盖全国的应急保障网络。"运转高效"是指要保证粮食应急体系的运行顺畅，及时响应粮食应急需求，快速调度和调运粮食，减少粮食损耗和浪费，提高粮食应急保障效率。"协调"是指要加强各级政府和有关部门、企业、社会组织之间的沟通和协作，形成粮食应急保障的统一指挥和协同作战机制，避免重复建设和资源浪费，实现粮食应急保障的有序进行。

（二）必要时建立粮食紧急疏运机制

根据本条第二款的规定，县级以上人民政府必要时应当建立粮食紧急疏运机制。粮食紧急疏运机制是指在发生重大自然灾害、社会突发事件等影响粮食供应的情况下，国家和地方人民政府采取的应急措施，调动各类粮食储备和市场资源，组织粮食从产地或储备库向受灾地区或需求地区快速运输，保障受灾群众和重点区域的粮食需求。建立粮食紧急疏运机制，有利于县级以上地方人民政府根据实际需要，采取紧急措施，调动和调配粮食资源，保障粮食供应和稳定市场。

（三）确保具备与应急需求相适应的粮食应急能力

粮食应急能力是指国家或者地方人民政府在粮食应急状态发生时，能够及时启动粮食应急预案，组织和指挥粮食应急工作，对粮食流通进行统一安排和调度，采取有效的应急处置措施，保障粮食有效供给，维护粮食市场秩序的能力。粮食应急能力是衡量粮食应急管理水平的重要指标，需要不断提升和完善。确保具备与应急需求相适应的粮食应急能力，县级以上人民政府应当根据粮食安全风险评估和应急预案，合理确定粮食应急储备规模、品种、结构和配置方式，保证粮食应急储备的质量和数量，提高粮食应急储备的调度和使用效率，满足不同情况下的粮食应急需求。根据《粮食应急保障能力提升行动方案（试行）》中"二、主要任务"，应当着眼于以下几个方面提升粮食应急能力：

第一，提升粮食应急供应能力。将"好粮油"销售示范点、军粮供应

网点纳入粮食应急供应网点建设，支持粮食零售网点、连锁超市、商场、粮油批发市场等应急供应网点开设"好粮油"销售专柜，促进粮食应急保障体系与"中国好粮油"行动、军粮供应体系融合发展。原则上不新建应急供应网点，主要根据不同地区、应对不同突发事件的需求，制定应急供应网点的布局和标准，充分发挥现有网点作用，配备相应设施装备，提升粮油应急供应能力。

第二，提升成品粮油仓储能力。建立适度规模的成品粮储备，提高小包装成品粮油储备比例，36个大中城市的地方成品粮油（含必要小包装）储备，达到15天以上（含15天）市场供应量。其他地区统筹区域粮食安全、调控应急需要、人口规模、经济发展等情况，保有一定天数市场供应量的成品粮油储备库存。新建或改建一定规模的成品粮油储备库，配备加热隔热、防潮、调温等设施设备，推广应用低温储存技术，满足成品粮油储备需要。

第三，提升粮食应急生产加工能力。以现有粮油应急加工企业和加工能力为基础，统筹粮源分布、重要物流通道和节点布局，调整优化应急加工能力布局，提升主食加工能力。鼓励和支持一批优质粮食工程示范企业围绕提升应急加工能力进行技术改造，加强小包装灌装粮油生产能力建设，支持推进米面、玉米、杂粮及薯类主食制品的工业化生产，完善应急设施设备，提升粮油应急加工企业仓储和配送能力，确保应急日加工能力与市场日供应量需求相适应。

第四，提升粮食应急物流能力。积极对接国家物流枢纽布局和建设规划，完善辖区内粮食应急物流网络，提升高原地区等复杂条件下粮食应急运输协同保障能力。充分发挥国家粮食和物资储备局垂直管理局所属储备仓库货场、铁路专用线等物流设施优势，为粮食应急运输提供接收、中转、配送等物流服务。支持一批优质粮食工程示范园区、粮食应急配送中心、粮食物流园区，改造升级应急配套设施设备，完善成品粮、集装箱装卸设施和成品粮、主食产品冷链配送功能，提升粮食应急物流信息化水平，提高粮食应急物流效率和配送能力。

第五，提升粮食应急指挥调度能力。加快建设统一的粮食和物资储备应急指挥中心，完善粮食应急保障信息系统，实现各级管理平台、企业平台、粮库系统互联互通、"一张网"运行，提升应急保障效能。加速推动大数据、人工智能、云计算等新技术与粮食应急保障体系深度融合，提升粮食应急保障信息化、智能化水平。积极融入地方应急资源管理平台，发挥综合应急调度作用，在应急状态下实现粮食和重要物资统一调度、重大信息统一发布、关键指令实时下达、多级组织协同联动、发展趋势科学预判。

第六，提升粮食应急区域保障能力。按照集中管理、统一调拨、平时服务、急时应急、节约高效的原则，通过与优质粮食工程示范企业（园区、基地）、综合性储备基地、军粮应急保障基地共建等多种方式，在重点城市群和重要节点城市建设集粮食储备加工、高效物流配送、多级联动等功能于一体的区域粮食应急保障中心，统筹粮食筹措、储备调度、运输配送、紧急供应等资源，提升区域粮食应急保障能力。在重点城市选择地方粮油储备企业、应急加工企业、购销企业、供应网点等进行应急功能升级改造，承担应急任务。建设省级粮食应急保障中心，提升粮食应急加工、主食加工、应急配送等能力，在灾害易发频发地区，建设一批市、县粮食应急保障中心，加强粮食加工、中转配送、仓储应急能力建设，基本形成由都市区"1小时"、周边城市"3小时"、城市群"5小时"构成的"全国粮食135应急保障圈"。

（四）定期开展应急演练和培训

县级以上人民政府应当定期组织有关部门、单位和人员，按照粮食应急预案，模拟粮食安全风险和突发事件的发生，进行粮食应急的实战演练，检验和评估粮食应急管理的效果和问题，提高粮食应急管理的能力和水平。同时，还应当定期对有关部门、单位和人员进行粮食应急管理的理论和实践培训，提高粮食应急管理的知识和技能。

【关联规范】

《中华人民共和国突发事件应对法》第七条、第八条、第九条、第三十九条、第六十三条；《粮食流通管理条例》第三十二条。

第四十八条 【粮食应急预案的制定】 国务院发展改革、粮食和储备主管部门会同有关部门制定全国的粮食应急预案，报请国务院批准。省、自治区、直辖市人民政府应当根据本行政区域的实际情况，制定本行政区域的粮食应急预案。

设区的市级、县级人民政府粮食应急预案的制定，由省、自治区、直辖市人民政府决定。

【条文主旨】

本条是关于制定粮食应急预案的规定。

【条文释义】

本条规定了制定粮食应急预案的相关内容，目的是明确粮食应急预案的层级结构和制定、审批的权限划分，既体现了国家对粮食安全的高度重视和统一指导，也体现了地方政府的自主性和灵活性，以适应不同地区的粮食生产和消费状况。

粮食应急预案是指为应对突发事件或者粮食市场异常波动，保障粮食供应和消费者基本生活需要而制定的应急措施和方案。制定粮食应急预案是应急工作的核心内容，有利于粮食应急保障工作高效、有序地开展。自2005年国务院制定《国家粮食应急预案》以来，各地陆续制定和完善了本地区粮食应急预案。

根据粮食应急预案制定主体的层级进行划分，本条包括三个方面的内容：（1）国务院发展改革、粮食和储备主管部门会同有关部门制定全国的粮食应急预案，报请国务院批准；（2）省、自治区、直辖市人民政府应当根据本行政区域的实际情况，制定本行政区域的粮食应急预案；（3）设区的市级、县级人民政府粮食应急预案的制定，由省、自治区、直辖市人民政府决定。

一、全国层面粮食应急预案的制定

本条第一款前半部分是关于制定全国层面粮食应急预案的规定，明确"国务院发展改革、粮食和储备主管部门会同有关部门制定全国的粮食应急预案，报请国务院批准"。由此可见，全国层面的粮食应急预案，是由国务院发展改革、粮食和储备主管部门会同有关部门制定、国务院批准的。

第一，国家粮食应急预案的制定主体。本条仅明确"国务院发展改革、粮食和储备主管部门会同有关部门制定全国的粮食应急预案"，但未明确具体的有关部门。在此有必要对"有关部门"进行明晰。根据《国家粮食应急预案》"2.1 国家粮食应急工作指挥部"的规定，"有关部门"[①]主要指公安部、财政部、铁道部、交通部、农业部、商务部、工商总局、质检总局、国家统计局、国务院新闻办、中国农业发展银行、中国储备粮

---

① 部分机构的名称与职能已发生变化。详情请参见《国务院机构改革方案》。

管理总公司。

第二，国家粮食应急预案的批准主体。本条明确规定国家粮食应急预案制定以后，需要报请国务院批准，以确保其合法性和有效性。一方面，国务院是国家最高行政机关，负责全国的经济、社会、政治、外交等方面的工作。国家粮食应急预案是一项涉及国家粮食安全和社会稳定的重大决策，需要国务院的统一领导和授权，以保证粮食应急预案的科学性、合理性和有效性。另一方面，国务院下属的各个部门虽然各司其职，但是在粮食应急预案的制定过程中，可能会出现不同的意见和观点。国务院作为最高的协调机构，可以在各个部门之间进行沟通和协商，平衡各方的观点和诉求，达成共识和一致，确保粮食应急预案的全面性和协调性。

二、省级层面粮食应急预案的制定

本条第一款后半部分是关于制定省级层面粮食应急预案的规定，明确"省、自治区、直辖市人民政府应当根据本行政区域的实际情况，制定本行政区域的粮食应急预案"。由此可见，省级层面粮食应急预案，是省、自治区、直辖市人民政府根据本行政区域的实际情况制定的。

具体而言，根据省级层面的相关规定，省级粮食应急预案的制定程序与国家粮食应急预案类似，主要是由省级政府负责粮食行政管理工作的部门会同有关部门拟定，报同级人民政府批准。例如，《江西省粮食流通条例》[1] 第二十八条第二款规定："省本级粮食应急预案由省人民政府粮食主管部门拟定，送省人民政府应急管理部门进行衔接审核后，报省人民政府决定。"省级粮食应急预案的制定应当参考国家粮食应急预案。

三、市、县级层面粮食应急预案的制定

本条第二款是关于制定市级、县级层面粮食应急预案的规定，明确"设区的市级、县级人民政府粮食应急预案的制定，由省、自治区、直辖市人民政府决定"。

由此可见，是否制定市级、县级粮食应急预案，不是市、县级政府能够自主决定的，而是由省、自治区、直辖市人民政府决定的。粮食安全是国家安全的重要组成部分，粮食应急预案是应对粮食紧急情况的重要手段，需要有统一的规划和指导。将市、县级粮食应急预案的制定决定权划归省级政府，有利于避免地方自行其是，造成粮食市场的混乱和浪费。

---

[1] 《江西省粮食流通条例》，载江西省人民政府网站，https：//www.jiangxi.gov.cn/art/2023/9/28/art_ 396_ 4610817.html，最后访问时间：2024 年 2 月 10 日。

【适用指南】

本条是关于制定粮食应急预案的规定。实践中，粮食应急预案的制定应当注意遵循科学、合理、可行、协调的原则，充分听取各方的意见和建议，在此基础上根据粮食市场的风险评估和预警，明确应急的目标、原则、条件、范围、对象、方式、标准、责任等，以提高应急的效率和效果，减少应急的损失和影响。

【关联规范】

《中华人民共和国突发事件应对法》第十七条、第十八条、第二十三条；《粮食流通管理条例》第三十三条、第三十四条、第三十五条。

第四十九条 【粮食市场异常波动报告制度】 国家建立粮食市场异常波动报告制度。发生突发事件，引起粮食市场供求关系和价格异常波动时，县级以上地方人民政府发展改革、农业农村、粮食和储备、市场监督管理等主管部门应当及时将粮食市场有关情况向本级人民政府和上一级人民政府主管部门报告。

【条文主旨】

本条是关于粮食市场异常波动报告制度的规定。

【条文释义】

本条规定了粮食市场异常波动报告制度的相关内容。"粮食市场异常波动报告制度"是指国家为了及时掌握粮食市场的供求和价格变化情况，防止粮食市场出现恐慌、抢购、囤积等现象，维护粮食市场的稳定，而建立的一种信息报告和反馈的制度。总体而言，本条前半部分原则性提出国家建立粮食市场异常波动报告制度的要求；后半部分具体解释粮食市场异常波动报告制度的主要内容，包括适用前提、报告主体、报告内容、报告对象等。

一、粮食市场异常波动报告的前提

根据本条规定,粮食市场异常波动报告的前提是"发生突发事件,引起粮食市场供求关系和价格异常波动时"。根据《中华人民共和国突发事件应对法》第三条第一款的规定,突发事件是指"突然发生,造成或者可能造成严重社会危害,需要采取应急处置措施予以应对的自然灾害、事故灾难、公共卫生事件和社会安全事件"。具体而言,主要包括以下几种情况:(1)发生洪水、地震以及其他严重自然灾害,造成粮食市场异常波动的。(2)发生重大传染性疫情、群体性不明原因疾病、重大食物中毒和职业中毒等突发公共卫生事件,引发公众恐慌,造成粮食市场异常波动的。(3)其他引发粮食市场异常波动的情况。

二、粮食市场异常波动报告的主体

根据本条规定,粮食市场异常波动报告的主体是"县级以上地方人民政府发展改革、农业农村、粮食和储备、市场监督管理等主管部门"。其中,"县级以上地方人民政府"是指省(自治区、直辖市)、设区的市(自治州)、县(自治县、市辖区)人民政府。

三、粮食市场异常波动报告的内容

根据本条规定,粮食市场异常波动报告的内容是粮食市场有关情况。具体而言,粮食市场有关情况包括以下内容:(1)粮食市场的供求状况:如粮食的产量、库存、进出口、消费、流通等数据和变化趋势,以及影响粮食市场供求的因素和原因,如自然灾害、社会危机、政策变化、市场行为等。(2)粮食市场的价格走势:如粮食的批发、零售、收购、销售等价格和变化幅度,以及影响粮食市场价格的因素和原因,如供求关系、成本、竞争、投机、预期等。(3)粮食市场的风险评估和应急措施:如粮食市场异常波动的可能性、程度、范围、影响和后果,以及应对粮食市场异常波动的应急措施和建议,如发布信息、调控市场、投放储备、调整政策、加强监管等。

四、粮食市场异常波动报告的对象

根据本条规定,粮食市场异常波动报告的对象是"本级人民政府和上一级人民政府主管部门"。上一级人民政府主管部门是指上一级人民政府发展改革、农业农村、粮食和储备、市场监督管理等主管部门。需要明确的是,省级人民政府发展改革、农业农村、粮食和储备、市场监督管理等主管部门的上一级人民政府主管部门为国家发展和改革委员会、农业农村部、国家粮食和物资储备局、国家市场监督管理总局。

【关联规范】

《中华人民共和国突发事件应对法》第三条、第七条、第三十八条、第三十九条、第四十条、第四十三条、第四十四条。

> **第五十条　【应急处置措施】** 县级以上人民政府按照权限确认出现粮食应急状态的，应当及时启动应急响应，可以依法采取下列应急处置措施：
> （一）本法第四十条规定的措施；
> （二）增设应急供应网点；
> （三）组织进行粮食加工、运输和供应；
> （四）征用粮食、仓储设施、场地、交通工具以及保障粮食供应的其他物资；
> （五）其他必要措施。
> 必要时，国务院可以依照《中华人民共和国价格法》的规定采取相应措施。
> 出现粮食应急状态时，有关单位和个人应当服从县级以上人民政府的统一指挥和调度，配合采取应急处置措施，协助维护粮食市场秩序。
> 因执行粮食应急处置措施给他人造成损失的，县级以上人民政府应当按照规定予以公平、合理补偿。

【条文主旨】

本条是关于应急处置措施的规定。

【条文释义】

本条规定了应急处置措施的相关内容。本条共分为四款：第一款着眼于所有县级以上人民政府，规定县级以上人民政府启动应急响应时可以依法采取的应急处置措施。第二款着眼于中央政府，规定国务院依照《中华人民共和国价格法》的规定采取的应急处置措施。需要明确的是，本条前两款本质上是对县级以上人民政府采取应急处置措施的授权。第三款着眼于单位和个人，规定有关单位和个人对于政府采取应急处置措施的服从和配合义务。第四款着眼于粮食应急处置措施给他人造成损失，规定县级以上人民政府的补偿义务。具体而言，应当从以下几个方面进行理解：

一、粮食应急状态及应急响应

本条第一款规定："县级以上人民政府按照权限确认出现粮食应急状态的，应当及时启动应急响应……"在此，应当着眼于"粮食应急状态"和"应急响应"两个方面进行理解。

（一）粮食应急状态的确认

出现粮食市场异常波动时，县级以上人民政府应当根据影响范围和程度等方面，及时分析判断粮食供应等形势，按照权限确认出现粮食应急状态。根据《国家粮食应急预案》"1.2 等级划分"的规定，"粮食应急状态"是指因各类突发公共事件或者其他原因，引起国内粮食供求关系突变，在较大地域范围内出现群众大量集中抢购、粮食脱销断档、价格大幅度上涨等粮食市场急剧波动的状况。根据层级进行划分，粮食应急状态包括全国层面粮食应急状态和地方层面粮食应急状态。《国家粮食应急预案》"1.2 等级划分"将粮食应急状态划分为国家级（Ⅰ级）和省级（Ⅱ级）两级，并明确了不同层级应急状态的判断标准。其中，（1）"1.2.1"明确国家级（Ⅰ级）粮食应急状态是指在两个以上省、自治区、直辖市出现粮食应急状态，以及超出省级人民政府处置能力和国务院认为需要按照国家级粮食应急状态来对待的情况。（2）"1.2.2"明确省级（Ⅱ级）粮食应急状态是指在一个省、自治区、直辖市较大范围或省会等大中城市出现粮食应急状态，以及省级人民政府认为需要按照省级粮食应急状态来对待的情况；（3）"1.2.3"进一步明确省级人民政府可以根据本地区实际情况，研究制订省级（Ⅱ级）以下粮食应急状态分级和应急处理办法。

在此基础上，各地对粮食应急状态做了进一步的划分。例如，《湖南省粮食应急预案》[①]"4.1 应急状态分级与响应"按照影响范围和程度，将粮食应急状态划分为特别重大应急状态（Ⅰ级）、重大应急状态（Ⅱ级）、较大应急状态（Ⅲ级）、一般应急状态（Ⅳ级）四个级别。具体而言：（1）"4.1.4"明确特别重大应急状态（Ⅰ级）一般指两个以上省、自治区、直辖市出现粮食应急状态的情况，具体按照《国家粮食应急预

[①] 《湖南省人民政府办公厅关于印发〈湖南省粮食应急预案〉的通知》，载湖南省人民政府网站，http://www.hunan.gov.cn/hnszf/xxgk/wjk/szfbgt/202401/t20240104_32618252.html，最后访问时间：2024年2月10日。

案》规定的标准确定。(2)"4.1.3"明确重大应急状态(Ⅱ级)是指在两个以上市州或省会城市出现较大粮食应急状态,或超出市州人民政府处置能力的,以及省人民政府认为需要以重大应急状态来对待的情况。(3)"4.1.2"明确较大应急状态(Ⅲ级)是指一个市州两个以上县市行政区域或市州人民政府所在地城市主城区出现粮食应急状态,以及市州人民政府认为需要以较大应急状态来对待的情况。(4)"4.1.1"明确一般应急状态(Ⅳ级)是指在一个县市行政区域内(不含市州人民政府所在地城市主城区)出现粮食应急状态,以及县市人民政府认为需要以一般应急状态来对待的情况。

(二)粮食应急响应的启动

县级以上人民政府判断出现粮食应急状态时,应当按照粮食应急预案的要求,启动相应级别的应急响应,通报有关情况,组织协调粮食应急处置工作。

《国家粮食应急预案》"4.1 应急响应程序"中规定,有关省级粮食应急工作指挥部应立即进行研究分析,指导有关地区迅速采取措施稳定市场。确认出现省级(Ⅱ级)粮食应急状态时,要按照本省(区、市)粮食应急预案的规定,立即做出应急反应,对应急工作进行安排部署,并向国家粮食应急工作指挥部办公室报告。接到省级粮食应急工作指挥部紧急报告后,国家粮食应急工作指挥部立即组织有关人员迅速掌握分析有关情况,并作出评估和判断,确认出现国家级(Ⅰ级)粮食应急状态时,要按照本预案的规定,迅速做出应急响应。具体而言,(1)国家级(Ⅰ级)应急响应。出现国家级(Ⅰ级)粮食应急状态时,国家粮食应急工作指挥部应当立即向国务院上报有关情况,请示启动国家粮食应急预案。国务院批准启动应急预案后,国家粮食应急工作指挥部立即进入应急工作状态,各成员单位主要负责人应立即组织有关人员按照本单位的职责,迅速落实各项应急措施。省级粮食应急工作指挥部接到国家粮食应急工作指挥部通知后,要立即组织有关人员按照职责迅速落实应急措施。(2)省级(Ⅱ级)应急响应。出现省级(Ⅱ级)粮食应急状态时,由省级粮食应急工作指挥部报同级人民政府批准后,启动本省(区、市)粮食应急预案,并向国家粮食应急工作指挥部办公室报告有关情况。省(区、市)粮食应急预案启动后,省级粮食应急工作指挥部要根据粮食市场出现的应急状态,立即采取相应措施。

二、应急处置措施

根据本条规定,县级以上人民政府在启动应急响应后,可以根据粮食应急状态的具体情况，依法采取应急处置措施。必要时，国务院还可以依照《中华人民共和国价格法》的规定采取相应措施。

（一）县级以上人民政府可以依法采取的应急处置措施

本条第一款规定了所有县级以上人民政府启动应急响应时均可以依法采取的应急处置措施，主要包括以下五种：

1. 本法第四十条规定的措施

本法第四十条是关于县级以上人民政府及其有关部门可以采取的粮食市场调控措施的规定。具体而言，粮食供求关系和价格显著变化或者有可能显著变化时，县级以上人民政府及其有关部门可以按照权限采取的调控粮食市场措施有：发布粮食市场信息、实行政策性粮食收储和销售、要求执行特定情况下的粮食库存量、组织投放储备粮食、引导粮食加工转化或者限制粮食深加工用粮数量等。

2. 增设应急供应网点

出现粮食应急状态时，县级以上人民政府应当根据粮食供应保障网络的布局，增设一些临时的粮食供应网点，以满足群众的粮食需求，缓解粮食市场紧张局面。

3. 组织进行粮食加工、运输和供应

出现粮食应急状态时，县级以上人民政府应当组织动员粮食应急储运企业、粮食应急加工企业、粮食应急配送中心等，加强粮食加工、运输和供应的协调和管理，保障粮食应急供应的质量和效率。

4. 征用粮食、仓储设施、场地、交通工具以及保障粮食供应的其他物资

出现粮食应急状态时，县级以上人民政府可以依法征用一定数量和期限的粮食、仓储设施、场地、交通工具以及保障粮食供应的其他物资，以满足粮食应急供应的需要。

5. 其他必要措施

此为兜底措施，明确出现粮食应急状态时，县级以上人民政府可以根据粮食应急状态的变化和实际需要，采取其他必要的应急处置措施，以保障粮食供应和市场秩序。

（二）必要时国务院可以依照《中华人民共和国价格法》的规定采取的相应措施

本条第二款规定了国务院依照《中华人民共和国价格法》的规定采取的应急处置措施，属于中央政府相较于地方政府而言特有的权力。具体而言，根据《中华人民共和国价格法》第三十一条的规定，当市场价格总水

平出现剧烈波动等异常状态时，国务院可以在全国范围内或者部分区域内采取临时集中定价权限、部分或者全面冻结价格的紧急措施。

需要说明的是，本条第二款与本法第四十条第二款的表述一致，但具体指向的措施有所区别。第四十条第二款规定的是政府的价格总水平调控手段，包括价格干预措施、紧急措施等。换言之，紧急措施只是其中的一种；本条第二款属于应急状态时采取的措施，应当限于紧急措施，即临时集中定价权限、部分或者全面冻结价格。

三、有关单位和个人服从、配合县级以上人民政府应急处置措施的义务

本条第三款明确了有关单位和个人对于县级以上人民政府应急处置措施的服从和配合义务。根据第三款的规定，粮食应急状态发生时，有关单位和个人应当服从县级以上人民政府的统一指挥和调度，按照法律法规和应急预案的要求，配合采取应急处置措施，协助维护粮食市场秩序，不得损害国家和社会公共利益，不得扰乱粮食市场秩序。对于本段话的理解，应当着眼于以下两个层面：

第一，本款属于义务性规定，有关单位和个人必须服从和配合县级以上人民政府采取的应急处置措施。一旦不履行义务，将承担强制性的法律责任。本法第六十九条规定了有关单位和个人不履行义务的法律后果，明确"违反本法规定，粮食应急状态发生时，不服从县级以上人民政府的统一指挥和调度，或者不配合采取应急处置措施的，由县级以上人民政府有关部门依照职责责令改正，给予警告；拒不改正的，对单位处二万元以上二十万元以下罚款，对个人处二千元以上二万元以下罚款；情节严重的，对单位处二十万元以上二百万元以下罚款，对个人处二万元以上二十万元以下罚款"。

第二，从主体看，"有关单位和个人"应当包含所有与粮食生产、储备、流通、加工、消费等环节有关的组织、机构、企业和个人，如粮食生产者、粮食经营者、粮食消费者、粮食储备单位、粮食检验机构等。例如，《中华人民共和国突发事件应对法》第十一条第二款规定："公民、法人和其他组织有义务参与突发事件应对工作。"第三十八条第三款规定："获悉突发事件信息的公民、法人或者其他组织，应当立即向所在地人民政府、有关主管部门或者指定的专业机构报告。"《粮食流通管理条例》第三十五条规定："粮食应急预案启动后，粮食经营者必须按照国家要求承担应急任务，服从国家的统一安排和调度，保证应急的需要。"

四、县级以上人民政府的补偿责任

本条第四款强调因执行粮食应急处置措施给他人造成损失的，县级以上人民政府应当按照规定予以公平、合理补偿。

第一，此为政府责任条款。县级以上人民政府在执行粮食应急处置措施时，如征用粮食、仓储设施、场地、交通工具等，可能会损害有关单位和个人的利益。着眼于损失之弥补，政府应当按照法律法规的规定，给予相应的补偿，保障有关单位和个人的合法权益，维护社会公平正义。

第二，政府给予的补偿应当公平、合理。本款对于政府的补偿标准仅做了原则性规定。通常而言，补偿标准可以按照市场价值或者成本价值进行确定。国务院或者省级人民政府应当制定粮食应急处置措施补偿的具体办法，减轻粮食应急状态的不利影响，明确补偿的范围、条件、程序、时限等，做好补偿资金的筹措和管理。

【适用指南】

本条是关于应急处置措施的规定。更深层次地讲，本条是对县级以上人民政府应急状态出现时的特别授权。基于本条，县级以上人民政府有权采取相应的应急处置措施，有关单位和个人应当服从县级以上人民政府的统一指挥和调度，配合采取应急处置措施。需要明确的是，本条中的特别授权发生于应急状态，一旦应急状态结束，县级以上人民政府的该项权力自然消亡。

【关联规范】

《中华人民共和国突发事件应对法》第七条、第十一条、第三十一条、第三十八条、第四十四条、第四十五条、第四十九条、第五十条、第五十一条、第五十六条、第五十七条；《中华人民共和国价格法》第三十一条；《粮食流通管理条例》第三十五条。

第五十一条　【应急终止】粮食应急状态消除后，县级以上人民政府应当及时终止实施应急处置措施，并恢复应对粮食应急状态的能力。

【条文主旨】

本条是关于应急终止的规定。

【条文释义】

本条规定了应急终止的相关内容,主要明确了县级以上人民政府在粮食应急状态消除后的应急工作结束和准备工作。其目的是保证粮食应急工作的有序进行和有效结束,避免因应急处置措施的延续而影响粮食市场的正常运行,同时为了保证国家或者地方人民政府在下一次粮食应急状态发生时,能够及时做好应急响应和处置,保障国家粮食安全和社会稳定。

总体而言,粮食应急状态消除后,县级以上人民政府应当做到:(1)及时终止实施应急处置措施;(2)恢复应对粮食应急状态的能力。

一、及时终止实施应急处置措施

应急处置措施是指国家或者地方人民政府为应对粮食供应紧张或者中断等突发情况临时采取的保障粮食供应和维护粮食市场秩序的措施,具有临时性。通常而言,应急处置措施可能会对粮食经营者、粮食生产者、粮食消费者等有关单位和个人的正常生产经营活动造成一定的干扰或者损失。如果粮食应急状态消除后,政府不及时终止实施应急处置措施,那么就可能侵犯他们的合法权益,影响社会公平正义。而且,应急处置措施可能会对粮食市场的自由竞争和价格形成机制产生一定的干预,如果粮食应急状态消除后,政府不及时终止实施应急处置措施,那么就可能破坏粮食市场的正常运行,影响粮食市场的稳定和发展。为此,如果粮食市场已经恢复正常,粮食应急状态消除后,就不应继续实施应急处置措施,否则会造成粮食资源的浪费或者滥用。

二、恢复应对粮食应急状态的能力

根据应急状态下对粮食的需要和动用等情况,政府应及时采取促进粮食生产、增加粮食收购或适当进口等措施,补充中央和地方粮食储备及商业库存,恢复应对粮食应急状态的能力。具体而言,对已动用和调用的各级储备粮,应当按原计划规模及时补充已动用的各级储备粮,恢复应对粮食紧急状态的能力。其他粮食经营企业应当尽快恢复必要的粮食库存,如企业社会责任储备。

【关联规范】

《中华人民共和国突发事件应对法》第五十八条、第五十九条。

第八章 粮食节约

> **第五十二条 【县级以上人民政府及其有关部门的粮食节约职责】** 国家厉行节约，反对浪费。县级以上人民政府应当建立健全引导激励与惩戒教育相结合的机制，加强对粮食节约工作的领导和监督管理，推进粮食节约工作。
>
> 县级以上人民政府发展改革、农业农村、粮食和储备、市场监督管理、商务、工业和信息化、交通运输等有关部门，应当依照职责做好粮食生产、储备、流通、加工、消费等环节的粮食节约工作。

【条文主旨】

本条是关于县级以上人民政府及其有关部门粮食节约职责的规定。

【条文释义】

本条规定了县级以上人民政府及其有关部门的粮食节约职责。本条主要包括三个方面的内容：着眼于国家层面，规定"国家厉行节约，反对浪费"的总体原则；着眼于县级以上人民政府，规定县级以上人民政府推进粮食节约工作的职责要求；着眼于县级以上人民政府有关部门，规定县级以上人民政府有关部门做好粮食节约工作的具体内容。

一、国家厉行节约，反对浪费

此为倡导性规定。厉行节约是指在生产、生活、工作等各个方面，合理利用资源，避免浪费，提高效率，降低成本，增强竞争力，为国家和人民创造更多的财富。反对浪费是指对可安全食用或者饮用的食品未能按照其功能目的合理利用，以及对其他资源的不合理消耗，造成资源的损失和浪费，影响国家和人民的利益。

"厉行节约，反对浪费"一方面可以提高粮食利用效率，减少粮食需求，增强粮食供应能力，是保障国家粮食安全的重要措施；另一方面可以减少粮食生产、储备、流通、加工、消费等环节的资源消耗和环境污染等问题，是节约资源、保护环境的重要途径。党中央、国务院高度重视粮食减损问题，例如，《中共中央关于制定国民经济和社会发展第十四个五年规划和二〇三五年远景目标的建议》[1] "七、优先发展农业农村，全面推进乡村振兴"明确提出，要"开展粮食节约行动"；《中共中央办公厅、国务院办公厅关于厉行节约反对食品浪费的意见》[2] "四、减少各环节粮食损失浪费"明确提出，要"加强粮食生产、收购、储存、运输、加工、消费等环节管理，有效减少损失浪费"。当前，我国已将粮食节约工作作为重点任务。本条规定了"国家厉行节约，反对浪费"，从立法角度进一步凸显了粮食节约的重要性，奠定了粮食节约在保障粮食供给、实现粮食安全中的重要基础。

二、县级以上人民政府推进粮食节约工作的职责要求

本条第一款第二句规定："县级以上人民政府应当建立健全引导激励与惩戒教育相结合的机制，加强对粮食节约工作的领导和监督管理，推进粮食节约工作。"本部分明确了县级以上人民政府推进粮食节约工作的职责。概括而言，"推进粮食节约工作"是总体要求，"建立健全引导激励与惩戒教育相结合的机制""加强对粮食节约工作的领导和监督管理"是推进粮食节约工作的着力点。

（一）建立健全引导激励与惩戒教育相结合的机制

政府应当通过制定和实施相关的法律法规、政策措施、标准规范、奖惩制度等，对粮食节约的单位和个人给予表彰、奖励、扶持等激励措施，对粮食浪费的单位和个人给予批评、教育、处罚等惩戒措施，同时加强粮食节约的宣传、教育、培训等，增强全社会的粮食节约意识和能力。例如，本法第八条规定："各级人民政府及有关部门应当采取多种形式加强粮食安全宣传教育，提升全社会粮食安全意识，引导形成爱惜粮食、节约

---

[1] 《中共中央关于制定国民经济和社会发展第十四个五年规划和二〇三五年远景目标的建议》，载中国政府网，https：//www.gov.cn/zhengce/2020-11/03/content_5556991.htm?eqid=befbdd5b0004af0900000006645c4f43&eqid=9f88c3ab0073936900000002648ef838，最后访问时间：2024年2月10日。

[2] 《中共中央办公厅、国务院办公厅印发〈关于厉行节约反对食品浪费的意见〉》，载农业农村部网站，http：//www.gov.cn/zhengce/202203/content_3635156.htm，最后访问时间：2024年2月10日。

粮食的良好风尚。"第九条规定："对在国家粮食安全保障工作中做出突出贡献的单位和个人，按照国家有关规定给予表彰和奖励。"

(二) 加强对粮食节约工作的领导和监督管理

县级以上人民政府应当加强对粮食节约工作的领导和监督管理，确保各相关部门按照法律规定履行粮食节约工作的职责，及时发现和解决存在的问题。具体而言，县级以上人民政府应当将粮食节约工作纳入国民经济和社会发展规划、年度计划和预算，明确粮食节约目标任务和责任分工，建立健全粮食节约工作协调机制，定期组织开展粮食节约工作检查和评估，及时解决粮食节约工作中的问题和困难，依法查处违反粮食节约法律法规的行为。例如，《中华人民共和国反食品浪费法》第四条第一款规定："各级人民政府应当加强对反食品浪费工作的领导，确定反食品浪费目标任务，建立健全反食品浪费工作机制，组织对食品浪费情况进行监测、调查、分析和评估，加强监督管理，推进反食品浪费工作。"

三、县级以上人民政府有关部门推进粮食节约工作的具体内容

本条第二款规定："县级以上人民政府发展改革、农业农村、粮食和储备、市场监督管理、商务、工业和信息化、交通运输等有关部门，应当依照职责做好粮食生产、储备、流通、加工、消费等环节的粮食节约工作。"从主体看，粮食节约工作需要发展改革、农业农村、粮食和储备、市场监督管理、商务、工业和信息化、交通运输等有关部门承担相应职责；从环节看，粮食节约工作涉及生产、储备、流通、加工、消费等全链条。

本款强调县级以上人民政府有关部门应当依照职责做好粮食节约工作，在此，应当进一步明确各部门的"职责"内容。根据《粮食流通管理条例》第二十五条第二款的规定，县级以上人民政府粮食和储备行政管理部门应当加强对粮食经营者的指导和服务，引导粮食经营者节约粮食、降低粮食损失损耗。《中华人民共和国反食品浪费法》第五条规定了食品节约工作中的部门职责，具体明确了以下内容：(1) 国务院发展改革部门应当加强对全国反食品浪费工作的组织协调；会同国务院有关部门每年分析评估食品浪费情况，整体部署反食品浪费工作，提出相关工作措施和意见，由各有关部门落实。(2) 国务院商务主管部门应当加强对餐饮行业的管理，建立健全行业标准、服务规范；会同国务院市场监督管理部门等建立餐饮行业反食品浪费制度规范，采取措施鼓励餐饮服务经营者提供分餐服务、向社会公开其反食品浪费情况。(3) 国务院市场监督管理部门应当加强对食品生产经营者反食品浪费情况的监督，督促食品生产经营者落实反食品浪费措施。(4)国家粮食和物资储备部门应当加强粮食仓储流通过程中的节粮减损管理,会同国务院有关部门组织实施粮食储存、运输、加工标准。(5)国务院有关部门依照本法和国务院规定的职责,采取措施开展反食品浪费工作。

【关联规范】

《中华人民共和国反食品浪费法》第四条、第五条、第六条、第七条;《粮食流通管理条例》第二十五条。

> **第五十三条　【粮食生产环节的节粮减损】**粮食生产者应当加强粮食作物生长期保护和生产作业管理,减少播种、田间管理、收获等环节的粮食损失和浪费。
>
> 禁止故意毁坏在耕地上种植的粮食作物青苗。
>
> 国家鼓励和支持推广适时农业机械收获和产地烘干等实用技术,引导和扶持粮食生产者科学收获、储存粮食,改善粮食收获、储存条件,保障粮食品质良好,减少产后损失。

【条文主旨】

本条是关于粮食生产环节节粮减损的规定。

【条文释义】

本条规定了粮食生产环节节粮减损的相关内容,目的是明确粮食生产环节中相关主体的节粮减损义务和责任。本条按照粮食作物从播种到生产作业,再到收获和储存的时间先后顺序,分别明确了粮食作物所处不同环节中相关主体的节粮减损要求。概括而言,本条分为三款:第一款着眼于粮食作物生长和生产作业管理环节中的节粮减损,规定粮食生产者应当加强粮食作物生长期保护和生产作业管理,减少播种、田间管理、收获等环节的粮食损失和浪费;第二款着眼于粮食作物青苗保护,规定任何人都不得故意毁坏在耕地上种植的粮食作物青苗的义务;第三款着眼于粮食产后收获和储存环节中的节粮减损,规定国家鼓励和支持推广相关实用技术,引导和扶持粮食生产者科学收获、储存粮食,减少产后损失。

一、粮食作物生长期和生产作业管理中粮食生产者的责任

根据本条第一款的规定，粮食生产者应当加强粮食作物生长期保护和生产作业管理，减少播种、田间管理、收获等环节的粮食损失和浪费。

"粮食作物生长期"是指粮食作物从播种到收获的整个生长发育过程，一般分为苗期、分蘖期、拔节期、抽穗期、灌浆期和成熟期等几个阶段。不同的生长期对水分、养分、温度、光照等环境因素的需求和适应性不同，因此需要采取相应的生产作业管理措施，以保证粮食作物的正常生长和高产。"生产作业管理"是指在粮食作物生长期内，根据作物的生理特性和生态需求，采取合理的耕作、施肥、灌溉、除草、防治病虫害、收获等技术措施，以提高粮食作物的单产和品质。粮食作物生长期和生产作业管理之间存在密切的关系，生产作业管理要根据粮食作物生长期的特点和需求进行，同时也要考虑气候、土壤、品种、区域等因素的影响，科学合理地制定生产作业管理方案，以达到最佳的效果。

本条第一款之所以要求粮食生产者要加强粮食作物生长期保护和生产作业管理，主要是为了减少播种、田间管理、收获等环节的粮食损失和浪费。

二、禁止故意毁坏在耕地上种植的粮食作物青苗

本条第二款规定："禁止故意毁坏在耕地上种植的粮食作物青苗。"根据其规定，任何人或单位等都不得对在耕地上种植的粮食作物青苗进行故意毁坏。青苗是粮食作物在生长初期的幼苗，是植物生长发育的关键阶段，决定了作物的品质、产量和抗逆性。可以说，作物青苗是粮食生产的基础。作物青苗是粮食生产的关键环节，如果遭受故意毁坏，将严重影响粮食产量和质量，危及国家粮食安全和人民群众的基本生活。本条第二款旨在保护粮食作物青苗，维护粮食生产的安全和稳定，保障国家粮食安全。具体而言，应当从以下几个方面进行理解：

第一，义务主体。相较于本条第一款和第三款的表达方式而言，本款并未明确具体的义务主体。这意味着本款中的义务主体具有不特定性，包括所有的组织、单位和个人等。换言之，所有的组织、单位和个人均应被禁止从事故意毁坏在耕地上种植的粮食作物青苗的行为。包括但不限于粮食生产者、粮食经营者、粮食消费者。

第二，行为要件。本款禁止的行为是"故意毁坏在耕地上种植的粮食作物青苗"。在此，需要注意以下两点。第一，破坏粮食作物青苗的行为应当是故意的。所谓"故意"，应当是指行为人明知自己的行为会造成相应的危害结果，并且希望或者放任这种结果发生的心理状态。换言之，

此处的"故意毁坏"行为应当是指行为人有意识地破坏、损害、摧残青苗，使其不能正常生长或减少产量。第二，破坏的粮食作物青苗应当是在耕地上种植的。耕地，一般是指利用地表耕作层种植粮、棉、油、糖、蔬菜等农作物，每年可以种植一季及一季以上的土地。通常而言，粮食作物青苗主要种植在耕地上，但法律并未禁止其他非耕地种植粮食作物青苗。换言之，在耕地以外的土地，如园地、林地、草地等，也可能种植作物青苗。从现有表述看，本款只是规定禁止故意毁坏在耕地上种植的粮食作物青苗，并未明确其他非耕地上种植的作物青苗是否受到同等保护。

第三，义务性质。本款属于禁止性规定，行为人具有强制性的法律义务，一旦违反，应当承担相应的法律后果。根据本法第七十条的规定，违反本法规定，故意毁坏在耕地上种植的粮食作物青苗的，由县级以上地方人民政府农业农村主管部门责令停止违法行为；情节严重的，可以处毁坏粮食作物青苗价值五倍以下罚款。

三、粮食产后收获和储存环节中的节粮减损

本条第三款着眼于粮食产后收获和储存环节中的节粮减损，规定国家鼓励和支持推广适时农业机械收获和产地烘干等实用技术，引导和扶持粮食生产者科学收获、储存粮食，改善粮食收获、储存条件，保障粮食品质良好，减少产后损失。顺接前两款，粮食作物成熟以后，进入收获和储存环节。此时，粮食生产者应当注重在粮食收获、储存等方面的节粮减损，保障粮食安全。

值得说明的是，相较于前两款而言，本款主要从国家层面出发，强调国家对于粮食生产者在产后节粮节损环节中的鼓励和支持。换言之，从表述上看，本款中的义务主体是国家，即国家负有鼓励支持、引导扶持的义务。目前，国家已采取多项措施减少粮食产后收获和储存环节中的粮食浪费。例如，为减少收购损失，国家有关部门安排建设了5500多个专业化粮食产后服务中心，在农民收获粮食时提供清理、干燥、储存等服务。全国累计推广使用近1000万套农户科学储粮装具，正确使用装具的农户储粮损失由平均8%降至2%以内。[①]

[①]《推动粮食物资储备高质量发展》，载国家粮食和物资储备局网站，http://www.lswz.gov.cn/html/zt/lswzcbkjhdz2023/2023-06/28/content_275238.shtml，最后访问时间：2024年2月10日。

【适用指南】

本条是关于粮食生产环节节粮减损的规定,目的是明确粮食生产环节中相关主体的节粮减损义务和责任。本条在具体适用过程中应当注意以下几点:

一、粮食生产者的责任

根据本条规定,粮食生产者应当加强粮食作物生长期保护和生产作业管理。实践中,为加强粮食作物生长期保护,保障粮食安全,2022年7月29日安徽省出台《安徽省粮食作物生长期保护规定》[1],明确了粮食作物生长期保护的具体内容。根据《安徽省粮食作物生长期保护规定》第六条第一款的规定,农民、农业生产经营组织应当加强粮食作物生长期田间管理,科学施肥,抗旱排涝,及时开展病虫草害防治;不得违法在耕地上开沟、挖塘、造林,损毁粮食作物,不得违法割青毁粮。具体而言,粮食生产者应当做到以下几点:(1)科学选种和播种。粮食生产者应当根据当地的气候、土壤、水资源等条件,选择适宜的粮食品种,优先使用高产、优质、抗逆、节水、节肥的良种,提高种子的纯度和发芽率。粮食生产者应当按照科学的播种期、密度、深度、方式等进行播种,保证粮食作物的良好出苗。(2)合理施肥和灌溉。粮食生产者应当根据粮食作物的生长阶段和养分需求,科学合理地施用化肥、有机肥、微肥等,提供粮食作物所需的氮、磷、钾等元素,促进粮食作物的生长发育。粮食生产者应当根据粮食作物的水分需求和土壤的湿度等因素,科学合理地控制灌溉的时期、频率和量,保持适宜的土壤水分,避免旱涝灾害。(3)有效除草和防治病虫害。粮食生产者应当及时清除田间的杂草,减少杂草与粮食作物的竞争,保持田间的卫生,防止杂草传播病虫害。粮食生产者应当根据粮食作物的病虫害发生规律和危害程度,科学合理地采用物理、化学、生物等方法,预防和控制病虫害的发生和蔓延,保护粮食作物的健康。(4)其他措施。粮食生产者应当根据粮食作物的特性和生长条件,采取适当的措施,如间苗、定苗、补苗、镇压、中耕、培土、整枝、蹲苗、压蔓、追肥等,调节粮食作物的生长状态,提高粮食作物的产量和品质。

二、国家的鼓励和支持责任

根据本条规定,国家应当鼓励和支持推广适时农业机械收获和产地烘

---

[1] 《安徽省粮食作物生长期保护规定》,载安徽省人民代表大会常务委员会办公厅网站,http://www.ahrd.gov.cn/article.jsp?strId=16593418700667511&strColId=e6489aa63f6145aea24bc9d8eca78e09,最后访问时间:2024年2月10日。

干等实用技术，引导和扶持粮食生产者科学收获、储存粮食，改善粮食收获、储存条件，保障粮食品质良好，减少产后损失。具体而言，应当做到以下几点：（1）国家鼓励和支持粮食生产者使用农业机械收获和产地烘干等能够提高粮食品质和储存能力，减少粮食损耗和浪费的实用技术。（2）国家引导和扶持粮食生产者根据气候、品种、地域等因素，选择合适的收获时间和方式，避免粮食受到自然灾害、虫害、霉变等损害，科学地收获和储存粮食。（3）国家要通过各种政策和手段，改善粮食收获和储存的基础设施和技术条件，提高粮食收获和储存的安全性和效率，保障粮食的数量和质量。（4）国家要通过各种政策和手段，保障粮食的品质良好，加强粮食品质的监测、检验、评价和追溯，规范粮食生产、储存、流通、加工等环节的质量管理，防止和惩治粮食品质安全违法行为，保障粮食的营养、卫生、安全和口感。（5）国家要通过各种政策和手段，减少产后损失，加强粮食收获、储存、流通、加工等环节的损耗监测、评估和预警，推广应用粮食减损技术和设备，规范粮食减损管理和服务，防止和惩治粮食减损违法行为，提高粮食的利用效率和节约水平。

【关联规范】

《中华人民共和国农业法》第三十六条；《中华人民共和国乡村振兴促进法》第八条、第十三条；《粮食流通管理条例》第五条、第十三条、第十四条、第十五条、第二十五条。

第五十四条　【粮食经营环节的节粮减损】 国家鼓励粮食经营者运用先进、高效的粮食储存、运输、加工设施设备，减少粮食损失损耗。

【条文主旨】

本条是关于粮食经营环节节粮减损的规定，目的是激励粮食经营者运用先进、高效的粮食储存、运输、加工设施设备，提高粮食储存、运输、加工技术水平，减少粮食损失损耗，确保粮食供给安全。

【条文释义】

本条规定了粮食经营环节节粮减损的相关内容，属于倡导性条款。本条涉及的主体包括国家和粮食经营者。一方面，本条倡导粮食经营者在粮食储存、运输、加工环节中，通过运用先进、高效的设施设备减少粮食损失损耗；另一方面，本条强调了国家对于粮食经营者实施前述行为的鼓励态度。具体而言，应当从以下几个方面进行理解：

一、先进、高效的粮食储存、运输、加工设施设备有利于减少粮食损失损耗

"先进、高效的粮食储存、运输、加工设施设备"是指能够有效防止粮食受到虫鼠、霉变、破碎、遗撒等损害，提高粮食品质和出品率，减少粮食消耗，减少粮食的环境污染的设施和设备。本条之所以倡导粮食经营者运用先进、高效的粮食储存、运输、加工设施设备，主要是因为先进、高效的粮食储存、运输、加工设施设备能够减少粮食损失损耗。换言之，减少粮食损失损耗是粮食经营者运用先进、高效的粮食储存、运输、加工设施设备的目的，运用先进、高效的粮食储存、运输、加工设施设备是粮食减少粮食损失损耗的手段之一。

具体而言：第一，在粮食储存环节，先进、高效的粮食储存设施设备可以改善粮食储存环境，防止粮食受到虫害、霉变、老化等影响，保证粮食数量和质量安全，延长粮食储存周期。例如，利用气调储粮技术，可以营造低氧环境，有效防治储粮虫霉，减少化学药剂使用；运用真空储存技术，可以保持粮食质量和新鲜度，延缓粮食品质劣变。第二，在粮食运输环节，先进、高效的粮食运输设施设备可以提高粮食运输效率，减少粮食在运输过程中的损耗和浪费，降低运输成本，缩短运输时间。例如，应用散粮物流装具，可以节约袋装粮食的包装费用，易于实现粮食装卸的专业化、机械化。第三，在粮食加工环节，先进、高效的粮食加工设施设备可以优化粮食加工工艺，减少粮食在加工过程中的损耗和消耗，提高成品粮出品率和副产物综合利用率，增加粮食附加值。例如，先进的精细磨粉机、粮食分选机等设备，可以提高粮食加工的效率和质量，减少粮食加工过程中的损耗和浪费。

二、国家鼓励粮食经营者运用先进、高效设施设备的举措

本条属于倡导性条款，不具有强制性。为促进粮食经营者在粮食储存、运输、加工环节中，积极主动运用先进、高效设施设备，国家应当采取一定的鼓励措施对粮食经营者进行引导和支持。

第一，制定和完善相关的法律法规、标准规范、政策措施，为粮食经营者运用先进、高效设施设备提供法律依据和政策支持。

第二，加大财政、金融、税收等方面的支持力度，为粮食经营者运用先进、高效设施设备提供资金保障和优惠条件。例如，国家对粮食经营者购置粮食储存、运输、加工设施设备给予补贴或贷款贴息，对粮食经营者运用先进、高效设施设备的收入给予税收减免或优惠。

第三，加强科技创新和推广应用，为粮食经营者运用先进、高效设施设备提供技术保障和服务支持。例如，国家支持粮食经营者开展粮食储存、运输、加工设施设备的研发和改造，推广应用气调储粮、散粮物流、适度加工等节粮减损新技术、新工艺、新设备，建立粮食经营者运用先进、高效设施设备的示范基地和培训中心。

第四，加强监督管理和考核评价，为粮食经营者运用先进、高效设施设备提供监督保障和激励机制。例如，国家建立健全粮食损失损耗的监测评价体系，定期公布粮食损失损耗的数据和情况，对粮食经营者运用先进、高效设施设备的情况进行考核评价，对节粮减损成效显著的粮食经营者给予表彰和奖励。

【关联规范】

《粮食流通管理条例》第五条、第十三条、第十四条、第十五条、第二十条。

第五十五条　【粮食加工环节的节粮减损】 国家推广应用粮食适度加工技术，防止过度加工，提高成品粮出品率。国家优化工业用粮生产结构，调控粮食不合理加工转化。

【条文主旨】

本条是关于粮食加工环节的节粮减损的规定。

【条文释义】

本条规定了粮食加工环节节粮减损的相关内容。概括而言，本条分为两款：第一款着眼于粮食加工技术层面，规定国家推广应用粮食适度加工技术，防止过度加工，提高成本粮出品率。其中，"推广应用粮食适度加工技术"是核心，"防止过度加工，提高成品粮出品率"是目的；第二款着眼于工业用粮生产结构层面，规定国家优化工业用粮生产结构，调控粮食不合理加工转化。其中,"国家优化工业用粮生产结构"为核心,"调控粮食不合理加工转化"为目的。

一、国家推广应用粮食适度加工技术

粮食加工是粮食产业链的重要环节,对粮食的品质、营养、安全、储存、消费等都有重要影响。如果过分追求"精""细""白",粮食加工企业对粮食进行过度加工,则不仅会导致粮食资源浪费和营养物质大量流失,降低了粮食的食用价值,也增加了粮食的加工成本和能源消耗,不利于粮食的节约和环保。

为解决此类问题,国家推广应用粮食适度加工技术,即根据粮食的特性和消费者的需求,采用科学合理的加工工艺和设备,控制加工精度和程度,保持粮食的原色、原味、原香和原形,最大限度地保留粮食的营养成分和功能物质,提高成品粮出品率和副产物综合利用率,降低加工成本和能耗,提高加工效益和质量安全。可以说,国家推广应用粮食适度加工技术,是实施藏粮于技战略的重要内容,也是粮食加工业节粮减损行动计划的重点任务。

根据本条第一款的规定,国家推广应用粮食适度加工技术主要是防止粮食过度加工,进而提高成品粮出品率。进一步讲,推广应用粮食适度加工技术的第一层目的是提升粮食适度加工能力,防止过度加工。在此基础上,第二层目的是通过合理安排适度加工进一步提高成品粮出品率。成品粮出品率是指粮食加工后的成品粮占原粮的比例,反映了粮食加工的效率和水平。成品粮出品率越高,说明粮食加工的损耗越低,粮食的利用率越高。成品粮出品率受到粮食的品质、加工工艺、设备性能等因素的影响,不同粮食品种和用途的成品粮出品率也有所不同。

近年来,我国粮食加工环节节粮减损技术创新取得突破性进展,推动粮食加工从过度加工向适度加工转型。针对粮食加工过精过细问题,"十三五"国家重点研发计划围绕大宗面制品、米制品和油料适度加工关键技术装备研发及示范,突破绿色加工、适度精炼技术、高附加值制造技术以及质量安全控制等多项关键技术,助力解决我国粮油过度加工导致的营养素流失、蛋白质功能损伤等问题。例如,在大宗米制品适度加工方面,主要研发适度加工及制品营养性、关键新技术成套装备、分类评价方法,开发糙米米粉(线)、营养大米、专用米等加工关键技术和自动化、连续化生产成套设备,以及稻米加工副产物的食品化利用成套新技术装备与新模式;大宗面制品适度加工方面,研究建立面食适度加工控制体系,开发全麦粉稳定化、营养保全及食用品质改良加工新技术与装备等。①

二、国家优化工业用粮生产结构

优化工业用粮生产结构，是指在保障口粮供应的前提下，根据工业用粮的市场需求、技术水平、资源环境条件等情况，合理安排工业用粮的种植比例和区域布局，提高工业用粮的利用效率和附加值，促进工业用粮与相关产业的协同发展。其中，工业用粮是指用于生产酒精、淀粉等工业产品的粮食，包括玉米、高粱、大麦、小麦、大豆等。优化工业用粮生产结构，是国家粮食安全保障的重要内容之一，有利于提高粮食的综合利用率，增加粮食的经济效益，支撑国家的战略性新兴产业，促进农业产业结构调整，增加农民收入。本条第二款规定"国家优化工业用粮生产结构"，主要目的是调控粮食不合理加工转化，进而减少粮食加工环节的浪费。

优化工业用粮生产结构，应当遵循以下原则：（1）优先保障口粮加工，饲料用粮、工业用粮加工应当服从口粮保障；（2）根据市场需求、供给情况、技术水平、资源环境等，科学制定工业用粮的生产计划和政策指导，合理确定工业用粮的品种、数量和质量标准，引导农民种植适宜的工业用粮品种，提高工业用粮的质量和产量；（3）加强科技创新和推广应用，推动工业用粮的深加工和多元化利用，开发高附加值的工业用粮产品，提升工业用粮的转化效率和竞争力。

【关联规范】

《中华人民共和国乡村振兴促进法》第八条；《粮食流通管理条例》第五条、第十五条、第二十五条。

> **第五十六条　【粮食食品生产经营者和消费者的节粮减损义务】** 粮食食品生产经营者应当依照有关法律、法规的规定，建立健全生产、储存、运输、加工等管理制度，引导消费者合理消费，防止和减少粮食浪费。
>
> 公民个人和家庭应当树立文明、健康、理性、绿色的消费理念，培养形成科学健康、物尽其用、杜绝浪费的良好习惯。

---

① 参见姚磊：《节粮减损 科技当先》，载《中国粮食经济》2020年第10期。

【条文主旨】

本条是关于粮食食品生产经营者和消费者的节粮减损义务的规定。

【条文释义】

本条规定了粮食食品生产经营者和消费者的节粮减损义务。"粮食食品"是指以粮食为原料加工制成的食品，属于食品的一种类型。"粮食食品生产经营者"是指从事粮食食品生产、收购、销售、储存、运输、加工、进出口等经营活动的自然人、法人和非法人组织。"粮食食品消费者"是指购买或使用粮食食品的个人或集体，如家庭、学校等。

总体而言，本条分为两款：第一款规定了粮食食品生产经营者在粮食食品生产、储存、运输、加工、消费环节的节粮减损义务，明确粮食食品生产经营者应当依照有关法律、法规的规定，建立健全生产、储存、运输、加工等管理制度，引导消费者合理消费；第二款规定了粮食食品消费者在消费环节的节粮减损义务，明确作为粮食食品消费者的公民个人和家庭应当树立文明、健康、理性、绿色的消费理念，培养形成科学健康、物尽其用、杜绝浪费的良好习惯。

一、粮食食品生产经营者建立健全管理制度

本条第一款规定，粮食食品生产经营者应当建立健全生产、储存、运输、加工等管理制度。

通常而言，粮食食品生产经营者需要建立健全的生产、储存、运输、加工等管理制度，根据主体不同可以划分为两类：（1）粮食食品生产者建立健全的生产管理制度，包括粮食食品原料（粮食）进货检验和验收制度，粮食食品生产设备和设施的清洁、消毒、维护和管理制度，粮食食品生产记录和追溯制度，粮食食品出厂检验记录制度，粮食食品生产人员的健康和培训管理制度等。例如，根据《中华人民共和国食品安全法》第五十条的规定，粮食食品生产者应当对其进货的粮食食品原料（粮食）、粮食食品添加剂、粮食食品相关产品进行检验和验收，保证其符合食品安全标准和要求，拒绝不合格的原料、添加剂和产品，并做好进货记录；根据《中华人民共和国食品安全法》第三十三条的规定，粮食食品生产者应当定期对生产设备和设施进行清洁、消毒、维护和检修，保持其良好的工作状态和卫生条件，防止食品受到交叉污染。（2）粮食食品经营者建立健全的经营管理制度，包括粮食食品进货查验记录制度，食品销售记录制度，粮食食品日常检验检测制度，粮食食品储存、运输、加工设备设施的清

洁、消毒、维护和管理制度，粮食食品从业人员健康和培训管理制度等。例如，根据《中华人民共和国食品安全法》第五十四条的规定，粮食食品经营者应当按照保证粮食食品安全的要求贮存粮食食品，定期检查库存食品，及时清理变质或者超过保质期的食品。同时，应当对粮食食品进行定期或者不定期的抽样检验，确保其符合食品安全标准和要求，对不合格的食品进行标识、隔离、处理或者销毁，并做好检验记录；根据《中华人民共和国食品安全法》第五十六条的规定，粮食食品经营者应当定期维护粮食食品加工、贮存、陈列等设施、设备；定期清洗、校验保温设施及冷藏、冷冻设施。

  采用体系解释的方法，本条第一款规定的生产、储存、运输、加工等管理制度，主要聚焦于粮食节约方面。（1）根据《中华人民共和国反食品浪费法》第七条的规定，从事餐饮服务的粮食食品生产经营者，应当建立健全粮食食品采购、储存、加工管理制度，加强服务人员职业培训，将珍惜粮食、反对浪费纳入培训内容，防止食品浪费。从事餐饮服务的粮食食品生产经营者可以运用信息化手段分析用餐需求，通过建设中央厨房、配送中心等措施，对食品采购、运输、储存、加工等进行科学管理。（2）根据《中华人民共和国反食品浪费法》第十二条的规定，超市、商场等食品经营者应当对其经营的粮食食品加强日常检查，对临近保质期的粮食食品分类管理，作特别标示或者集中陈列出售。（3）根据《中华人民共和国反食品浪费法》第八条的规定，设有食堂的单位应当建立健全食堂用餐管理制度，制定、实施防止食品浪费措施，加强宣传教育，增强反食品浪费意识。单位食堂应当加强食品采购、储存、加工动态管理，根据用餐人数采购、做餐、配餐，提高原材料利用率和烹饪水平，按照健康、经济、规范的原则提供饮食，注重饮食平衡。单位食堂应当改进供餐方式，在醒目位置张贴或者摆放反食品浪费标识，引导用餐人员适量点餐、取餐；对有浪费行为的，应当及时予以提醒、纠正。（4）根据《中华人民共和国反食品浪费法》第九条的规定，学校应当对用餐人员数量、结构进行监测、分析和评估，加强学校食堂餐饮服务管理；选择校外供餐单位的，应当建立健全引进和退出机制，择优选择。学校食堂、校外供餐单位应当加强精细化管理，按需供餐，改进供餐方式，科学营养配餐，丰富不同规格配餐和口味选择，定期听取用餐人员意见，保证菜品、主食质量。

二、粮食食品生产经营者应当引导消费者合理消费

  本条第一款规定，粮食食品生产经营者应当引导消费者合理消费。其包含两层含义：第一，粮食食品生产经营者不得诱导、误导消费者非理性消费，此为粮食食品生产经营者的消极义务。例如，《中华人民共和国反食品浪费法》第七条第二款明确餐饮服务经营者不得诱导、误导消费者超量点餐。第二，粮食食品生产经营者不但不能诱导、误导消费者非理性消费，还应当采取相应措施引导消费者合理消费。此为粮食食品经营者的积极义务。

具体而言，粮食食品生产经营者可以采取以下措施，引导消费者合理消费：（1）提供充分的粮食食品信息。粮食食品生产经营者应当在粮食食品包装、标签、菜单等方面，提供粮食食品的分量、规格、保质期、营养成分、食用方法等信息，帮助消费者根据自己的健康状况、饮食习惯和用餐需求，合理选择和购买食品。（2）提供多样的粮食食品选择。粮食食品生产经营者应当根据市场需求和消费者喜好，提供不同规格、分量、口味、价格的食品，满足消费者的多元化需求，避免因为粮食食品不合适而造成浪费。（3）提供合理的粮食食品价格。粮食食品生产经营者应当根据食品的成本、质量、市场供求等因素，合理确定粮食食品的价格，避免过高或过低的价格影响消费者的购买和消费行为，导致粮食食品的浪费。（4）提供有效的粮食食品激励。粮食食品生产经营者应当根据消费者的行为和反馈，采取相应的激励措施，鼓励消费者节约用餐，反对浪费。例如，餐饮服务经营者可以对参与"光盘行动"的消费者给予奖励。（5）提供及时的粮食食品提示。粮食食品生产经营者应当在食品的生产、加工、销售、服务等环节，主动对消费者进行防止食品浪费的提示提醒，引导消费者按需适量购买、点餐、取餐、用餐。

三、公民个人和家庭应当树立文明、健康、理性、绿色的消费理念

根据本条第二款的规定，公民个人和家庭应当树立文明、健康、理性、绿色的消费理念。

"文明"是指消费者应当遵守法律法规，尊重社会公德，不损害他人的合法权益，不浪费粮食食品，不制造垃圾，不扰乱社会秩序，不影响社会和谐。

"健康"是指消费者应当关注自身和家庭的身心健康，选择有利于健康的粮食食品，避免购买和食用有害的或低质量的粮食食品。

"理性"是指消费者应当根据自身的实际需求，合理安排消费计划，不超越自身的消费能力，不过度消费。例如，在购买粮食食品时，公民个人和家庭应根据实际需求理性消费，避免过度购买导致粮食浪费。

"绿色"是指消费者应当倡导绿色低碳的生产生活方式，选择节能、节水、节材的粮食和食品，支持绿色环保的企业和行业，参与绿色回收和

循环利用，减少消费对环境的负面影响，保护生态环境。2023年10月16日，国家粮食和物资储备局、农业农村部、教育部、科技部、全国妇联五部门联合发布《"践行大食物观 保障粮食安全"倡议书》[①]，提出要坚持绿色发展理念，大力倡导科学膳食，引导居民走出"精米白面"饮食误区，不断提高居民健康饮食和绿色消费水平。

四、公民个人和家庭应当培养形成科学健康、物尽其用、杜绝浪费的良好习惯

根据本条第二款的规定，公民个人和家庭应当培养形成科学健康、物尽其用、杜绝浪费的良好习惯。

"科学健康"是指消费者应当关注自身和家庭的身心健康，选择有利于健康的粮食食品，提高生活质量。

"物尽其用"是指消费者应当合理安排粮食食品的采购、储存和制作，避免粮食食品过期变质，充分利用粮食食品的营养价值，减少粮食食品的损耗和浪费。

"杜绝浪费"是指消费者应当根据自身的实际需求，适量点餐、取餐，不盲目跟风，不攀比浪费。

【关联规范】

《中华人民共和国食品安全法》第三十三条、第五十条、第五十四条、第五十六条；《中华人民共和国反食品浪费法》第五条、第七条、第八条、第九条、第十二条、第十四条、第十五条；《中华人民共和国乡村振兴促进法》第八条；《中华人民共和国农业法》第三十六条；《粮食流通管理条例》第五条、第十五条、第二十五条。

[①] 《"践行大食物观 保障粮食安全"倡议书》，载中国政府网，https://www.gov.cn/lianbo/bumen/202310/content_6909380.htm，最后访问时间：2024年2月10日。

案例评析

某县市场监督管理局查处某餐饮店诱导、误导消费者超量点餐案[①]

一、基本案情

2023年1月3日,某县市场监督管理局接群众投诉称,某餐饮店涉嫌诱导、误导消费者超量点餐。经现场检查,执法人员发现当事人确实在销售菜品过程中,存在诱导、误导消费者超量点餐、造成食品浪费的违法行为,执法人员现场责令当事人立即整改,并予以警告。2023年1月6日,执法人员复查发现当事人仍存在诱导、误导消费者超量点餐的行为。当事人违反了《中华人民共和国反食品浪费法》第七条的规定,某县市场监督管理局依据《中华人民共和国反食品浪费法》第二十八条,对该餐饮店作出罚款2000元的行政处罚。

二、案例评析

本案例涉及食品浪费和消费者权益保护问题。勤俭节约、爱惜粮食是中华民族的传统美德,厉行节约,反对浪费,也是每个公民应尽的义务。对于餐饮服务经营者而言,合规经营、尊重消费者权益、防止食品浪费是其应尽的社会责任。餐饮服务经营者不得诱导或者误导消费者超量点餐,应当提醒消费者合理点餐,并采取措施防止食品浪费。某县市场监督管理局在接到投诉后对该餐饮店进行了检查。虽然初次检查后责令当事人立即整改并给予警告,但在复查时发现当事人仍存在违法行为。这表明初次整改并未达到预期效果,需要对当事人采取更严厉的措施。诱导或误导消费者超量点餐还侵犯了消费者的知情权和公平交易的权利,因此,该处罚也体现了保护消费者权益的立法宗旨。对于此类违法行为,有关部门除了处罚外,还应加强对餐饮服务行业的监管和指导,推广合理点餐、剩菜打包等节约粮食的措施。

总之,本案例表明监管部门对于《中华人民共和国反食品浪费法》的执行态度是严肃的,旨在通过法律手段减少食品浪费,保护消费者权益,并促进形成节约粮食的社会风尚。

[①]《市场监管部门公布第二批制止食品浪费行政处罚典型案例》,载国家市场监督管理总局网站,https://www.samr.gov.cn/zfjcj/sjdt/gzdt/art/2023/art_9c783df1d3944578b5519a3cd1decc75.html,最后访问时间:2014年2月10日。

> **第五十七条 【有关单位和组织的节粮减损责任】** 机关、人民团体、社会组织、学校、企业事业单位等应当加强本单位食堂的管理，定期开展节约粮食检查，纠正浪费行为。
>
> 有关粮食食品学会、协会等应当依法制定和完善节约粮食、减少损失损耗的相关团体标准，开展节约粮食知识普及和宣传教育工作。

【条文主旨】

本条是关于有关单位和组织节粮减损责任的规定。

【条文释义】

本条规定了有关单位和组织的节粮减损责任。概括而言，本条分为两款：第一款着眼于设有食堂的机关、人民团体、社会组织、学校、企业事业单位等，明确其加强本单位食堂管理，定期开展节约粮食检查，纠正浪费行为的责任；第二款着眼于有关粮食食品学会、协会等组织，明确其依法制定和完善节粮减损的相关团体标准，开展节约粮食知识普及和宣传教育工作的责任。

一、设有食堂的相关单位的节粮减损责任

本条第一款规定，机关、人民团体、社会组织、学校、企业事业单位等应当加强本单位食堂的管理，定期开展节约粮食检查，纠正浪费行为。首先，本款明确的责任主体包括所有设有食堂的机关、人民团体、社会组织、学校、企业事业单位等。其次，本款明确的责任方式是加强本单位食堂的管理、定期开展节约粮食检查、纠正浪费行为。具体而言：（1）加强本单位食堂的管理要求相关单位应当建立健全食堂的规章制度，合理安排餐饮供应，规范餐饮服务，提高餐饮质量，保证食品安全，节约用水用电等。（2）定期开展节约粮食检查要求相关单位应当按照一定的时间和标准，对食堂的餐饮供应、餐饮服务、餐饮消费、餐饮废弃物等进行检查，发现问题及时整改，评估节约粮食的效果，总结经验教训，提出改进措施等。（3）纠正浪费行为要求相关单位应当对食堂的餐饮供应、餐饮服务、餐饮消费、餐饮废弃物等存在的浪费现象，及时提出批评教育，督促改正，防止重复发生，对屡教不改的，依法给予处罚等。

二、有关粮食食品学会、协会等的节粮减损责任

有关粮食食品学会、协会等应当依法制定和完善节约粮食、减少损失损耗的相关团体标准，开展节约粮食知识普及和宣传教育工作。"粮食食品学会、协会等"是指从事粮食食品科学研究、生产、流通、服务等领域的专业性社会组织，如中国粮油学会、中国食品科学技术学会、中国食品工业协会等。

（一）制定和完善节约粮食、减少损失损耗的相关团体标准

"团体标准"是指由社会团体、行业组织、企业等制定的，适用于本团体、本行业、本企业或者本地区的技术规范，具有自愿性、公开性、协调性、一致性、有效性等特征。具体而言，有关粮食食品学会、协会等应当根据国家法律法规和国家标准的要求，结合本团体、本行业、本企业或者本地区的实际情况，制定和完善有关粮食食品的生产、加工、储存、运输、销售、消费等各个环节的节约粮食、减少损失损耗的技术规范，提高粮食食品的利用效率，降低粮食食品的浪费率。

（二）开展节约粮食知识普及和宣传教育工作

有关粮食食品学会、协会等应当通过各种形式和渠道，向本团体、本行业、本企业或者本地区的成员、从业人员、消费者等传播节约粮食的理念、方法、技术、案例等，增强人们的节约粮食的意识和能力，形成节约粮食的良好风气。

【关联规范】

《中华人民共和国反食品浪费法》第八条、第九条、第十八条、第十九条、第二十条。

第九章 监督管理

> **第五十八条 【县级以上人民政府有关部门的监督检查职责与协作配合】** 县级以上人民政府发展改革、农业农村、粮食和储备、自然资源、水行政、生态环境、市场监督管理、工业和信息化等有关部门应当依照职责对粮食生产、储备、流通、加工等实施监督检查，并建立粮食安全监管协调机制和信息共享机制，加强协作配合。

【条文主旨】

本条是关于县级以上人民政府有关部门监督检查职责与协作配合的规定。

【条文释义】

本条规定了县级以上人民政府有关部门的监督检查职责与协作配合。概括而言，本条属于"监督管理"章节的原则性规定，明确了政府有关部门对粮食全产业链实施监督检查的职责。在此基础上，进一步明确了政府有关部门在履行监督检查职责时，应当注重各部门协作配合的基本原则。

一、政府有关部门依照职责实施监督检查

本条前半部分规定："县级以上人民政府发展改革、农业农村、粮食和储备、自然资源、水行政、生态环境、市场监督管理、工业和信息化等有关部门应当依照职责对粮食生产、储备、流通、加工等实施监督检查。"其明确了政府有关部门在粮食领域中的监督检查职责。具体而言，本部分包含以下内容：

第一，监督检查的主体。本条明确了实施监督检查的主体为县级以上人民政府发展改革、农业农村、粮食和储备、自然资源、水行政、生态环境、市场监督管理、工业和信息化等有关部门。一方面，本条中的"县级以上"包括县级、市级、省级和中央级；另一方面，本条以"等"字结尾，表示列举不尽，这意味着除了本条明确的有关部门以外，其他与粮食安全保障工作有关的部门（如卫生健康部门），在各自职权范围内，都应当履行相应的监督检查责任。

第二，监督检查的内容。本条明确了县级以上人民政府发展改革、农业农村、粮食和储备、自然资源、水行政、生态环境、市场监督管理、工业和信息化等有关部门监督检查的范围包括粮食生产、储备、流通、加工等各环节。换言之，各有关部门在各自职权范围内对粮食全链条进行监督检查。

例如，(1) 根据《粮食流通管理条例》第六条第一款的规定，国务院发展改革部门及国家粮食和储备行政管理部门负责全国粮食的总量平衡、宏观调控和重要粮食品种的结构调整以及粮食流通的中长期规划。(2) 根据《中华人民共和国农业法》第八十七条第二款的规定，县级以上人民政府农业行政主管部门和有关行政主管部门应当加强规划、指导、管理、协调、监督、服务职责。(3) 根据《粮食流通管理条例》第六条、第七条、第三十八条第一款的规定，粮食和储备行政管理部门对粮食经营者从事粮食收购、储存、运输活动和政策性粮食的购销活动，以及执行国家粮食流通统计制度的情况进行监督检查。国家粮食和储备行政管理部门负责粮食流通的行政管理、行业指导，监督有关粮食流通的法律、法规、政策及各项规章制度的执行。县级以上地方人民政府粮食和储备行政管理部门负责本行政区域粮食流通的行政管理、行业指导。根据《粮食质量安全监管办法》第三十七条第一款的规定，县级以上粮食和储备行政管理部门依法依规依职责对粮食经营者进行质量安全监督管理，制定粮食质量安全监督抽查计划，采用普查、随机抽查、巡查、重点检查、交叉检查、提级查办等方式，对本行政区域内收购、储存、运输活动和政策性粮食购销活动中的质量安全状况实施监督抽查。(4) 根据《中华人民共和国土地管理法》第五条第一款的规定，国务院自然资源主管部门统一负责全国土地的管理和监督工作。(5) 根据《中华人民共和国水法》第十二条第三款、第四款的规定，国务院水行政主管部门在国家确定的重要江河、湖泊设立的流域管理机构，在所管辖的范围内行使法律、行政法规规定的和国务院水行政主管部门授予的水资源管理和监督职责。县级以上地方人民政府水行政主管部门按照规定的权限，负责本行政区域内水资源的统一管理和监督工作。

(6) 根据《粮食流通管理条例》第三十九条的规定，市场监督管理部门依照有关法律、法规的规定，对粮食经营活动中的扰乱市场秩序行为、违法交易行为以及价格违法行为进行监督检查。

二、政府有关部门监督检查过程中应当加强协作配合

根据本条的规定，政府有关部门在实施监督检查时，应当加强协作配合。换言之，不同部门之间应当相互支持，互相配合，共同推进粮食安全保障工作。本条进一步明确了政府部门间协作配合的两种方式：一是建立粮食安全监管协调机制；二是建立粮食安全监管信息共享机制。

（一）建立粮食安全监管协调机制

所谓"粮食安全监管协调机制"，是指县级以上人民政府有关部门按照职责分工，协同开展粮食生产、储备、流通、加工等环节的质量安全监督检查，及时发现和处理粮食安全风险和问题的工作机制。建立粮食安全监管协调机制可以实现粮食生产、储备、流通、加工等环节的质量安全监督检查的协同开展，提高政府粮食安全监管能力，通过及时发现和处理粮食安全风险和问题，实现国家粮食安全保障。

建立粮食安全监管协调机制，可以从以下几个方面着手：

第一，加强顶层设计，明确粮食安全监管协调机制的总体目标、原则、任务和责任。制定和完善粮食安全监管协调机制的法律法规、政策和标准，统一粮食安全监管的规范和要求，形成粮食安全监管的法治保障。

第二，建立健全粮食安全监管协调机构，明确粮食安全监管的职责分工和协作机制。国家和地方各级政府应当设立或者指定专门的粮食安全监管部门，负责组织、协调、指导、督促粮食安全监管工作。各级粮食和储备、发展改革、农业农村、自然资源、水行政、生态环境、市场监督管理、工业和信息化等有关部门应当依照职责，相互配合，形成粮食安全监管的合力。

第三，加强粮食安全监管协调机制的信息化建设，提高粮食安全监管的效率和效果。建立健全粮食安全监管信息平台，实现粮食生产、储备、流通、加工等环节的数据和信息的收集、整合、分析、发布和共享，提高粮食安全监管的透明度和公信力，促进粮食安全监管的科学决策和精准施策。

第四，加强粮食安全监管协调机制的监督检查和执法问责，保障粮食安全监管的公正有效。各级粮食安全监管部门和有关部门应当定期或者不定期地对粮食生产、储备、流通、加工等环节的质量安全进行监督检查，发现问题及时处理，查处违法违规行为，依法追究责任，及时向社会公开信息，接受社会监督。

(二) 建立粮食安全监管信息共享机制

所谓"粮食安全监管信息共享机制"，是指县级以上人民政府有关部门在粮食安全监管工作中，通过信息化手段，实现粮食生产、储备、流通、加工等环节的数据和信息的收集、整合、分析、发布和共享的工作机制。建立粮食安全监管信息共享机制有利于增强粮食安全监管的协同配合，形成监管合力，加强沟通协调、整合执法资源、提高执法效率、增强执法效果，努力提高依法管粮水平，确保粮食安全。实际上，粮食安全监管信息共享机制服务于政府部门之间的监管协同，属于粮食安全监管协调机制的重要实现方式之一。

建立粮食安全监管信息共享机制，可以从以下几个方面着手：第一，建设完善粮食安全监管信息平台，集成政府各部门的粮食安全监管信息资源，实现信息的汇聚、存储、查询、分析和发布，提供决策支持和服务保障。第二，加强粮食安全监管信息共享协作，明确各部门之间信息共享的范围、权限、责任和义务，建立信息共享的协议、流程和机制，实现信息的有效共享和协同应用。第三，推进粮食安全监管信息化应用，利用大数据、云计算、物联网、人工智能等先进技术，开发粮食安全监管信息化应用系统，实现信息的智能化、动态化和可视化。第四，加强粮食安全监管信息安全保障，制定粮食安全监管信息安全管理制度，采取技术和管理措施，防止信息的泄露、篡改、破坏和滥用，确保信息的安全和可靠。

【适用指南】

本条是关于县级以上人民政府有关部门监督检查职责与协作配合的规定。根据本条文，县级以上人民政府有关部门应当注意以下几点：(1) 各部门应当按照法律法规和政策规定，对本部门所属的粮食相关领域和活动进行有效的监督检查，及时发现和纠正违法违规行为，保障粮食质量、数量、安全和效益。(2) 各部门应当建立和完善粮食安全监管协调机制，定期召开协调会议，交流工作情况，协商解决问题，形成工作合力。同时，应当建立和完善粮食安全信息共享机制，及时收集、汇总、分析和发布粮食相关数据和信息，提高粮食安全监管的透明度和效率。(3) 各部门应当在粮食安全监管中相互支持、相互配合、相互协调，避免重复和冲突，实现资源共享和优化配置。应当及时沟通、协商、反馈，处理好跨部门、跨地区、跨层级的粮食安全监管事项，维护粮食安全监管的统一和协调。

【关联规范】

《中华人民共和国农业法》第八十七条;《中华人民共和国土地管理法》第五条;《中华人民共和国水法》第十二条;《粮食流通管理条例》第六条、第七条、第三十八条、第三十九条。

> 第五十九条 【建立国家粮食安全监测预警体系和禁止编造、散布虚假粮食安全信息】国务院发展改革、农业农村、粮食和储备主管部门应当会同有关部门建立粮食安全监测预警体系,加强粮食安全风险评估,健全粮食安全信息发布机制。
>
> 任何单位和个人不得编造、散布虚假的粮食安全信息。

【条文主旨】

本条是关于建立国家粮食安全监测预警体系和禁止编造、散布虚假粮食安全信息的规定。

【条文释义】

本条要求国家有关部门建立和完善粮食安全监测预警、风险评估和信息发布的制度,同时禁止任何单位和个人编造和散布虚假的粮食安全信息,以维护国家粮食安全和社会稳定。本条包括两款:第一款着眼于政府粮食安全监督管理职责的实施,明确国务院发展改革、农业农村、粮食和储备主管部门应当会同有关部门建立粮食安全监测预警体系,加强粮食安全风险评估,健全粮食安全信息发布机制。需要明确的是,本款中的责任主体限于中央层面,主要指国家发展和改革委员会、农业农村部和国家粮食和物资储备局。同时,"会同有关部门"强调了国务院发展改革、农业农村、粮食和储备主管部门在履行粮食安全监督管理职责时,应当与其他相关部门协同配合,此处的"有关部门"包括自然资源部、生态环境部、商务部、市场监管总局等部门。第二款着眼于单位和个人在粮食安全保障中的义务履行,明确任何单位和个人不得编造、散布虚假的粮食安全信息。需要明确的是,"任何"意味着本款中的责任主体具有不特定性,包括所有的单位和个人。具体而言，应当从以下几个方面理解：

一、建立粮食安全监测预警体系

有关部门应当根据粮食安全保障目标、任务和风险，建立粮食安全监测预警的组织机构、工作程序、信息平台、技术标准和应急措施，定期或不定期对粮食生产、储备、流通、加工、消费等各个环节进行监测分析，及时发现和预警粮食安全风险，采取有效措施防范和化解粮食安全风险。粮食安全既包括数量安全，也包括质量安全，为此，粮食安全监测预警体系应当涵盖粮食数量安全监测预警和质量安全监测预警。

第一，着眼于数量安全层面，应当建立粮食市场监测预警体系。《粮食流通管理条例》第三十条规定："国务院发展改革部门及国家粮食和储备行政管理部门会同国务院农业农村、统计、市场监督管理等部门负责粮食市场供求形势的监测和预警分析，健全监测和预警体系，完善粮食供需抽查制度，发布粮食生产、消费、价格、质量等信息。"

第二，着眼于质量安全层面，应当建立粮食质量安全监测预警体系。《粮食流通管理条例》第三十七条规定："国家建立健全粮食流通质量安全风险监测体系。国务院卫生健康、市场监督管理以及国家粮食和储备行政管理等部门，分别按照职责组织实施全国粮食流通质量安全风险监测；省、自治区、直辖市人民政府卫生健康、市场监督管理、粮食和储备行政管理等部门，分别按照职责组织实施本行政区域的粮食流通质量安全风险监测。"《粮食质量安全风险监测管理暂行办法》[①] 第三条明确了粮食质量安全风险监测包括收购粮食质量安全监测、库存粮食质量安全监测、应急粮食质量安全监测和其他专项粮食质量安全监测，同时，该办法对于粮食质量安全监测计划、采样与检验、结果运用等方面做出了系统性的规定。同时，《中华人民共和国农产品质量安全法》《中华人民共和国食品安全法》等法律规范亦从食品角度对粮食质量安全监测做出规定。例如，《中华人民共和国农产品质量安全法》第十三条规定："国家建立农产品质量安全风险监测制度。国务院农业农村主管部门应当制定国家农产品质量安全风险监测计划，并对重点区域、重点农产品品种进行质量安全风险监测。省、自治区、直辖市人民政府农业农村主管部门应当根据国家农产品质量安全风险监测计划，结合本行政区域农产品生产经营实际，制定本行政区域的农产品质量安全风险监测实施方案，并报国务院农业农村主管部

[①] 《国家粮食和物资储备局关于印发粮食质量安全风险监测管理暂行办法的通知》，载国家粮食和物资储备局网站，http://www.lswz.gov.cn/html/zcfb/2022-02/18/content_269386.shtml，最后访问时间：2024年2月12日。

门备案。县级以上地方人民政府农业农村主管部门负责组织实施本行政区域的农产品质量安全风险监测。县级以上人民政府市场监督管理部门和其他有关部门获知有关农产品质量安全风险信息后，应当立即核实并向同级农业农村主管部门通报。接到通报的农业农村主管部门应当及时上报。制定农产品质量安全风险监测计划、实施方案的部门应当及时研究分析，必要时进行调整。"《中华人民共和国食品安全法》第十四条第一款、第二款规定："国家建立食品安全风险监测制度，对食源性疾病、食品污染以及食品中的有害因素进行监测。国务院卫生行政部门会同国务院食品安全监督管理等部门，制定、实施国家食品安全风险监测计划。"

二、加强粮食安全风险评估

国家有关部门应当根据粮食安全监测预警的结果，对可能影响粮食安全的各种因素和情况进行系统、科学、客观的评估，确定粮食安全风险的等级、性质、程度和影响范围，提出粮食安全风险应对的建议和措施。

三、健全粮食安全信息发布机制

国家有关部门应当根据粮食安全监测预警和风险评估的结果，及时、准确、公开地向社会发布粮食安全的相关信息，包括粮食供需状况、粮食价格变动、粮食质量安全、粮食安全风险预警和应对措施等，增强社会对粮食安全的信心，维护粮食市场的稳定和透明。

四、不得编造、散布虚假的粮食安全信息

所谓"编造、散布虚假的粮食安全信息"，是指故意制造或者传播与粮食生产、储备、流通、加工等活动相关的不真实的、不准确的、不完整的或者误导性的信息，造成或者可能造成对粮食安全的损害或者对社会舆论的误导的行为。这种行为不仅侵犯了粮食生产经营者和消费者的知情权和选择权，也破坏了粮食市场的秩序和信誉，影响了国家粮食安全的稳定和可持续。

【适用指南】

本条是关于建立国家粮食安全监测预警体系以及禁止编造、散布虚假粮食安全信息的规定。根据主体不同，适用本条应当注意以下几点：（1）国务院发展改革、农业农村、粮食和储备主管部门应当会同有关部门，根据国家粮食安全战略，建立科学合理、覆盖全面、运行高效的粮食安全监测预警体系，及时掌握粮食生产、流通、消费、储备、质量、价格等方面的动态变化，分析粮食供需平衡状况，评估粮食安全风险等级，制定应对措施，提出政策建议。同时，应当根据粮食安全监测预警的结果，及时向社会公布粮食安全信息，包括粮食供需状况、粮食市场运行情况、粮食安全风险预警等，为政府决策、市场主体经营、社会公众消费提供参考依据。（2）任何单位和个人不得编造、散布虚假的粮食安全信息，否则将承担相应的法律责任。如果发现有人散布虚假的粮食安全信息，应当及时向有关部门举报，维护国家粮食安全和社会秩序。

【关联规范】

《中华人民共和国国家安全法》第二十二条；《中华人民共和国农业法》第三十四条；《中华人民共和国农产品质量安全法》第十二条；《中华人民共和国食品安全法》第十四条；《粮食流通管理条例》第三十条、第三十七条。

第六十条　【加强粮食质量安全监督管理】 国家完善粮食生产、储存、运输、加工标准体系。粮食生产经营者应当严格遵守有关法律、法规的规定，执行有关标准和技术规范，确保粮食质量安全。

县级以上人民政府应当依法加强粮食生产、储备、流通、加工等环节的粮食质量安全监督管理工作，建立粮食质量安全追溯体系，完善粮食质量安全风险监测和检验制度。

【条文主旨】

本条是关于国家对粮食的质量安全进行监督管理的要求的规定。

【条文释义】

本条规定了国家对粮食的质量安全进行监督管理的具体要求。其中，第一款要求国家在加强粮食质量安全监督管理时，应完善标准体系建设，以及规定了粮食生产经营者执行有关标准和技术规范的义务。第二款规定了县级以上人民政府加强粮食质量安全监督管理工作的具体职责。在理解本条时，应注意把握以下几个方面：

一、粮食生产、储存、运输、加工标准体系的完善

根据本条第一款的规定，国家应当完善粮食生产、储存、运输、加工标准体系。技术是在不断变化和进步的，因此，无论是行业标准还是国家标准，都应随着技术的进步不断修订，以适应粮食质量安全保障工作的实际，本条对标准的完善予以明确。本条规定国家完善粮食生产、储存、运输、加工标准体系，但并未明确具体的机关和部门。这一方面是因为粮食质量安全涉及面广，并非由一个部门负责制定所有的标准；另一方面，我国已经制定了《中华人民共和国标准化法》，该法对标准如何制定和完善做了详细的规定，也是有关标准制定和完善的特别法，因此对标准完善的具体细则不宜在本法中做出规定，而应执行标准化法的相关规定。

粮食生产、储存、运输、加工标准体系完善的关键点如下：（1）就粮食生产标准体系完善而言，包括对种植、施肥、灌溉、农药使用等生产环节的标准完善，以确保农产品的质量和安全性。（2）就粮食储存标准体系完善而言，涵盖粮食仓储设施、温湿度控制、防虫、防霉等储存条件的标准，以期防止粮食在储存期间受到湿度、温度和害虫的影响，保障粮食的质量。（3）就粮食运输标准体系完善而言，包括完善粮食运输工具、包装、运输环境等方面的标准，以确保粮食在运输过程中不受损坏。（4）就粮食加工标准体系完善而言，涉及粮食加工工艺、设备、卫生标准等，以确保加工出的食品安全、卫生，符合相关的食品安全标准。

二、粮食生产经营者必须遵守有关法律、法规的规定，执行有关标准和技术规范

本条第一款还强调了粮食生产经营者应当遵守标准的义务，以确保粮食的质量安全。具体来说，粮食生产经营者需要严格按照国家制定的有关粮食生产、储存、运输、加工等环节的法律法规进行操作，确保其活动符合法律规定，不会对粮食质量造成损害。比如，《中华人民共和国食品安全法》作为我国食品安全领域的基本法律，包含了粮食生产、储存、运输、加工等环节的标准和要求；《中华人民共和国农产品质量安全法》规定了农产品的质量安全要求，其中也包括粮食的质量安全要求；《粮食流通管理条例》规定了粮食流通环节的管理要求；《农药管理条例》规定了农药的使用标准，粮食生产经营者在使用这些化学物质时需要遵守相应规定。粮食生产经营者应当密切关注不限于上述列举的相关法律、法规，确保自己的经营活动符合相应要求。对于执行有关标准和技术规范，本条规定中所用的措辞是"应当"，也即粮食生产经营者在是否执行上并无选择，只能执行，否则即构成违法行为。

三、县级以上人民政府加强粮食质量安全监督管理工作的职责

按照本条第二款的规定，县级以上人民政府在加强粮食质量安全监督管理方面的职责主要表现为以下两个方面：

（一）建立粮食质量安全追溯体系

通过建立从收购、储存、运输、加工到销售的粮食质量安全追溯体系，其一，可以追溯到粮食质量问题产生的具体环节和责任主体，从而及时采取措施解决问题；其二，可以对粮食生产、储备、流通、加工等环节进行全过程监控和管理，提高粮食质量的管控水平；其三，可以实现粮食质量安全信息的有效共享和传递，助益相关监管部门及时获取粮食质量信息，加强食品安全监管工作。为此，县级以上人民政府应依据国家相关法律法规，制定与粮食质量安全追溯相关的地方性法规和政策文件，明确追溯体系的目标、原则、范围和要求。利用先进的信息技术建立电子化的追溯系统，用于存储、管理和共享与粮食质量相关的数据和信息。通过激励措施，鼓励粮食生产、加工企业和农户参与追溯体系的建设，使其积极配合提供追溯所需的数据和信息。

（二）完善粮食质量安全风险监测和检验制度

通过完善粮食质量安全风险监测和检验制度，县级以上人民政府可以更好地发现和解决粮食质量问题，保障公众的饮食安全和健康。同时，这也有助于提高粮食质量管理水平，增强对食品安全的监管能力。

具体措施可以包括以下几个方面：（1）建立粮食质量安全监测网络，覆盖主要产区、仓储地点、运输通道和加工企业等关键环节，以全面了解粮食质量状况。（2）制定科学合理的监测指标和标准，包括但不限于农药残留、重金属含量、真菌毒素等，确保监测项目与国家相关法规和标准一致，提高监测数据的可比性和可信度。（3）设立定期的监测和检验计划，对各个环节的粮食进行定期检测，确保监测的频率和范围足够覆盖全产业链，及时发现潜在问题。（4）加强检验机构的建设，引入先进的检测技术和设备，提高粮食质量安全检测的准确性和效率。

【关联规范】

《中华人民共和国农产品质量安全法》第三条、第十三条、第十五条、第十六条、第十七条、第十八条、第十九条；《中华人民共和国黑土地保护法》第八条；《中华人民共和国乡村振兴促进法》第八条；《中华人民共和国食品安全法》第四十二条；《中华人民共和国安全生产法》第九条、第十条。

> **第六十一条　【粮食安全监督检查】**县级以上人民政府有关部门依照职责开展粮食安全监督检查，可以采取下列措施：
> （一）进入粮食生产经营场所实施现场检查；
> （二）向有关单位和人员调查了解相关情况；
> （三）进入涉嫌违法活动的场所调查取证；
> （四）查阅、复制有关文件、资料、账簿、凭证，对可能被转移、隐匿或者损毁的文件、资料、账簿、凭证、电子设备等予以封存；
> （五）查封、扣押涉嫌违法活动的场所、设施或者财物；
> （六）对有关单位的法定代表人、负责人或者其他工作人员进行约谈、询问。
> 县级以上人民政府有关部门履行监督检查职责，发现公职人员涉嫌职务违法或者职务犯罪的问题线索，应当及时移送监察机关，监察机关应当依法受理并进行调查处置。

【条文主旨】

本条是关于县级以上人民政府有关部门依照职责开展粮食安全监督检查的规定。

【条文释义】

本条是关于县级以上人民政府有关部门依照职责开展粮食安全监督检查的规定，包括可以所采取的六种具体措施，以及应当向监察机关移送职务违法或者职务犯罪线索的义务。其中，开展粮食安全监督检查的主体是县级以上人民政府有关部门，其主要指的是从事粮食安全保障工作的地方层面和中央层面的人民政府相关部门，包括发展改革、自然资源、农业农村、粮食和物资储备等部门。

本条第一款明确了县级以上人民政府有关部门在履行粮食安全监督检查职责时可以采取的六种具体措施。

第一，进入粮食生产经营场所实施现场检查。通过对粮食生产经营者的生产经营场所进行现场检查，尤其是通过一些专项检查等，往往能够获取和固定大量的一手证据和资料,因为被调查者尚没有足够的时间来销毁相关证据。因此,有关部门通过现场检查能够掌握诸多具有重要价值的原始证据。

第二,向有关单位和人员调查了解相关情况。语言沟通往往能够传递出比单纯文字更生动、更丰富的信息。县级以上人民政府有关部门在开展粮食安全监督检查过程中,可以要求被调查者对相关情况进行说明和补充,借此了解行为的动机、抗辩理由等。有关部门也可以询问相关的利害关系人,尤其是行业内的竞争对手,对行业内发展情况等有更加准确的认识,可以获取更加全面的信息。

第三,进入涉嫌违法活动的场所调查取证。当有关部门获得粮食安全领域涉嫌违法的线索或者信息时,他们有权进入相关场所进行调查,收集相关证据以便做出准确的判断和处理。有关部门在进入涉嫌违法活动的场所时,应当依法办理手续,并确保调查活动的合法性、合规性和公正性,保护当事人的合法权益。

第四,查阅、复制有关文件、资料、账簿、凭证,对可能被转移、隐匿或者损毁的文件、资料、账簿、凭证、电子设备等予以封存。县级以上人民政府有关部门查阅、复制被调查者的相关文件、资料、账簿、凭证,能够获得大量原始数据,查明被调查者的业务活动、资金往来等,为认定其行为的性质提供支撑性证据。除了被调查者外,有关部门还可以查阅、复制利害关系人或者其他有关单位或者个人的文件、资料、账簿、凭证,以扩大信息的来源范围,更好地满足粮食安全领域违法行为认定的需要。此外,当有关部门怀疑某些文件、资料、账簿、凭证、电子设备等可能涉嫌违法,存在被篡改、销毁或隐匿的可能时,他们有权对其进行封存。这些在调查过程中所获取的相关证据,有些是易损,有些可能会遭到被调查者的故意损毁、隐匿等,如果不进行有效封存,很有可能因被破坏从而无法起到证明作用。

第五,查封、扣押涉嫌违法活动的场所、设施或者财物。为了确保相关证据的完整性和真实性,防止相关证据被篡改、销毁或隐匿,当有关部门怀疑某些场所、设施或者财物存在可能涉嫌违法活动的情况时,他们有权对其进行查封、扣押。当进行查封、扣押时,必须在场所内进行,并对查封、扣押过程进行记录,同时对查封、扣押的场所、设施或者财物进行编号和标记,以便日后查证和使用。

第六,对有关单位的法定代表人、负责人或者其他工作人员进行约谈、询问。在约谈、询问过程中,有关部门应当依法行使权力,确保程序的合法性和公正性。他们需要向被约谈、询问的人员说明调查的目的和事由，不得对其进行非法限制或侵犯其人身权利。被约谈、询问的人员有义务如实回答问题，提供所需的信息和证据。需要强调的是，约谈、询问是一种调查手段，但并不意味着被约谈、询问的人员已经成为犯罪嫌疑人或罪犯。只有经过调查取证并确认存在违法行为，才能依法追究相关责任。

本条第二款规定了县级以上人民政府有关部门在履行粮食安全监督检查职责时，如果发现公职人员涉嫌职务违法或者职务犯罪的问题线索，应当及时移送监察机关，并规定了监察机关的受理和调查处置义务。具体而言，县级以上人民政府有关部门监督检查的范围应当包括粮食生产、储备、流通和销售等环节的各种活动；如果发现任何公职人员可能涉及职务违法或职务犯罪，例如滥用职权、玩忽职守、接受贿赂等，县级以上人民政府有关部门有义务去记录并收集相关的信息或证据，并及时移交给监察机关。监察机关是行使国家监察职能的专门机构，对所有行使公共权力的公职人员进行监察，调查职务违法和职务犯罪，具有较强的调查权限和独立性。一旦监察机关接收到县级以上人民政府有关部门移送的涉嫌职务违法或者职务犯罪的线索，其必须按照法律规定进行受理，采取一系列措施来调查涉嫌违法犯罪的事实，例如约谈、询问当事人或证人，调取相关证据材料等。一旦确认存在违法犯罪行为，监察机关将依法采取相应的处置措施，包括但不限于政务处分、移送起诉、提出监察建议等。

【关联规范】

《中华人民共和国反垄断法》第四十七条；《中华人民共和国反不正当竞争法》第十三条；《中华人民共和国监察法》第一条至第六十九条。

第六十二条 【对耕地保护和粮食安全工作责任的考核和监督检查】 国务院发展改革、自然资源、农业农村、粮食和储备主管部门应当会同有关部门，按照规定具体实施对省、自治区、直辖市落实耕地保护和粮食安全责任制情况的考核。

省、自治区、直辖市对本行政区域耕地保护和粮食安全负总责，其主要负责人是本行政区域耕地保护和粮食安全的第一责任人，对本行政区域内的耕地保护和粮食安全目标负责。

> 县级以上地方人民政府应当定期对本行政区域耕地保护和粮食安全责任落实情况开展监督检查,将耕地保护和粮食安全责任落实情况纳入对本级人民政府有关部门负责人、下级人民政府及其负责人的考核评价内容。
>
> 对耕地保护和粮食安全工作责任落实不力、问题突出的地方人民政府,上级人民政府可以对其主要负责人进行责任约谈。被责任约谈的地方人民政府应当立即采取措施进行整改。

【条文主旨】

本条是关于对耕地保护和粮食安全工作责任的考核和监督检查的规定。

【条文释义】

本条是关于对耕地保护和粮食安全工作责任的考核和监督检查的规定,共分为四款。综合来看,这四款规定建立了中央对地方耕地保护和粮食安全工作的考核机制,同时明确了省级及以下地方人民政府在责任追究和整改方面的要求,形成了层层负责、监督有序的管理体系。具体而言,在理解本条时,应注意把握以下几个方面:

第一款规定了对于省、自治区、直辖市在耕地保护和粮食安全方面的责任落实情况进行考核的要求。首先,就考核主体而言,是国务院发展改革、自然资源、农业农村、粮食和储备主管部门会同有关部门,也即四个主管部门应当与其他相关部门协作,共同推动耕地保护和粮食安全工作的考核。具体而言,这些有关部门可能包括但不限于生态环境部门、水利部门、财政部门等。其次,就考核依据和考核对象而言,四个主管部门以及其他相关部门应当按照国家相关法律法规和政策文件的规定,具体实施对省、自治区、直辖市落实耕地保护和粮食安全责任制情况的考核。最后,就具体的考核内容而言,应当包括土地使用总量控制、耕地保护、粮食生产、粮食储备等方面。通过考核评估,可以及时发现问题,推动各地区认真履行耕地保护和粮食安全的责任。

第二款规定的是粮食安全省长责任制。粮食安全省长责任制是国务院从粮食生产、流通、消费等各环节对各省级人民政府在维护国家粮食安全的事权与责任方面建立的一项制度，旨在要求各省、自治区、直辖市人民政府切实承担起保障本地区粮食安全的主体责任，全面加强粮食生产、储备和流通能力建设，从而确保国家粮食安全。2015 年 1 月 22 日发布的《国务院关于建立健全粮食安全省长责任制的若干意见》①，对建立健全粮食安全省长责任制作出全面部署。2015 年 2 月 16 日，国家粮食局（已撤销）出台了《关于贯彻落实〈国务院关于建立健全粮食安全省长责任制的若干意见〉的指导意见》②，要求各地粮食部门认真履行部门职责，创造性地落实粮食部门牵头负责的各项任务。2015 年 11 月 3 日，国务院办公厅发布《粮食安全省长责任制考核办法》③，明确粮食安全省长责任制考核主体、原则、内容、程序和结果运用等事项，对建立粮食安全省长责任制考核机制作出全面部署。

第三款规定的是县级以上地方人民政府对本行政区域耕地保护和粮食安全责任落实情况进行监督检查的要求。首先，就监督主体而言，县级以上地方人民政府应当成为本行政区域耕地保护和粮食安全责任落实的监督主体。其次，就监督内容而言，监督检查中将对本行政区域内的耕地保护和粮食安全责任落实情况进行评估。这包括各地区是否按照国家要求控制土地使用总量，防止非法占用耕地和乱占乱建现象；是否采取有效措施保护耕地，包括耕地数量保护、耕地质量保护、耕地结构调整等方面的工作；对闲置土地、低效利用土地和退耕还林还草等土地整治工作的推进情况；粮食生产的情况，包括粮食种植面积、粮食产量、农业生产技术等方面的指标；粮食储备和库存管理情况等。再次，就监督频次而言，要求县级以上地方人民政府应当定期进行。具体的监督频次可能会根据实际情况而有所不同，可以根据需要进行月度、季度、半年度或年度的监督检查，及时了解工作进展，发现问题并提出改进措施。最后，耕地保护和粮食安全责任落实情况将纳入对本级人民政府有关部门负责人、下级人民政府及其负责人的考核评价内容。这意味着在对相关部门负责人和下级政府负责

---

① 《国务院关于建立健全粮食安全省长责任制的若干意见》，载中国政府网，https：//www.gov.cn/zhengce/zhengceku/2015-01/22/content_ 9422.htm，最后访问时间：2024 年 2 月 13 日。

② 《关于贯彻落实〈国务院关于建立健全粮食安全省长责任制的若干意见〉的指导意见》，载国家粮食和物资储备局网站，http：//lswz.gov.cn/html/zfxxgk/2020-11/11/261987/files/4fe427a9b75e462b911602c7c9cf172f.pdf，最后访问时间：2024 年 2 月 13 日。

③ 《粮食安全省长责任制考核办法》，载中国政府网，https：//www.gov.cn/zhengce/content/2015-11/12/content_ 10286.htm，最后访问时间：2024 年 2 月 13 日。

人进行考核评价时，他们在耕地保护和粮食安全方面的责任履行情况将成为评估的重要内容之一。此举可以激励有关人员更加重视和积极推进耕地保护和粮食安全工作。

第四款是对耕地保护和粮食安全工作不力的政府主要负责人进行责任约谈的规定。责任约谈属于一种行政指导措施，是上级政府对下级政府主要负责人的警示和督促，要求其认真履行职责、加强管理，及时解决存在的问题。相比于刚性权威的行政命令行为，行政约谈行为体现了软法约束特征。① 换言之，在约谈框架下行政机关和可能的被规制对象处在一个平等的对话平台上，其双向互动与沟通并不主要依赖于行政强制力。行政机关通过约谈传递监管关切、政策意图、可能的后果等信息，可能的被规制对象则通过约谈提前进行抗辩，或及时发现错误并进行纠正。本款规定明确了以下几个方面的问题：第一，明确了责任约谈对象，是耕地保护和粮食安全工作责任落实不力、问题突出的地方人民政府的主要负责人。第二，明确了责任约谈的主体是上级人民政府，即地方人民政府的上一级政府机构。第三，强化了约谈的约束力，规定被责任约谈的地方人民政府应当立即采取措施进行整改，确保耕地保护和粮食安全工作得到切实推进。

【关联规范】

《中华人民共和国黑土地保护法》第二十六条、第二十七条；《中华人民共和国土地管理法》第六十七条至第七十二条；《中华人民共和国反食品浪费法》第十七条；《中华人民共和国土地管理法实施条例》第十三条、第四十四条、第四十七条、第四十八条；《粮食流通管理条例》第七条、第二十四条、第三十八条、第三十九条。

> **第六十三条　【外商投资粮食生产经营的安全审查】** 外商投资粮食生产经营，影响或者可能影响国家安全的，应当按照国家有关规定进行外商投资安全审查。

---

① 赵旭东、裴任：《企业社会责任行政执法研究》，载《社会科学研究》2020年第1期。

【条文主旨】

本条是关于对外商投资粮食生产经营的安全审查的规定。

【条文释义】

本条强调了在外商投资粮食生产经营方面，如果存在可能影响国家安全的情况，应当按照国家相关规定进行外商投资安全审查。

外商投资粮食生产经营，是指外国投资者在中国从事粮食生产、种植、加工、销售等相关经营活动。外商投资安全审查是一种针对特定领域或项目的外国资本投资的全面风险评估和审查过程，其目的是确保外资不会对中国国家安全的利益造成损害。[①] 2011 年，我国建立外商投资安全审查制度。2020 年起施行的《中华人民共和国外商投资法》规定，国家建立外商投资安全审查制度，对影响或者可能影响国家安全的外商投资进行安全审查，进一步丰富了外商投资安全审查的法律依据。2020 年 12 月，我国发布《外商投资安全审查办法》[②]，根据该办法建立外商投资安全审查工作机制。

在粮食生产经营领域，如果外商投资的项目已经影响或者可能对国家安全产生影响，如涉及粮食供应、粮食安全、粮食储备、农产品安全等方面，那么根据国家规定，就需要进行外商投资安全审查。通过外商投资安全审查，可以评估外商投资项目的潜在风险，采取必要的措施保护国家安全。

本条还规定"应当按照国家有关规定进行外商投资安全审查"，具体来说，外商投资粮食生产经营涉及国家安全时，可以参考《中华人民共和国国家安全法》《中华人民共和国外商投资法》《优化营商环境条例》《外商投资安全审查办法》等法律法规。这些规范性文件详细说明了外商投资安全审查的范围、程序、标准和相应的管理措施等内容。

【关联规范】

《中华人民共和国外商投资法》第一条至第四十二条；《中华人民共和

[①] 马相东、杨丽花：《统筹对外资开放和国家经济安全：国际经验与中国路径》，载《中国流通经济》2021 年第 9 期。

[②] 《外商投资安全审查办法》，载中国政府网，https：//www.gov.cn/gongbao/content/2021/content_ 5582626.htm，最后访问时间：2024 年 1 月 13 日。

国国家安全法》第五十九条、第六十条；《优化营商环境条例》第六条；《外商投资安全审查办法》第一条至第二十三条。

> **第六十四条 【粮食安全信用体系建设和粮食安全保障工作监督】** 县级以上人民政府发展改革、农业农村、粮食和储备等主管部门应当加强粮食安全信用体系建设，建立粮食生产经营者信用记录。
>
> 单位、个人有权对粮食安全保障工作进行监督，对违反本法的行为向县级以上人民政府有关部门进行投诉、举报，接到投诉、举报的部门应当按照规定及时处理。

【条文主旨】

本条是关于加强粮食安全信用体系建设和对粮食安全保障工作进行监督的规定。

【条文释义】

本条包括两款，其中第一款规定的是加强粮食安全信用体系的建设，第二款强调了单位和个人对粮食安全保障工作的监督权利，并明确规定了投诉举报的受理部门。旨在通过加强信用体系建设和鼓励公众监督，提升粮食安全管理的效率。具体来讲，关于本条规定的理解，应当把握以下内容：

一、加强粮食安全信用体系建设

加强粮食安全信用体系建设，是指建立一个系统化的信用记录系统，用于评估和监督粮食生产经营者的信用状况和行为。这个体系可以帮助政府和社会对粮食生产经营者进行信用评估，加强监督管理，促进粮食生产经营者的守法行为。

根据本条第一款的规定，县级以上人民政府发展改革、农业农村、粮食和储备等主管部门有义务加强粮食安全信用体系建设。这是基于县级以上人民政府的发展改革、农业农村、粮食和储备等主管部门负责粮食安全的相关工作，应当积极履行粮食安全保障的职责。这些部门应当通过信用体系建设和信用记录的方式加强对粮食生产经营者的监管，从而维护粮食安全。其中，粮食生产经营者信用记录，旨在收集和整理粮食生产经营者在粮食生产、流通、储存及销售环节中的信用信息，包括粮食生产经营者的信用历史、行业声誉、合同履约能力、诚信记录等方面的内容。这些信息可以通过相关部门查询或者调查等方式进行收集。有关部门还应将收集到的信息进行整理、归档，并建立相应的信用记录档案。同时，对于信用状况良好的粮食生产经营者，可以给予一定的奖励，从而鼓励更多粮食生产经营者遵守法律法规，提高粮食质量安全水平。

二、公众有权对粮食安全保障工作进行监督

本条第二款强调了单位和个人对粮食安全保障工作的监督权利，并明确规定了投诉举报的受理部门。

就监督主体而言，第二款规定单位和个人都有权对粮食安全保障工作进行监督。这意味着不仅是粮食生产经营者、加工企业、储存单位等相关单位，也包括广大消费者和社会公众都可以行使监督权利。这是基于粮食安全保障工作涉及各行各业，直接关系到广大人民群众的切身利益。要真正做好粮食安全保障工作，既需要粮食生产经营主体以及负有监督管理职责的部门依法承担义务，尽职尽责，也需要广大人民群众和其他方面的积极参与，充分发挥全社会的积极性。单靠政府有关监督管理部门难以完全有效地做好粮食安全保障的监督工作。只有建立起一种广泛、有效的监督机制，充分调动单位与个人的积极性，把粮食安全保障工作置于全社会的监督之下，才能及时发现和纠正粮食生产、加工、储存和销售等环节中存在的问题。因此，本条规定了单位和个人有对粮食安全保障工作进行监督的权利，具有很强的现实意义。

第二款还规定了受理投诉、举报的部门，为县级以上人民政府有关部门。具体来说，可以是食品药品监管部门、农业主管部门、市场监管部门等相关部门。接到投诉或举报的相关部门有责任按照法律规定及时处理这些投诉和举报。这意味着一旦收到投诉或举报，相关部门必须在规定的时间内采取行动，调查所涉事项，并作出合适的回应或决定。

【关联规范】

《中华人民共和国农产品质量安全法》第五十四条、第五十六条；《中华人民共和国反食品浪费法》第二十七条。

第十章 法律责任

> **第六十五条** 【负有粮食安全保障工作职责的工作人员的行政责任】违反本法规定，地方人民政府和县级以上人民政府有关部门不履行粮食安全保障工作职责或者有其他滥用职权、玩忽职守、徇私舞弊行为的，对负有责任的领导人员和直接责任人员依法给予处分。

【条文主旨】

本条是关于对负有粮食安全保障工作职责的地方人民政府和县级以上人民政府有关部门的工作人员追究行政责任的规定。

【条文释义】

本条规定对负有粮食安全保障工作职责的地方人民政府和县级以上人民政府有关部门的工作人员的失职行为要追究行政责任。根据本法第三条、第十条、第十一条、第十三条等的规定，地方人民政府和县级以上人民政府有关部门负有进行粮食安全保障工作的职责。但在工作过程中，领导人员和直接责任人员也有可能出现不履行、不正当履行职责或者超越职权等行为，使公共财产、国家和人民利益遭受不同程度的损失。本条以列举的形式规定了地方人民政府和县级以上人民政府有关部门的领导人员和直接责任人员的违法行为类型，并规定了应当承担的行政责任。

一、承担法律责任的主体

根据本条规定，承担法律责任的主体包括地方人民政府和县级以上人民政府有关部门负有责任的领导人员和直接责任人员。地方人民政府是指各省（自治区、直辖市）、设区的市（自治州）、县（自治县、市辖区）、乡（民族乡、镇）等地方各级人民政府。县级以上人民政府有关部门，主要指的是从事粮食安全保障工作的地方层面和中央层面的人民政府相关部门，包括但不限于农业农村、自然资源、食品安全、市场监管等职能部门。领导人员是指地方人民政府和县级以上人民政府有关部门的领导层。这些领导人员在粮食安全保障工作中负有最终领导和管理责任。直接责任人员是指在地方人民政府和县级以上人民政府有关部门中直接参与执行和管理粮食安全保障工作的基层、中层工作人员。

二、违法行为类型的列举

本条对于负有粮食安全保障工作职责的领导人员和直接责任人员的违法行为类型，主要列举了滥用职权、玩忽职守、徇私舞弊三种。所谓滥用职权，是指工作人员违反法律规定的权限和程序，滥用职权或者超越职权的行为，违法决定、处理其无权决定、处理的事项。所谓玩忽职守，是指工作人员不认真对待本职工作，不履行、不正确履行或者放弃履行职责的行为。所谓徇私舞弊，是指工作人员为私情、私利等，故意违背事实和法律行使职权的行为。对于人民政府和县级以上人民政府有关部门的领导人员和直接责任人员的上述违法行为，任何单位和个人都有权检举和控告，有关部门应当严肃查处，并依法追究其法律责任。

三、法律责任的承担

对于负有粮食安全保障工作职责的地方人民政府和县级以上人民政府有关部门的工作人员实施违法行为的法律责任，本条仅规定"依法给予处分"，此乃为行政责任的追究。所谓处分，是指国家机关根据法律或者法规，按行政隶属关系，对犯有轻微违法失职行为或者违反内部纪律的人员给予的一种制裁。根据《中华人民共和国公务员法》第六十二条的规定，处分分为警告、记过、记大过、降级、撤职、开除。具体应该给予哪一种处分，由有权作出处分决定的机关根据违法性质、情节以及认错表现决定。

国家监察体制改革后，处分分为一般处分和政务处分两类。本法中的"处分"应为广义上的处分，包括一般处分和政务处分。一般处分和政务处分的种类相同，都包括警告、记过、记大过、撤职和开除五种，但两者却属于两种不同类型的处分：从作出主体看，前者由违法人员所在单位或任免机关作出，后者由监察机关作出。从法律依据和程序看，前者依据《中华人民共和国公务员法》《行政机关公务员处分条例》等法律法规规定的程序作出，后者依照《中华人民共和国公务员法》《中华人民共和国监察法》《中华人民共和国公职人员政务处分法》等法律法规规定的程序作出。此外，两种处分不重复适用，即以相关处分决定是否已经作出为标准择一适用，对同一公职人员的同一违法行为，监察机关已经给予政务处分的，任免机关、单位不再给予处分；反过来，任免机关、单位已经给予处分的，监察机关不再给予政务处分。

【适用指南】

本法条在适用过程中要严格结合粮食安全保障工作有关部门、单位的人员的主观心态来进行适用。从本条的规定中可以看出，滥用职权和玩忽职守所代表的是两种不同的心态，滥用职权为故意，而玩忽职守为过失。这体现了我国对于相关的工作人员的严格要求，即无论是故意还是过失，只要是存在滥用职权、玩忽职守、徇私舞弊的行为，都需要追究责任。而之所以这样规定，体现了我国对不履行粮食安全保障工作职责的违法行为的零容忍的立场，有助于确保我国粮食安全工作的稳健运行和高效推进。

【关联规范】

《中华人民共和国公务员法》第五十七条、第五十九条、第六十一条、第六十二条；《中华人民共和国监察法》第十一条、第十五条、第四十五条；《中华人民共和国公职人员政务处分法》第七条；《行政机关公务员处分条例》第三十四条。

第六十六条 【种植不符合耕地种植用途管控要求作物的处罚】 违反本法规定，种植不符合耕地种植用途管控要求作物的，由县级人民政府农业农村主管部门或者乡镇人民政府给予批评教育；经批评教育仍不改正的，可以不予发放粮食生产相关补贴；对有关农业生产经营组织，可以依法处以罚款。

【条文主旨】

本条是关于对种植不符合耕地种植用途管控要求作物的处罚规定。

【条文释义】

本条规定了对于种植不符合耕地种植用途管控要求作物的处罚措施，旨在通过教育、经济激励和罚款等手段，对种植不符合耕地种植用途管控要求作物的行为进行有效监管和惩罚，以维护农业用地的合理利用和生态环境的可持续发展。

一、种植不符合耕地种植用途管控要求作物的行为表现

本法第十三条规定："耕地应当主要用于粮食和棉、油、糖、蔬菜等农产品及饲草饲料生产。县级以上地方人民政府应当根据粮食和重要农产品保供目标任务，加强耕地种植用途管控，落实耕地利用优先序，调整优化种植结构。具体办法由国务院农业农村主管部门制定。县级以上地方人民政府农业农村主管部门应当加强耕地种植用途管控日常监督。村民委员会、农村集体经济组织发现违反耕地种植用途管控要求行为的，应当及时向乡镇人民政府或者县级人民政府农业农村主管部门报告。"根据这一规定，农民和农业生产经营组织应当合理利用耕地，确保其主要用于粮食和棉、油、糖、蔬菜等农产品及饲草饲料生产，遵循国家种植结构调整要求，遵循耕地利用优先序，配合耕地种植用途管控等。如果农民和农业生产经营组织违反上述规定，种植不符合耕地种植用途管控要求作物，即构成本条规定的违法行为。

二、种植不符合耕地种植用途管控要求作物的处罚措施

本条规定对违法行为能够施以处罚的主体是县级人民政府农业农村主管部门或者乡镇人民政府，采取的处罚措施主要包括批评教育、不予发放粮食生产相关补贴和罚款三种，具体而言：

一是关于批评教育。如果农民个人或有关农业生产经营组织违反法律规定，在种植过程中不符合耕地种植用途管控要求，县级人民政府农业农村主管部门或者乡镇人民政府有权给予批评教育。与一些传统的行政处罚手段相比，批评教育更加灵活和弹性，旨在提醒违规者遵守法律法规，通过指导和教育使其认识到错误，引导其进行改正。值得说明的是批评教育不等同于警告，批评教育属于口头非正式处置，警告也就是警告处分，属于书面正式处分的一种。

二是关于不予发放粮食生产相关补贴。如果经过批评教育后，个人或有关农业生产经营组织仍然没有改正错误，相关部门可以决定不再给予其粮食生产相关补贴。这意味着该违规者将失去获得政府补贴的权利。这是一种经济上的制裁，通过减少补贴来惩罚违规者，以降低对其的经济激

励。本条规定"可以"不予发放粮食生产相关补贴,即是授予了县级人民政府农业农村主管部门或者乡镇人民政府对该行为进行处罚的自由裁量权。

三是关于罚款。对于农业生产经营组织种植不符合耕地种植用途管控要求作物的行为,可以依法对其处以罚款。农业生产经营组织,是指农村集体经济组织、农民专业合作经济组织、农业企业和其他从事农业生产经营的组织。本条的规定表明对于组织层面的违法行为,会采取更为严厉的经济处罚,以确保规范农业生产管理。行政罚款是一种财产罚,是指行政处罚机关依法强制违法行为人当场或在一定期限内缴纳一定数额货币的处罚行为。[1] 本条规定"可以"处以罚款,即是授予了行政处罚的自由裁量权。县级人民政府农业农村主管部门或者乡镇人民政府根据违法行为的性质、情节、危害等多种因素,可以对有关农业生产经营组织处以罚款,也可以不处以罚款。如果农业生产经营组织及时、积极地采取了种植符合耕地种植用途管控要求作物等补救措施,且恢复效果良好的,就可以不处或少处罚款。

> **第六十七条 【粮食经营者违反本法规定的处罚】** 违反本法规定,承储政府粮食储备的企业或者其他组织有下列行为之一的,依照有关行政法规的规定处罚:
> (一)拒不执行或者违反政府粮食储备的收购、销售、轮换、动用等规定;
> (二)未对政府粮食储备的收购、销售、轮换、动用等进行全过程记录;
> (三)未按照规定保障政府粮食储备数量、质量安全。
> 从事粮食收购、储存、加工、销售的经营者以及饲料、工业用粮企业未按照规定建立粮食经营台账,或者报送粮食基本数据和有关情况的,依照前款规定处罚。

【条文主旨】

本条是关于粮食经营者违反本法规定的处罚规定。

---

[1] 张树义:《行政法学》,北京大学出版社2012年版,第236页。

【条文释义】

本条规定了粮食经营者违反本法规定的处罚，对应本法第二十九条、第三十条、第三十一条、第三十七条。概括而言，根据主体不同，本条分为两款：第一款聚焦粮食经营者类型下承储政府粮食储备的企业或其他组织，规定此类主体违反本法规定、实施特定违法行为的处罚；第二款聚焦从事粮食收购、储存、加工、销售的经营者以及饲料、工业用粮企业，规定此类主体未按照规定建立粮食经营台账，或者未报送粮食基本数据和有关情况的处罚。

一、对承储政府粮食储备企业或其他组织违法行为的处罚

本条第一款明确了承储政府粮食储备企业或其他组织的三种违法行为，在此基础上进一步明确对前述三种违法行为依照有关行政法规的规定进行处罚。

（一）违法行为的具体表现形式

根据本条第一款的规定，承储政府粮食储备的企业或者其他组织有下列三种行为之一的，属于违反本法规定的行为。

1. 拒不执行或者违反政府粮食储备的收购、销售、轮换、动用等规定

本法第二十九条第三款规定："政府粮食储备的收购、销售、轮换、动用等应当严格按照国家有关规定执行。"其明确了承储政府粮食储备的企业或者其他组织按规定执行政府粮食储备的收购、销售、轮换、动用等义务。如果相关主体不按照国家有关规定和合同约定，对政府粮食储备进行收购、销售、轮换、动用等操作，或者拒绝执行国家有关部门的指令和要求，则属于违反本法的行为，应当受到处罚。

2. 未对政府粮食储备的收购、销售、轮换、动用等进行全过程记录

本法第三十条第三款规定："政府粮食储备的收购、销售、轮换、动用等应当进行全过程记录，实现政府粮食储备信息实时采集、处理、传输、共享，确保可查询、可追溯。"其明确了承储政府粮食储备的企业或者其他组织全过程记录的义务。如果相关主体没有按照国家有关规定和标准，对政府粮食储备的收购、销售、轮换、动用等活动进行完整、准确、及时的记录和报告，或者对记录和报告的内容进行伪造、篡改、隐瞒，则属于违反本法的行为，应当受到处罚。

3. 未按照规定保障政府粮食储备数量、质量安全

本法第三十条第一款规定："承储政府粮食储备的企业或者其他组织应当遵守法律、法规和国家有关规定，实行储备与商业性经营业务分开，

建立健全内部管理制度,落实安全生产责任和消防安全责任,对承储粮食数量、质量负责,实施粮食安全风险事项报告制度,确保政府粮食储备安全。"第三十一条规定:"承储政府粮食储备的企业或者其他组织应当保证政府粮食储备账实相符、账账相符,实行专仓储存、专人保管、专账记载,不得虚报、瞒报政府粮食储备数量、质量、品种。承储政府粮食储备的企业或者其他组织应当执行储备粮食质量安全检验监测制度,保证政府粮食储备符合规定的质量安全标准、达到规定的质量等级。"其明确了承储政府粮食储备的企业或者其他组织保障政府粮食储备数量、质量安全的义务。如果相关主体没有按照国家有关规定和标准,对政府粮食储备进行储存、管理、检验、监测等,或者对政府粮食储备的数量、质量造成损失、降低、污染等,则属于违反本法的行为,应当受到处罚。

(二)对违法行为的处罚标准

本条并未明确上述三种违法行为的具体处罚标准,仅规定"依照有关行政法规的规定处罚"。此处的"有关行政法规",应当包含但不限于《中央储备粮管理条例》《粮食流通管理条例》等粮食储备、流通相关的行政法规。在此列举有关行政法规中的部分处罚规定:

根据《粮食流通管理条例》第四十五条第六项的规定,粮食储存企业未按照规定进行粮食销售出库质量安全检验的,由粮食和储备行政管理部门责令改正,给予警告,可以并处20万元以下罚款;情节严重的,并处20万元以上50万元以下罚款。

根据《中央储备粮管理条例》第五十一条的规定,承储企业有下列行为之一的,由国家粮食行政管理部门责成中国储备粮管理总公司对其限期改正;情节严重的,对中央储备粮代储企业,还应当取消其代储资格;对直接负责的主管人员和其他直接责任人员给予警告直至开除的纪律处分;构成犯罪的,依法追究刑事责任:(1)入库的中央储备粮不符合质量等级和国家标准要求的;(2)对中央储备粮未实行专仓储存、专人保管、专账记载,中央储备粮账账不符、账实不符的;(3)发现中央储备粮的数量、质量和储存安全等方面的问题不及时处理,或者处理不了不及时报告的;(4)拒绝、阻挠、干涉国家粮食行政管理部门、国务院财政部门、审计机关的监督检查人员或者中国储备粮管理总公司的检查人员依法履行职责的。

根据《中央储备粮管理条例》第五十二条的规定,承储企业有下列行为之一的,由国家粮食行政管理部门责成中国储备粮管理总公司对其限期改正;有违法所得的,没收违法所得;对直接负责的主管人员给予降级直至开除的纪律处分；对其他直接责任人员给予警告直至开除的纪律处分；构成犯罪的，依法追究刑事责任；对中央储备粮代储企业，取消其代储资格：（1）虚报、瞒报中央储备粮数量的；（2）在中央储备粮中掺杂掺假、以次充好的；（3）擅自串换中央储备粮的品种、变更中央储备粮储存地点的；（4）造成中央储备粮陈化、霉变的；（5）拒不执行或者擅自改变中央储备粮收购、销售、轮换计划和动用命令的；（6）擅自动用中央储备粮的；（7）以中央储备粮对外进行担保或者清偿债务的。

需要说明的是，2020 年 12 月 3 日国家发改委已就《粮食储备安全管理条例（征求意见稿）》公开征求意见，[①] 拟对承储政府粮食储备企业或其他组织违法行为的处罚标准做出更系统的规定。

二、对从事粮食收购、储存、加工、销售的经营者以及饲料、工业用粮企业违法行为的处罚

（一）违法行为的具体表现形式

本法第三十七条规定："从事粮食收购、储存、加工、销售的经营者以及饲料、工业用粮企业，应当按照规定建立粮食经营台账，并向所在地的县级人民政府粮食和储备主管部门报送粮食购进、储存、销售等基本数据和有关情况。"为此，从事粮食收购、储存、加工、销售的经营者以及饲料、工业用粮企业应承担两项义务：（1）按照规定建立粮食经营台账；（2）报送粮食基本数据和有关情况。需要注意的是，本条第二款在确定违法行为时，采用"或"的表达方式，这意味着从事粮食收购、储存、加工、销售的经营者以及饲料、工业用粮企业以上两项义务中，任何一项没有履行都会受到相应的处罚。

（二）对违法行为的处罚标准

本条第二款规定，从事粮食收购、储存、加工、销售的经营者以及饲料、工业用粮企业未按照规定建立粮食经营台账，或者报送粮食基本数据和有关情况的，依照前款规定处罚。所谓"依照前款规定处罚"，指的是"依照有关行政法规的规定处罚"，即前述《粮食流通管理条例》等相关行政法规。

根据《粮食流通管理条例》第四十五条第五项的规定，从事粮食收购、销售、储存、加工的粮食经营者以及饲料、工业用粮企业未建立粮食经营台账，或者未按照规定报送粮食基本数据和有关情况的，由粮食和储

[①] 《关于〈粮食储备安全管理条例〉（征求意见稿）公开征求意见的公告》，载国家粮食和物资储备局，http：//www.lswz.gov.cn/html/zmhd/yjzj/2020 - 12/03/content_ 262969. shtml? ivk_ sa=1024320u，最后访问时间：2024 年 2 月 14 日。

备行政管理部门责令改正，给予警告，可以并处20万元以下罚款；情节严重的，并处20万元以上50万元以下罚款。

【关联规范】

《粮食流通管理条例》第四十五条、第四十九条；《中央储备粮管理条例》第五十一条、第五十二条。

> **第六十八条　【破坏政府投资建设的粮食流通基础设施行为的处罚】** 违反本法规定，侵占、损毁、擅自拆除或者迁移政府投资建设的粮食流通基础设施，或者擅自改变其用途的，由县级以上地方人民政府有关部门依照职责责令停止违法行为，限期恢复原状或者采取其他补救措施；逾期不恢复原状、不采取其他补救措施的，对单位处五万元以上五十万元以下罚款，对个人处五千元以上五万元以下罚款。

【条文主旨】

本条是关于破坏政府投资建设的粮食流通基础设施行为的处罚。

【条文释义】

本条规定了破坏政府投资建设的粮食流通基础设施行为的处罚，对应本法第三十六条第二款。第三十六条第二款规定了任何单位和个人不得侵占、损毁、擅自拆除或者迁移政府投资建设的粮食流通基础设施，不得擅自改变政府投资建设的粮食流通基础设施用途的义务，本条对于违反上述义务的法律责任做出了明确。目的是保护政府投资建设的粮食流通基础设施，维护粮食流通秩序，促进粮食安全，对违法行为进行惩戒和威慑。

根据本条规定，对于违反本法规定，侵占、损毁、擅自拆除或者迁移政府投资建设的粮食流通基础设施，或者擅自改变其用途的行为，县级以上地方人民政府有关部门应当依照职责按照先后顺序采取以下措施：(1) 责令行为人停止违法行为，限期恢复原状或者采取其他补救措施。此为行为人第一层次的责任。(2) 逾期不恢复原状、不采取其他补救措施的，对单位处5万元以上50万元以下罚款，对个人处5000元以上5万元以下罚款。此为行为人第二层次的责任。换言之，只有在行为人没有限期恢复原状或者采取其他补救措施时，县级以上地方人民政府有关部门才会对其采取下一步的罚款处罚。

在此，需要强调的是，本条虽然从两个层面规定了破坏政府投资建设的粮食流通基础设施行为的责任内容，但实际上只规定了"罚款"这一种具体的行政处罚措施。第一层次的"责令停止违法行为，限期恢复原状或者采取其他补救措施"，只是对行为人违法行为的纠正，没有减损行为人权益或增加行为人义务，因此不属于行政处罚，而是行政处罚的事前阶段。例如，《中华人民共和国行政处罚法》第二十八条第一款规定："行政机关实施行政处罚时，应当责令当事人改正或者限期改正违法行为。"

> **第六十九条　【不服从应急任务或者不配合采取应急处置措施的处罚】** 违反本法规定，粮食应急状态发生时，不服从县级以上人民政府的统一指挥和调度，或者不配合采取应急处置措施的，由县级以上人民政府有关部门依照职责责令改正，给予警告；拒不改正的，对单位处二万元以上二十万元以下罚款，对个人处二千元以上二万元以下罚款；情节严重的，对单位处二十万元以上二百万元以下罚款，对个人处二万元以上二十万元以下罚款。

【条文主旨】

本条是关于不服从应急任务或者不配合采取应急处置措施的处罚规定。

【条文释义】

本条规定了不服从应急任务或者不配合采取应急处置措施的处罚，对应本法第五十条第三款。第五十条第三款规定了出现粮食应急状态时，有关单位和个人应当服从县级以上人民政府的统一指挥和调度，配合采取应急处置措施的义务，本条对于违反上述义务的法律责任做出了明确。

一、违法行为的表现

本条明确的违法行为包括不服从县级以上人民政府的统一指挥和调度、不配合采取应急处置措施。其中，"不服从县级以上人民政府的统一指挥和调度"是指不执行或者拒绝执行政府或者其有关部门的指令或者要求。其主要是针对突发事件的应急处置工作的总体安排和协调，较为抽象；"不配合采取应急处置措施"是指不配合或者阻碍政府或者其有关部门的行动或者措施。其主要是针对突发事件的具体处理和解决，较为具体。可以说，"不配合采取应急处置措施"属于"不服从县级以上人民政府的统一指挥和调度"的一部分。

本法第五十条第一款、第二款规定了出现粮食应急状态时，县级以上人民政府可以依法采取的应急处置措施有：（1）发布粮食市场信息、实行政策性粮食收储和销售、要求执行特定情况下的粮食库存量、组织投放储备粮食、引导粮食加工转化或者限制粮食深加工用粮数量等粮食市场调控措施；（2）增设应急供应网点；（3）组织进行粮食加工、运输和供应；（4）征用粮食、仓储设施、场地、交通工具以及保障粮食供应的其他物资；（5）必要时国务院采取的价格紧急措施等。政府采取相关应急措施时，凡是需要有关单位和个人配合的，行为人均不得拒绝。换言之，对应第五十条第一款、第二款的规定，有关单位和个人不执行特定情况下的粮食库存，拒绝政府征用其粮食、仓储设施、场地、交通工具以及保障粮食供应的其他物资，不接受粮食加工和供应任务等行为，均属于本条中的违法行为。

二、对违法行为的处罚

粮食应急状态发生时，不服从县级以上人民政府的统一指挥和调度，或者不配合采取应急处置措施的行为，会影响突发事件的有效处置，造成或者加重突发事件引起的严重社会危害，损害国家和公共利益。为此，应当对其进行处罚。

本条按照违法行为的严重程度，设置了三个层次的法律责任：一是责令改正，给予警告。对于不服从县级以上人民政府的统一指挥和调度，或者不配合采取应急处置措施的行为，本条最先规定，"由县级以上人民政府有关部门依照职责责令改正，给予警告"。其中，"责令改正"是对行为人违法行为的纠正，虽不属于行政处罚，但却是行政处罚的事前阶段，属于行政命令；"警告"是一种行政处罚，属于申诫罚，其处罚力度在众多行政处罚措施中最低。第一层次的法律责任旨在纠正违法行为，教育违法者，防止违法行为的扩大和恶化。

二是较低限度的罚款。在第一层次法律责任基础之上，本条进一步规定，"拒不改正的，对单位处二万元以上二十万元以下罚款，对个人处二千元以上二万元以下罚款"。其中，"罚款"是一种财产罚，根据其罚款额度的不同，具备不同程度的惩戒力度。第二层次的法律责任旨在惩罚违法行为，通过增加违法成本，起到震慑作用。

三是更高限度的罚款。在第一层次和第二层次之上，本条针对情节严重的违法行为，规定了惩戒力度更高的处罚措施，明确"对单位处二十万元以上二百万元以下罚款，对个人处二万元以上二十万元以下罚款"。

【关联规范】

《中华人民共和国突发事件应对法》第六十四条、第六十六条。

> **第七十条　【故意毁坏粮食作物青苗的处罚】** 违反本法规定，故意毁坏在耕地上种植的粮食作物青苗的，由县级以上地方人民政府农业农村主管部门责令停止违法行为；情节严重的，可以处毁坏粮食作物青苗价值五倍以下罚款。

【条文主旨】

本条是关于故意毁坏粮食作物青苗的处罚规定。

【条文释义】

本条规定了故意毁坏粮食作物青苗的处罚，对应本法第五十三条第二款。第五十三条第二款规定了任何单位和个人等都不能故意毁坏在耕地上种植的粮食作物青苗的义务，本条对于违反上述义务的法律责任做出了明确。具体而言，应当从以下几个方面理解。

一、故意毁坏在耕地上种植的粮食作物青苗的行为表现

本法第五十三条第二款仅对禁止故意毁坏在耕地上种植的粮食作物青苗做出了原则性的规定，并未明确"故意毁坏在耕地上种植的粮食作物青苗"的具体表现形式。为保障法律责任追究的明确性，防止执法机关滥用权力，应当对"故意毁坏在耕地上种植的粮食作物青苗"进行认定。

"故意毁坏在耕地上种植的粮食作物青苗"是指有意识地破坏、损害或者拔除在耕地上种植的粮食作物的幼苗，影响粮食生产的行为，其主观上是故意的，客观上毁坏了种植在耕地上的粮食作物青苗。具体而言，主要表现在以下几个方面：（1）有意识地破坏、损害或者拔除在耕地上种植的粮食作物的幼苗，如用刀、锄、铲等工具切割、划伤、挖掘或者拔起青

苗，或者用脚、手、车辆等轧碎、踩踏、碾轧青苗。（2）有意识地使用有害物质或者生物，如毒药、农药、酸碱、盐水、病虫害等，对在耕地上种植的粮食作物的幼苗进行污染、毒害、感染，导致青苗枯萎、死亡或者生长受阻。（3）有意识地采取其他方式，如放火、放牲畜、放水、掩埋、拔网、破坏防护设施等，对在耕地上种植的粮食作物的幼苗造成破坏、损害或者丧失。

需要明确的是，"故意毁坏在耕地上种植的粮食作物青苗"的行为人是所有人，包括种粮农户本身。在粮食作物还未成熟时，有些农户可能会提前收割种植在耕地上的粮食作物青苗用作饲料。这种行为主要是农户自己的行为。从某种程度上说，提前收割粮食作物青苗用作饲料，不仅能够提高种粮农户的收入（青苗的价格往往高于粮食），而且省去了粮食作物成熟后的收割、晾晒、储存等大量工作。但是，提前收割青苗是对粮食生产的极大破坏和干扰，会严重影响粮食产量和粮食安全。即使是农户自己的行为，也应当受到处罚。

二、故意毁坏在耕地上种植的粮食作物青苗的处罚标准

本条对于故意毁坏在耕地上种植的粮食作物青苗的行为，设置了两个层次的处置措施：一是责令停止违法行为。如果有人故意破坏、损害或者拔除在耕地上种植的粮食作物的幼苗，县级以上地方人民政府农业农村主管部门有权责令其停止这种行为。二是罚款。对于情节严重的，县级以上地方人民政府农业农村主管部门可以对行为人处毁坏粮食作物青苗价值五倍以下罚款。与本法第六十六条类似，本条在规定罚款时，亦使用了"可以"一词，授予了县级以上地方人民政府农业农村主管部门行政处罚的自由裁量权。

【关联规范】

《中华人民共和国刑法》第二百七十五条；《中华人民共和国治安管理处罚法》第四十九条。

> **第七十一条　【违反其他有关法律、行政法规行为的处理、处罚】** 违反有关土地管理、耕地保护、种子、农产品质量安全、食品安全、反食品浪费、安全生产等法律、行政法规的，依照相关法律、行政法规的规定处理、处罚。

【条文主旨】

本条是关于违反其他有关法律、行政法规行为的处理、处罚规定。

【条文释义】

本条规定了违反其他有关法律、行政法规行为的处理、处罚。《中华人民共和国粮食安全保障法》作为粮食安全保障领域的原则性立法,涉及耕地、生产、储备、流通、加工等各个方面,每个方面几乎都有各自独立、系统的法律法规体系,也都各自明确了违反相关规定的处罚措施。本条明确违反有关土地管理、耕地保护、种子、农产品质量安全、食品安全、反食品浪费、安全生产等法律、行政法规的,依照相关法律、行政法规的规定处理、处罚,有利于保障法律法规的完备性和统一性,避免不同法律法规之间的冲突和漏洞,也有利于进一步实现不同领域立法之间的相互补充和衔接。

具体而言,本条涉及的相关法律法规主要包括:《中华人民共和国农业法》《中华人民共和国土地管理法》《中华人民共和国农村土地承包法》《中华人民共和国黑土地保护法》《中华人民共和国耕地占用税法》《中华人民共和国种子法》《中华人民共和国农产品质量安全法》《中华人民共和国食品安全法》《中华人民共和国反食品浪费法》《中华人民共和国食品安全法实施条例》《中华人民共和国土地管理法实施条例》《土地复垦条例》《中央储备粮管理条例》等法律、行政法规。每部法律法规中都规定了相应违法行为的处理、处罚内容,如果违反相关规定,应当依法处理。

【适用指南】

粮食安全保障涉及耕地、生产、储备、流通、加工等各个环节,本法作为粮食安全保障领域的原则性立法,难以面面俱到,有待其他专门性法律法规予以细化。实践中,违反本法以外的其他有关法律、行政法规的行为,应当依照相关法律、行政法规的规定处理、处罚,维护《中华人民共和国粮食安全保障法》的法律秩序,保护公共利益和社会秩序。

案例评析

宁夏回族自治区银川市西夏区部分农贸市场食用农产品质量安全行政公益诉讼案[1]

一、基本案情

2021年年初，宁夏回族自治区银川市西夏区部分农贸市场中销售的蔬菜、豆制品、水产品3个大类共16种食用农产品的部分样品，检出非食用物质甲醛、吊白块，部分新鲜蔬菜存在农药残留超标等情形，具有较大食品安全隐患。

二、检察机关的调查与督促履职

2021年年初，宁夏回族自治区银川市西夏区人民检察院（以下简称西夏区检察院）接到最高检交办的案件线索后，成立了专项监督行动小组，对辖区8个集贸市场（含农产品批发市场）进行了初步调查，以春节期间消费需求量大、群众关注度高的肉制品、豆制品、水产品等作为重点，并随机对准入上述市场销售的菠菜、小白菜、西兰花等新鲜蔬菜和豆腐、豆皮等豆制品以及鱿鱼、牛肚等水产品共3个大类16种食用农产品进行了抽样快速检测，共调取书证87份，制作调查笔录3份，拍摄现场照片26张。初步调查发现，A市场的水发鱿鱼、B市场的水发牛肚经抽样检测，均检出非食用物质甲醛；A市场的豆腐、C市场的豆干和豆皮经抽样检测，均检出非食用物质吊白块；C市场的西兰花、小白菜和B市场的菠菜经抽样检测，均检出农药残留超标。上述抽样检测不合格率高达50%，具有较大的食品安全隐患，对社会公共健康利益构成威胁。

经初步调查，西夏区检察院于2021年2月立案，进一步调查取证后，向银川市市场监督管理局西夏区分局发出诉前检察建议，建议其全面履行食品安全监管职责，加大农贸市场等重点场所食用农产品销售环节监管力度，增加重点食品抽检频次，依法查处违法经营行为，消除食品安全隐患；督促市场开办者和经营者认真履行进货查验和抽样检测义务，建立健全入场销售者档案和食用农产品质量安全追溯体系，确保辖区群众"舌尖上的安全"。

---

[1] 《最高检发布"公益诉讼守护美好生活"专项监督活动典型案例》，载最高人民检察院网站，https://www.spp.gov.cn/spp/xwfbh/wsfbh/202109/t20210909_529071.shtml，最后访问时间：2024年2月13日。

为保障辖区食用农产品质量安全，堵塞监管漏洞，增强监管合力，西夏区检察院同步向银川市西夏区农业农村和水务局发出检察建议，建议该局依法履行食用农产品质量安全监管职责，增加对生产中或者市场上销售的农产品进行监督抽查的频次并扩大覆盖面，对不合格农产品的生产经营行为及时进行查处，确保辖区人民群众食品安全。

在西夏区检察院的督促下，银川市市场监督管理局西夏区分局积极履职：一是组织开展了为期三个月的食用农产品市场销售质量安全专项整治行动，共检查农产品集中交易市场6家，商场超市36家，食品经营店205家，累计抽检食用农产品367批次，立案查处不合格食用农产品案件8件，罚款金额32.2万元；二是集中约谈辖区农产品交易市场开办方负责人，督促其健全食品安全管理机构、人员及制度，严格落实索证索票、进货查验、检验检测等义务，确保入场销售者建档率达100%；三是建立长效监管机制，推动市局制定印发了《农（集）贸市场文明创建规范》，确保食用农产品质量安全专项治理工作落到实处。银川市西夏区农业农村和水务局也加大了执法力度，增加了抽检频次，对抽查不合格的2家农产品生产经营行为及时进行了查处，申请增建农产品质量监测点10个，基本达到辖区农残检测全覆盖。

经检察机关回访查看证实，涉案违法经营行为已被查处，存在问题已得到切实整改，对检察建议中涉及的食用农产品加工及经营销售环节中存在的质量安全隐患和监管盲区，行政机关已采取专人驻点包抓、增加抽样检测频次和配备合格证等措施予以监管和防范，农贸市场食用农产品经营环节行业乱象得到有效规范和治理。

三、案例评析

本案检察机关主动运用公益诉讼职能守护百姓美好生活，加强从"农田到餐桌"全流程食品安全监管专项监督，在办案过程中多措并举，以农贸市场食用农产品质量安全监管为切入点，充分调动各职能部门协同履职的积极性与主动性，最大限度凝聚保护食用农产品质量安全的监管合力，从源头把好食用农产品流入市场的第一道安全关，全力守护老百姓"米袋子、菜篮子、餐盘子"的安全。

浙江省龙游县某粮食收储有限公司未执行国家粮食质量规定案[1]

一、基本案情

2022年1月,浙江省龙游县有关部门对龙游县某粮食收储有限公司开展日常检查发现,该企业在2020年、2021年早籼稻收购期间,未严格执行国家粮食质量规定,超标准扣除杂质重量。2022年4月,有关部门依据《粮食流通管理条例》有关规定,责令该企业改正,依法给予警告并处7万元罚款的行政处罚。

二、案例评析

此案例涉及的是一家粮食收储公司未严格执行国家粮食质量规定的情况。粮食收储企业应当执行国家关于粮食质量的标准和规定,保证收储粮食的质量符合国家标准。对于违反规定的行为,有关部门有权依法进行处罚。行政处罚应当基于企业的具体违法事实,包括违法的性质、程度以及对市场的影响等。在此案中,处罚的力度(警告和7万元罚款)与企业的违法行为相匹配,是案件公正性的一个重要方面。当然,对于此类违法行为,有关部门除了处罚外,还应加强对涉案企业的后续监管和业务指导,帮助企业建立和完善粮食质量管理体系,确保长期合规。

总而言之,此案体现了政府对粮食质量管理的严格要求,以及对违反粮食质量规定行为的处罚。对于粮食收储企业而言,严格遵守国家粮食质量规定,不仅是法律义务,也是保障粮食安全、维护市场秩序、树立企业信誉的必要条件。

第七十二条 【违反本法规定行为的民事责任、行政责任和刑事责任】 违反本法规定,给他人造成损失的,依法承担赔偿责任;构成违反治安管理行为的,由公安机关依法给予治安管理处罚;构成犯罪的,依法追究刑事责任。

---

[1] 《国家粮食和物资储备局通报十起粮食流通违法违规典型案例》,载中国农网,https://www.farmer.com.cn/2023/03/02/wap_99922602.html?eqid=f7276fbc00026400000000066466f3df,最后访问时间:2024年2月15日。

【条文主旨】

本条是关于违反本法规定行为的民事责任、行政责任和刑事责任的规定。

【条文释义】

本条规定了违反本法规定行为的民事责任、行政责任和刑事责任，目的是加强与民事责任、行政责任、刑事责任的衔接，保障法律责任体系的系统性。其内容包括三个部分：

第一，违反本法规定，给他人造成损失的，依法承担赔偿责任。这是一种民事责任，指的是违反本法规定的行为侵害了他人的合法权益，导致他人遭受财产损失或者人身伤害的，应当按照民法的有关规定，赔偿他人的损失。

第二，构成违反治安管理行为的，由公安机关依法给予治安管理处罚。这是一种行政责任，指的是违反本法规定的行为，虽然不构成犯罪，但是危害了社会公共秩序，应当按照治安管理处罚法的有关规定，由公安机关给予警告、罚款、拘留等处罚。

第三，构成犯罪的，依法追究刑事责任。这是一种刑事责任，指的是违反本法规定的行为，严重危害了国家粮食安全，造成了重大社会危害，应当按照刑法的有关规定，由司法机关追究其刑事责任，给予拘役、有期徒刑、无期徒刑或者死刑等刑罚。

【适用指南】

本条是关于违反本法规定行为的民事责任、行政责任和刑事责任的规定。根据主体不同，其适用包含以下几点：（1）违反本法规定的行为人，如耕地保护责任主体、粮食生产者、粮食经营者、食品生产经营者等，应当承担相应的法律责任。（2）受到违反本法规定行为侵害的人，有权依法请求行为人承担赔偿责任，或者向有关部门投诉、举报，或者向人民法院提起诉讼，维护自己的合法权益。（3）依法负责粮食安全保障监督管理的部门，应当依据职责，及时发现、查处、制止违反本法规定的行为，依法给予行政处罚或者移送司法机关处理。

第十一章 附 则

> **第七十三条 【用语含义以及参照适用】** 本法所称粮食，是指小麦、稻谷、玉米、大豆、杂粮及其成品粮。杂粮包括谷子、高粱、大麦、荞麦、燕麦、青稞、绿豆、马铃薯、甘薯等。
> 油料、食用植物油的安全保障工作参照适用本法。

【条文主旨】

本条是关于粮食含义以及参照适用的规定。

【条文释义】

本条是关于粮食含义以及参照适用的规定。概括而言，本条包括两款，第一款明确了粮食的定义，强调了多样化粮食的范围；第二款将与粮食相关的油料和食用植物油的安全保障工作纳入了本法的适用范围。

一、粮食的定义

本条第一款是关于粮食的定义。粮食是《中华人民共和国粮食安全保障法》中最重要的概念。本法所称粮食，是指小麦、稻谷、玉米、大豆、杂粮及其成品粮，也即包括原粮和成品粮。原粮，又称"自然粮"，是指脱粒后，未经加工和不需要加工就能食用的粮食。小麦、稻谷、玉米、大豆、杂粮就属于原粮。原粮中的小麦、稻谷、玉米是三大主粮，[1] 是人类日常饮食中重要的能量来源，并且在全球范围内广泛种植和消费。成品粮亦称"加工粮"，是由原粮经加工而成的符合一定标准的成品粮食的统称，

---

[1] 周小亮、肖昌贵：《完善生产、流通、储备环节破除粮食安全制约》，载《光明日报》2020年8月10日。

如大米、小米、面粉等。

第一款还详细列举了杂粮的具体种类，包括谷子、高粱、大麦、荞麦、燕麦、青稞、绿豆、马铃薯、甘薯等。杂粮作为粮食的一类，具有丰富的营养价值，也是人们膳食多样化的重要来源。

二、油料、食用植物油的安全保障工作参照适用本法

本条第二款规定，油料、食用植物油的安全保障工作参照适用本法。油料是油脂制取工业的原料，油脂工业通常将含油率高于10%的植物性原料称为油料。油料包括向日葵、芝麻、花生、大豆、油菜籽等。食用植物油是以食用植物油料或植物原油为原料制成的食用油脂，如大豆油、菜籽油、花生油、芝麻油、食用植物调和油等。

法律规则中的"参照适用"通常用于没有直接纳入法律调整范围内，但又属于该法律调整范围逻辑内涵自然延伸的事项。油料和食用植物油与粮食有密切的关联，它们都是人类主要的食物来源。在生产、储存、加工、运输等环节中，油料和食用植物油面临与粮食类似的安全保障问题。通过参照适用《中华人民共和国粮食安全保障法》，将其安全保障工作纳入《中华人民共和国粮食安全保障法》的管理体系中，可以借助已有的法律框架和管理经验，构建一个更为综合的管理体系，更好地推动油料和食用植物油的安全保障工作。

【关联规范】

《粮食流通管理条例》第二条、第五十五条。

第七十四条　【施行日期】本法自 2024 年 6 月 1 日起施行。

【条文主旨】

本条是关于本法施行日期的规定。

【条文释义】

本条规定了《中华人民共和国粮食安全保障法》的施行时间为 2024 年 6 月 1 日。法律的施行时间也就是法律的生效时间，是任何一部法律都不可缺少的基本要素。一般都在法律的最后一条加以规定。法律从何时开始生效，一般根据该项法律的性质和实际需要来决定。从我国已制定的法律来看，对生效日期的规定，大体上可以分为以下三种情况：其一，直接在法律中规定"本法自×年×月×日起施行"。其二，在法律条文中没有直接规定具体的生效日期，而只是规定"本法自公布之日起施行"。其三，规定一部法律的生效日期取决于另一部法律的生效日期。《中华人民共和国粮食安全保障法》的生效日期，是属于上述的第一种情况，即直接规定了"本法自 2024 年 6 月 1 日起施行"。

粮食安全保障工作的开展，不只涉及政府部门，更需要粮食生产者、粮食经营者、农业科研机构、消费者组织以及社会公众的密切合作，形成多方协同的格局。自《中华人民共和国粮食安全保障法》2023 年 12 月 29 日公布至 2024 年 6 月 1 日正式施行，其间有数个月的时间，为有关部门和地方开展法律宣传、制定完善配套规定留出一定的准备时间，以满足实施需要。

【适用指南】

对本条规定的具体适用，主要涉及本法溯及力的问题。就本法而言，就是在法律施行以后，对施行前发生的事件和行为能否适用新法的问题，尤其是在公布后到实施前的这几个月内。对此，根据《中华人民共和国立法法》第一百零四条的规定，一般应坚持"法不溯及既往"的基本原则，即不能适用于本法施行以前的事件和行为，除非有特别规定，本法只能约束施行以后发生的事件和行为。《中华人民共和国粮食安全保障法》对溯及力问题没有做出规定，表明本法不适用于本法施行以前的行为和事件。

【关联规范】

《中华人民共和国立法法》第一百零四条。

附　录

中华人民共和国粮食安全保障法

（2023年12月29日第十四届全国人民代表大会常务委员会第七次会议通过　中华人民共和国主席令第17号公布　自2024年6月1日起施行）

目　录

第一章　总　则
第二章　耕地保护
第三章　粮食生产
第四章　粮食储备
第五章　粮食流通
第六章　粮食加工
第七章　粮食应急
第八章　粮食节约
第九章　监督管理
第十章　法律责任
第十一章　附　则

第一章　总　则

第一条　为了保障粮食有效供给，确保国家粮食安全，提高防范和抵御粮食安全风险能力，维护经济社会稳定和国家安全，根据宪法，制定本法。

第二条　国家粮食安全工作坚持中国共产党的领导，贯彻总体国家安全观，统筹发展和安全，实施以我为主、立足国内、确保产能、适度进口、科技支撑的国家粮食安全战略，坚持藏粮于地、藏粮于技，提高粮食生产、储备、流通、加工能力，确保谷物基本自给、口粮绝对安全。

保障国家粮食安全应当树立大食物观，构建多元化食物供给体系，全方位、多途径开发食物资源，满足人民群众对食物品种丰富多样、品质营养健康的消费需求。

第三条　国家建立粮食安全责任制，实行粮食安全党政同责。县级以上地方人民政府应当承担保障本行政区域粮食安全的具体责任。

县级以上人民政府发展改革、自然资源、农业农村、粮食和储备等主管部门依照本法和规定的职责，协同配合，做好粮食安全保障工作。

第四条 国家加强粮食宏观调控，优化粮食品种结构和区域布局，统筹利用国内、国际的市场和资源，构建科学合理、安全高效的粮食供给保障体系，提升粮食供给能力和质量安全。

国家加强国际粮食安全合作，发挥粮食国际贸易作用。

第五条 县级以上人民政府应当将粮食安全保障纳入国民经济和社会发展规划。县级以上人民政府有关部门应当根据粮食安全保障目标、任务等，编制粮食安全保障相关专项规划，按照程序批准后实施。

第六条 国家建立健全粮食安全保障投入机制，采取财政、金融等支持政策加强粮食安全保障，完善粮食生产、收购、储存、运输、加工、销售协同保障机制，建设国家粮食安全产业带，调动粮食生产者和地方人民政府保护耕地、种粮、做好粮食安全保障工作的积极性，全面推进乡村振兴，促进粮食产业高质量发展，增强国家粮食安全保障能力。

国家引导社会资本投入粮食生产、储备、流通、加工等领域，并保障其合法权益。

国家引导金融机构合理推出金融产品和服务，为粮食生产、储备、流通、加工等提供支持。国家完善政策性农业保险制度，鼓励开展商业性保险业务。

第七条 国家加强粮食安全科技创新能力和信息化建设，支持粮食领域基础研究、关键技术研发和标准化工作，完善科技人才培养、评价和激励等机制，促进科技创新成果转化和先进技术、设备的推广使用，提高粮食生产、储备、流通、加工的科技支撑能力和应用水平。

第八条 各级人民政府及有关部门应当采取多种形式加强粮食安全宣传教育，提升全社会粮食安全意识，引导形成爱惜粮食、节约粮食的良好风尚。

第九条 对在国家粮食安全保障工作中做出突出贡献的单位和个人，按照国家有关规定给予表彰和奖励。

第二章 耕地保护

第十条 国家实施国土空间规划下的国土空间用途管制，统筹布局农业、生态、城镇等功能空间，划定落实耕地和永久基本农田保护红线、生态保护红线和城镇开发边界，严格保护耕地。

国务院确定省、自治区、直辖市人民政府耕地和永久基本农田保护任务。县级以上地方人民政府应当确保本行政区域内耕地和永久基本农田总量不减少、质量有提高。

国家建立耕地保护补偿制度，调动耕地保护责任主体保护耕地的积极性。

第十一条 国家实行占用耕地补偿制度，严格控制各类占用耕地行为；确需占用耕地的，应当依法落实补充耕地责任，补充与所占用耕地数量相等、质量相当的耕地。

省、自治区、直辖市人民政府应当组织本级人民政府自然资源主管部门、农业农村主管部门对补充耕地的数量进行认定、对补充耕地的质量进行验收，并加强耕地质量跟踪评价。

第十二条 国家严格控制耕地转为林地、草地、园地等其他农用地。禁止违规占用耕地绿化造林、挖湖造景等行为。禁止在国家批准的退耕还林还草计划外擅自扩大退耕范围。

第十三条 耕地应当主要用于粮食和棉、油、糖、蔬菜等农产品及饲草饲料生产。县级以上地方人民政府应当根据粮食和重要农产品保供目标任务，加强耕地种植用途管控，落实耕地利用优先序，调整优化种植结构。具体办法由国务院农业农村主管部门制定。

县级以上地方人民政府农业农村主管部门应当加强耕地种植用途管控日常监督。村民委员会、农村集体经济组织发现违反耕地种植用途管控要求行为的，应当及时向乡镇人民政府或者县级人民政府农业农村主管部门报告。

第十四条 国家建立严格的耕地质量保护制度，加强高标准农田建设，按照量质并重、系统推进、永续利用的要求，坚持政府主导与社会参与、统筹规划与分步实施、用养结合与建管并重的原则，健全完善多元投入保障机制，提高建设标准和质量。

第十五条 县级以上人民政府应当建立耕地质量和种植用途监测网络，开展耕地质量调查和监测评价，采取土壤改良、地力培肥、治理修复等措施，提高中低产田产能，治理退化耕地，加强大中型灌区建设与改造，提升耕地质量。

国家建立黑土地保护制度，保护黑土地的优良生产能力。

国家建立健全耕地轮作休耕制度，鼓励农作物秸秆科学还田，加强农田防护林建设；支持推广绿色、高效粮食生产技术，促进生态环境改善和资源永续利用。

第十六条 县级以上地方人民政府应当因地制宜、分类推进撂荒地治理，采取措施引导复耕。家庭承包的发包方可以依法通过组织代耕代种等形式将撂荒地用于农业生产。

第十七条 国家推动盐碱地综合利用，制定相关规划和支持政策，鼓励和引导社会资本投入，挖掘盐碱地开发利用潜力，分区分类开展盐碱耕地治理改良，加快选育耐盐碱特色品种，推广改良盐碱地有效做法，遏制耕地盐碱化趋势。

第三章　粮食生产

第十八条　国家推进种业振兴，维护种业安全，推动种业高质量发展。

国家加强粮食作物种质资源保护开发利用，建设国家农业种质资源库，健全国家良种繁育体系，推进粮食作物种质资源保护与管理信息化建设，提升供种保障能力。

国家加强植物新品种权保护，支持育种基础性、前沿性研究和应用技术研究，鼓励粮食作物种子科技创新和产业化应用，支持开展育种联合攻关，培育具有自主知识产权的优良品种。

第十九条　省级以上人民政府应当建立种子储备制度，主要用于发生灾害时的粮食生产需要及余缺调剂。

第二十条　县级以上人民政府应当统筹做好肥料、农药、农用薄膜等农业生产资料稳定供应工作，引导粮食生产者科学施用化肥、农药，合理使用农用薄膜，增施有机肥料。

第二十一条　国家加强水资源管理和水利基础设施建设，优化水资源配置，保障粮食生产合理用水需求。各级人民政府应当组织做好农田水利建设和运行维护，保护和完善农田灌溉排水体系，因地制宜发展高效节水农业。

县级以上人民政府应当组织开展水土流失综合治理、土壤污染防治和地下水超采治理。

第二十二条　国家推进农业机械产业发展，加强农业机械化作业基础条件建设，推广普及粮食生产机械化技术，鼓励使用绿色、智能、高效的农业机械，促进粮食生产全程机械化，提高粮食生产效率。

第二十三条　国家加强农业技术推广体系建设，支持推广应用先进适用的粮食生产技术，因地制宜推广间作套种等种植方法，鼓励创新推广方式，提高粮食生产技术推广服务水平，促进提高粮食单产。

国家鼓励农业信息化建设，提高粮食生产信息化、智能化水平，推进智慧农业发展。

第二十四条　国家加强粮食生产防灾减灾救灾能力建设。县级以上人民政府应当建立健全农业自然灾害和生物灾害监测预警体系、防灾减灾救灾工作机制，加强干旱、洪涝、低温、高温、风雹、台风等灾害防御防控技术研究应用和安全生产管理，落实灾害防治属地责任，加强粮食作物病虫害防治和植物检疫工作。

国家鼓励和支持开展粮食作物病虫害绿色防控和统防统治。粮食生产者应当做好粮食作物病虫害防治工作，并对各级人民政府及有关部门组织开展的病虫害防治工作予以配合。

第二十五条 国家加强粮食生产功能区和重要农产品生产保护区建设，鼓励农业生产者种植优质农作物。县级以上人民政府应当按照规定组织划定粮食生产功能区和重要农产品生产保护区并加强建设和管理，引导农业生产者种植目标作物。

第二十六条 国家采取措施稳定粮食播种面积，合理布局粮食生产，粮食主产区、主销区、产销平衡区都应当保面积、保产量。

粮食主产区应当不断提高粮食综合生产能力，粮食主销区应当稳定和提高粮食自给率，粮食产销平衡区应当确保粮食基本自给。

国家健全粮食生产者收益保障机制，以健全市场机制为目标完善农业支持保护制度和粮食价格形成机制，促进农业增效、粮食生产者增收，保护粮食生产者的种粮积极性。

省级以上人民政府应当通过预算安排资金，支持粮食生产。

第二十七条 国家扶持和培育家庭农场、农民专业合作社等新型农业经营主体从事粮食生产，鼓励其与农户建立利益联结机制，提高粮食生产能力和现代化水平。

国家支持面向粮食生产者的产前、产中、产后社会化服务，提高社会化服务水平，鼓励和引导粮食适度规模经营，支持粮食生产集约化。

第二十八条 国家健全粮食主产区利益补偿机制，完善对粮食主产区和产粮大县的财政转移支付制度，调动粮食生产积极性。

省、自治区、直辖市人民政府可以根据本行政区域实际情况，建立健全对产粮大县的利益补偿机制，提高粮食安全保障相关指标在产粮大县经济社会发展综合考核中的比重。

第四章　粮食储备

第二十九条 国家建立政府粮食储备体系。政府粮食储备分为中央政府储备和地方政府储备。政府粮食储备用于调节粮食供求、稳定粮食市场、应对突发事件等。

中央政府粮食储备规模和地方政府粮食储备总量规模由国务院确定并实行动态调整。政府粮食储备的品种结构、区域布局按照国务院有关规定确定。

政府粮食储备的收购、销售、轮换、动用等应当严格按照国家有关规定执行。

第三十条 承储政府粮食储备的企业或者其他组织应当遵守法律、法规和国家有关规定，实行储备与商业性经营业务分开，建立健全内部管理制度，落实安全生产责任和消防安全责任，对承储粮食数量、质量负责，实施粮食安全风险事项报告制度，确保政府粮食储备安全。

承储中央政府粮食储备和省级地方政府粮食储备的企业应当剥离商业性经营业务。

政府粮食储备的收购、销售、轮换、动用等应当进行全过程记录，实现政府粮食储备信息实时采集、处理、传输、共享，确保可查询、可追溯。

第三十一条 承储政府粮食储备的企业或者其他组织应当保证政府粮食储备账实相符、账账相符，实行专仓储存、专人保管、专账记载，不得虚报、瞒报政府粮食储备数量、质量、品种。

承储政府粮食储备的企业或者其他组织应当执行储备粮食质量安全检验监测制度，保证政府粮食储备符合规定的质量安全标准、达到规定的质量等级。

第三十二条 县级以上地方人民政府应当根据本行政区域实际情况，指导规模以上粮食加工企业建立企业社会责任储备，鼓励家庭农场、农民专业合作社、农业产业化龙头企业自主储粮，鼓励有条件的经营主体为农户提供粮食代储服务。

第三十三条 县级以上人民政府应当加强粮食储备基础设施及质量检验能力建设，推进仓储科技创新和推广应用，加强政府粮食储备管理信息化建设。

第三十四条 县级以上人民政府应当将政府粮食储备情况列为年度国有资产报告内容，向本级人民代表大会常务委员会报告。

第五章 粮食流通

第三十五条 国家加强对粮食市场的管理，充分发挥市场作用，健全市场规则，维护市场秩序，依法保障粮食经营者公平参与市场竞争，维护粮食经营者合法权益。

国家采取多种手段加强对粮食市场的调控，保持全国粮食供求总量基本平衡和市场基本稳定。县级以上地方人民政府应当采取措施确保国家粮食宏观调控政策的贯彻执行。

第三十六条 县级以上地方人民政府应当加强对粮食仓储、物流等粮食流通基础设施的建设和保护，组织建设与本行政区域粮食收储规模和保障供应要求相匹配，布局合理、功能齐全的粮食流通基础设施，并引导社会资本投入粮食流通基础设施建设。

任何单位和个人不得侵占、损毁、擅自拆除或者迁移政府投资建设的粮食流通基础设施,不得擅自改变政府投资建设的粮食流通基础设施的用途。

第三十七条 从事粮食收购、储存、加工、销售的经营者以及饲料、工业用粮企业,应当按照规定建立粮食经营台账,并向所在地的县级人民政府粮食和储备主管部门报送粮食购进、储存、销售等基本数据和有关情况。

第三十八条 为了保障市场供应、保护粮食生产者利益,必要时国务院可以根据粮食安全形势和财政状况,决定对重点粮食品种在粮食主产区实行政策性收储。

第三十九条 从事粮食收购、加工、销售的规模以上经营者,应当按照所在地省、自治区、直辖市人民政府的规定,执行特定情况下的粮食库存量。

第四十条 粮食供求关系和价格显著变化或者有可能显著变化时,县级以上人民政府及其有关部门可以按照权限采取下列措施调控粮食市场:

(一)发布粮食市场信息;
(二)实行政策性粮食收储和销售;
(三)要求执行特定情况下的粮食库存量;
(四)组织投放储备粮食;
(五)引导粮食加工转化或者限制粮食深加工用粮数量;
(六)其他必要措施。

必要时,国务院和省、自治区、直辖市人民政府可以依照《中华人民共和国价格法》的规定采取相应措施。

第四十一条 国家建立健全粮食风险基金制度。粮食风险基金主要用于支持粮食储备、稳定粮食市场等。

第六章 粮食加工

第四十二条 国家鼓励和引导粮食加工业发展,重点支持在粮食生产功能区和重要农产品生产保护区发展粮食加工业,协调推进粮食初加工、精深加工、综合利用加工,保障粮食加工产品有效供给和质量安全。

粮食加工经营者应当执行国家有关标准,不得掺杂使假、以次充好,对其加工的粮食质量安全负责,接受监督。

第四十三条 国家鼓励和引导粮食加工结构优化,增加优质、营养粮食加工产品供给,优先保障口粮加工,饲料用粮、工业用粮加工应当服从口粮保障。

第四十四条 县级以上地方人民政府应当根据本行政区域人口和经济社会发展水平,科学布局粮食加工业,确保本行政区域的粮食加工能力特别是应急状态下的粮食加工能力。

县级以上地方人民政府应当在粮食生产功能区和重要农产品生产保护区科学规划布局粮食加工能力，合理安排粮食就地就近转化。

第四十五条 国家鼓励粮食主产区和主销区以多种形式建立稳定的产销关系，鼓励粮食主销区的企业在粮食主产区建立粮源基地、加工基地和仓储物流设施等，促进区域粮食供求平衡。

第四十六条 国家支持建设粮食加工原料基地、基础设施和物流体系，支持粮食加工新技术、新工艺、新设备的推广应用。

第七章 粮食应急

第四十七条 国家建立统一领导、分级负责、属地管理为主的粮食应急管理体制。

县级以上人民政府应当加强粮食应急体系建设，健全布局合理、运转高效协调的粮食应急储存、运输、加工、供应网络，必要时建立粮食紧急疏运机制，确保具备与应急需求相适应的粮食应急能力，定期开展应急演练和培训。

第四十八条 国务院发展改革、粮食和储备主管部门会同有关部门制定全国的粮食应急预案，报请国务院批准。省、自治区、直辖市人民政府应当根据本行政区域的实际情况，制定本行政区域的粮食应急预案。

设区的市级、县级人民政府粮食应急预案的制定，由省、自治区、直辖市人民政府决定。

第四十九条 国家建立粮食市场异常波动报告制度。发生突发事件，引起粮食市场供求关系和价格异常波动时，县级以上地方人民政府发展改革、农业农村、粮食和储备、市场监督管理等主管部门应当及时将粮食市场有关情况向本级人民政府和上一级人民政府主管部门报告。

第五十条 县级以上人民政府按照权限确认出现粮食应急状态的，应当及时启动应急响应，可以依法采取下列应急处置措施：

（一）本法第四十条规定的措施；

（二）增设应急供应网点；

（三）组织进行粮食加工、运输和供应；

（四）征用粮食、仓储设施、场地、交通工具以及保障粮食供应的其他物资；

（五）其他必要措施。

必要时，国务院可以依照《中华人民共和国价格法》的规定采取相应措施。

出现粮食应急状态时，有关单位和个人应当服从县级以上人民政府的统一指挥和调度，配合采取应急处置措施，协助维护粮食市场秩序。

因执行粮食应急处置措施给他人造成损失的，县级以上人民政府应当按照规定予以公平、合理补偿。

第五十一条 粮食应急状态消除后，县级以上人民政府应当及时终止实施应急处置措施，并恢复应对粮食应急状态的能力。

第八章　粮食节约

第五十二条 国家厉行节约，反对浪费。县级以上人民政府应当建立健全引导激励与惩戒教育相结合的机制，加强对粮食节约工作的领导和监督管理，推进粮食节约工作。

县级以上人民政府发展改革、农业农村、粮食和储备、市场监督管理、商务、工业和信息化、交通运输等有关部门，应当依照职责做好粮食生产、储备、流通、加工、消费等环节的粮食节约工作。

第五十三条 粮食生产者应当加强粮食作物生长期保护和生产作业管理，减少播种、田间管理、收获等环节的粮食损失和浪费。

禁止故意毁坏在耕地上种植的粮食作物青苗。

国家鼓励和支持推广适时农业机械收获和产地烘干等实用技术，引导和扶持粮食生产者科学收获、储存粮食，改善粮食收获、储存条件，保障粮食品质良好，减少产后损失。

第五十四条 国家鼓励粮食经营者运用先进、高效的粮食储存、运输、加工设施设备，减少粮食损失损耗。

第五十五条 国家推广应用粮食适度加工技术，防止过度加工，提高成品粮出品率。

国家优化工业用粮生产结构，调控粮食不合理加工转化。

第五十六条 粮食食品生产经营者应当依照有关法律、法规的规定，建立健全生产、储存、运输、加工等管理制度，引导消费者合理消费，防止和减少粮食浪费。

公民个人和家庭应当树立文明、健康、理性、绿色的消费理念，培养形成科学健康、物尽其用、杜绝浪费的良好习惯。

第五十七条 机关、人民团体、社会组织、学校、企业事业单位等应当加强本单位食堂的管理，定期开展节约粮食检查，纠正浪费行为。

有关粮食食品学会、协会等应当依法制定和完善节约粮食、减少损失损耗的相关团体标准，开展节约粮食知识普及和宣传教育工作。

第九章 监督管理

第五十八条 县级以上人民政府发展改革、农业农村、粮食和储备、自然资源、水行政、生态环境、市场监督管理、工业和信息化等有关部门应当依照职责对粮食生产、储备、流通、加工等实施监督检查,并建立粮食安全监管协调机制和信息共享机制,加强协作配合。

第五十九条 国务院发展改革、农业农村、粮食和储备主管部门应当会同有关部门建立粮食安全监测预警体系,加强粮食安全风险评估,健全粮食安全信息发布机制。

任何单位和个人不得编造、散布虚假的粮食安全信息。

第六十条 国家完善粮食生产、储存、运输、加工标准体系。粮食生产经营者应当严格遵守有关法律、法规的规定,执行有关标准和技术规范,确保粮食质量安全。

县级以上人民政府应当依法加强粮食生产、储备、流通、加工等环节的粮食质量安全监督管理工作,建立粮食质量安全追溯体系,完善粮食质量安全风险监测和检验制度。

第六十一条 县级以上人民政府有关部门依照职责开展粮食安全监督检查,可以采取下列措施:

(一)进入粮食生产经营场所实施现场检查;

(二)向有关单位和人员调查了解相关情况;

(三)进入涉嫌违法活动的场所调查取证;

(四)查阅、复制有关文件、资料、账簿、凭证,对可能被转移、隐匿或者损毁的文件、资料、账簿、凭证、电子设备等予以封存;

(五)查封、扣押涉嫌违法活动的场所、设施或者财物;

(六)对有关单位的法定代表人、负责人或者其他工作人员进行约谈、询问。

县级以上人民政府有关部门履行监督检查职责,发现公职人员涉嫌职务违法或者职务犯罪的问题线索,应当及时移送监察机关,监察机关应当依法受理并进行调查处置。

第六十二条 国务院发展改革、自然资源、农业农村、粮食和储备主管部门应当会同有关部门,按照规定具体实施对省、自治区、直辖市落实耕地保护和粮食安全责任制情况的考核。

省、自治区、直辖市对本行政区域耕地保护和粮食安全负总责,其主要负责人是本行政区域耕地保护和粮食安全的第一责任人,对本行政区域内的耕地保护和粮食安全目标负责。

县级以上地方人民政府应当定期对本行政区域耕地保护和粮食安全责任落实情况开展监督检查,将耕地保护和粮食安全责任落实情况纳入对本级人民政府有关部门负责人、下级人民政府及其负责人的考核评价内容。

对耕地保护和粮食安全工作责任落实不力、问题突出的地方人民政府,上级人民政府可以对其主要负责人进行责任约谈。被责任约谈的地方人民政府应当立即采取措施进行整改。

第六十三条　外商投资粮食生产经营,影响或者可能影响国家安全的,应当按照国家有关规定进行外商投资安全审查。

第六十四条　县级以上人民政府发展改革、农业农村、粮食和储备等主管部门应当加强粮食安全信用体系建设,建立粮食生产经营者信用记录。

单位、个人有权对粮食安全保障工作进行监督,对违反本法的行为向县级以上人民政府有关部门进行投诉、举报,接到投诉、举报的部门应当按照规定及时处理。

第十章　法律责任

第六十五条　违反本法规定,地方人民政府和县级以上人民政府有关部门不履行粮食安全保障工作职责或者有其他滥用职权、玩忽职守、徇私舞弊行为的,对负有责任的领导人员和直接责任人员依法给予处分。

第六十六条　违反本法规定,种植不符合耕地种植用途管控要求作物的,由县级人民政府农业农村主管部门或者乡镇人民政府给予批评教育;经批评教育仍不改正的,可以不予发放粮食生产相关补贴;对有关农业生产经营组织,可以依法处以罚款。

第六十七条　违反本法规定,承储政府粮食储备的企业或者其他组织有下列行为之一的,依照有关行政法规的规定处罚:

(一) 拒不执行或者违反政府粮食储备的收购、销售、轮换、动用等规定;

(二) 未对政府粮食储备的收购、销售、轮换、动用等进行全过程记录;

(三) 未按照规定保障政府粮食储备数量、质量安全。

从事粮食收购、储存、加工、销售的经营者以及饲料、工业用粮企业未按照规定建立粮食经营台账,或者报送粮食基本数据和有关情况的,依照前款规定处罚。

第六十八条　违反本法规定,侵占、损毁、擅自拆除或者迁移政府投资建设的粮食流通基础设施,或者擅自改变其用途的,由县级以上地方人民政府有关部门依照职责责令停止违法行为，限期恢复原状或者采取其他补救措施；逾期不恢复原状、不采取其他补救措施的，对单位处五万元以上五十万元以下罚款，对个人处五千元以上五万元以下罚款。

第六十九条 违反本法规定，粮食应急状态发生时，不服从县级以上人民政府的统一指挥和调度，或者不配合采取应急处置措施的，由县级以上人民政府有关部门依照职责责令改正，给予警告；拒不改正的，对单位处二万元以上二十万元以下罚款，对个人处二千元以上二万元以下罚款；情节严重的，对单位处二十万元以上二百万元以下罚款，对个人处二万元以上二十万元以下罚款。

第七十条 违反本法规定，故意毁坏在耕地上种植的粮食作物青苗的，由县级以上地方人民政府农业农村主管部门责令停止违法行为；情节严重的，可以处毁坏粮食作物青苗价值五倍以下罚款。

第七十一条 违反有关土地管理、耕地保护、种子、农产品质量安全、食品安全、反食品浪费、安全生产等法律、行政法规的，依照相关法律、行政法规的规定处理、处罚。

第七十二条 违反本法规定，给他人造成损失的，依法承担赔偿责任；构成违反治安管理行为的，由公安机关依法给予治安管理处罚；构成犯罪的，依法追究刑事责任。

第十一章 附　　则

第七十三条 本法所称粮食，是指小麦、稻谷、玉米、大豆、杂粮及其成品粮。杂粮包括谷子、高粱、大麦、荞麦、燕麦、青稞、绿豆、马铃薯、甘薯等。

油料、食用植物油的安全保障工作参照适用本法。

第七十四条 本法自 2024 年 6 月 1 日起施行。

图书在版编目（CIP）数据

中华人民共和国粮食安全保障法理解与适用／李蕊，王园鑫，张彩彩著．—北京：中国法制出版社，2024.4
ISBN 978-7-5216-4224-7

Ⅰ．①中… Ⅱ．①李… ②王… ③张… Ⅲ．①粮食安全保障法-法律解释-中国②粮食安全保障法-法律适用-中国 Ⅳ．①D922.45

中国国家版本馆CIP数据核字（2024）第036293号

策划编辑　王熹（wx2015hi@sina.com）　　　　责任编辑　王熹　　　　封面设计　李宁

中华人民共和国粮食安全保障法理解与适用
ZHONGHUA RENMIN GONGHEGUO LIANGSHI ANQUAN BAOZHANGFA LIJIE YU SHIYONG

著者／李蕊　王园鑫　张彩彩
经销／新华书店
印刷／三河市紫恒印装有限公司
开本／730毫米×1030毫米　16开　　　　　　　　　　印张／18.5　字数／269千
版次／2024年4月第1版　　　　　　　　　　　　　　2024年4月第1次印刷

中国法制出版社出版
书号 ISBN 978-7-5216-4224-7　　　　　　　　　　　　定价：78.00元

北京市西城区西便门西里甲16号西便门办公区
邮政编码：100053　　　　　　　　　　　　　　　　传真：010-63141600
网址：http://www.zgfzs.com　　　　　　　　　　编辑部电话：010-63141795
市场营销部电话：010-63141612　　　　　　　　　印务部电话：010-63141606

（如有印装质量问题，请与本社印务部联系。）